中国法院2025年度案例

国家法官学院　最高人民法院司法案例研究院／编

婚姻家庭与继承纠纷

中国法治出版社
CHINA LEGAL PUBLISHING HOUSE

《中国法院2025年度案例》通讯编辑名单

序

为深入学习贯彻习近平法治思想，落实习近平总书记“一个案例胜过一打文件”的重要指示精神，人民法院始终把完善中国特色案例制度，加强以案释法作为推进全面依法治国、支撑和服务中国式现代化的重要途径。人民法院案例库向社会开放一年多来，最高人民法院始终坚持高标准建设，实现入库案例对常见案由和罪名全覆盖，对于促进法律适用统一，实现严格公正司法发挥了重要作用。

“中国法院年度案例系列”丛书以及时记录人民法院司法审判工作新发展、新成就为己任，通过总结提炼典型案例的裁判规则、裁判方法和裁判理念，发挥案例鲜活生动、针对性强的优势，以案释法，以点带面，有针对性地阐释法律条文和立法精神，促进社会公众通过案例更加方便地学习法律，领悟法治精神，体现司法规范、指导、评价、引领的重要作用，大力弘扬社会主义核心价值观，积极服务人民法院案例库建设，加强对案例库案例的研究，促进统一法律适用，提升审判质效，丰富实践法学研究，增强全民法治意识和法治素养，展现新时代我国法治建设新成就。

“中国法院年度案例系列”丛书自2012年编辑出版以来，已连续出版13年，受到读者广泛好评。为更加全面地反映我国司法审判执行工作的发展进程，顺应审判执行实践需要，响应读者需求，丛书于2014年度新增金融纠纷、行政纠纷、刑事案例3个分册，2015年度将刑事案例调整为刑法总则案例、刑法分则案例2个分册，2016年度新增知识产权纠纷分册，2017年度新增执行案例分册，2018年度将刑事案例扩充为4个分册，2022年度将土地纠纷（含林地纠纷）分册改为土地纠纷（含环境资源纠纷）分册。自2020年起，丛书由国家法官学院与最高人民法院司法案例研究院共同编辑，每年年初定期出版。在全国各级人民法院的大力支持下，丛书编委会现编辑出版《中国法院2025年度案例系列》丛书，共23册。

“中国法院年度案例系列”丛书以开放务实的态度、简洁明快的风格，在编辑过程中坚持以下方法，努力让案例书籍“好读有用”：一是高度提炼案例内容，控制案例篇幅，每个案例字数基本在3000字左右；二是突出争议焦点，力求在有限的篇幅内为读者提供更多有效信息，便于读者快速抓取案例要点；三是注重释法说理，案例由法官撰写“法官后语”，高度提炼、总结案例的指导价值，引发读者思考，为司法审判提供借鉴，为法学研究提供启迪。

“中国法院年度案例系列”丛书编辑工作坚持以下原则：一是以研究案例库案例为首要任务。自2024年起，“中国法院年度案例系列”丛书优先选用人民法院案例库案例作为研究对象，力求对案例库案例裁判要旨的基本内涵、价值导向、法理基础、适用要点等进行深入分析，增强丛书的权威性、参考性。二是广泛选编案例。国家法官学院和最高人民法院司法案例研究院每年通过各高级人民法院从辖区法院汇集上一年度审结的典型案例近万件，使丛书有广泛的精选基础，通过优中选优，可提供给读者新近发生的多种类型的典型、疑难案例。三是方便读者检索。丛书坚持以读者为本，做到分卷细化，每卷案例主要根据案由或罪名分类编排，每个案例用一句话概括裁判要旨或焦点问题作为主标题，让读者一目了然，迅速找到目标案例。

中国法治出版社始终全力支持“中国法院年度案例系列”丛书的出版，给了编者们巨大的鼓励。2025年，丛书将继续提供数据库增值服务。购买本系列丛书，扫描腰封二维码，即可在本年度免费查阅往年同类案例数据库。我们在此谨表谢忱，并希望通过共同努力，逐步完善，做得更好，探索出一条充分挖掘好、宣传好人民法院案例库案例和其他典型案例价值的新路，为广大法律工作者和社会公众提供权威、鲜活、精准的办案参考、研究素材，更好地服务司法审判实践、服务法学教育研究、服务法治中国建设。

“中国法院年度案例系列”丛书既是法官、检察官、律师等法律工作者的办案参考和司法人员培训辅助教材，也是社会大众学法用法的经典案例读本，同时为教学科研机构开展案例研究提供了良好的系列素材。当然，编者们在编写过程中也难以一步到位实现目标愿景，客观上会存在各种不足甚至错误，欢迎读者批评指正。我们诚心听取各方建议，立足提质增效，不断拓宽司法案例研究领域，创新司法案例研究方法，助推实现中国特色司法案例研究事业的高质量发展。

国家法官学院　最高人民法院司法案例研究院

2025 年 3 月

目　　录

Contents

一、婚姻家庭纠纷

（一）离婚纠纷

（六）抚养纠纷

（七）赡养纠纷

（八）监护权纠纷

（九）探望权纠纷

（十）分家析产纠纷

（十一）其他

二、继承纠纷

（一）法定继承纠纷

（二）遗嘱继承纠纷

（三）被继承人债务清偿纠纷

（四）遗赠扶养协议纠纷

（五）遗产管理纠纷

（六）其他

一、婚姻家庭纠纷

（一）离婚纠纷

1

婚后一方父母全额出资为夫妻购置房屋没有约定的，离婚时可由获得房屋一方对另一方适当补偿

——张某1诉张某离婚案

【案件基本信息】

1. 裁判书字号

北京市朝阳区人民法院（2023）京0105民初3946号民事判决书

2. 案由：离婚纠纷

3. 当事人

原告：张某1

被告：张某

【基本案情】

张某、张某1于2012年10月10日登记结婚，于2014年2月13日育一女张某2。婚后，张某1为照顾家庭，未参加工作。

2016年2月27日，张某（买受人）与兰某（出卖人）签订《北京市存量房屋买卖合同》，约定张某购买位于北京市朝阳区某小区×号院×号楼×单元×号房屋，房屋总价为332万元，签订合同时支付定金10万元，双方不办理购房抵押贷款。关于购房款支付，2016年3月18日，张某某（张某之父）向林某成转账90万元，2016年8月2日，王某（张某之母）向林某成转账232万元。2016年8月2日，房屋所有权办理至张某名下。房屋目前市值500万元。

后张某于婚内出轨，并最终导致双方感情破裂走向离婚，张某1诉至法庭，案件审理期间，双方对子女抚养权达成一致由张某1抚养，但对夫妻财产30余万元和房屋分割存在较大争议。

【案件焦点】

诉争房屋视为对夫妻双方共同赠与，按照夫妻共同财产处理还是视为对张某一方的赠与，属于张某的个人财产。

【法院裁判要旨】①

北京市朝阳区人民法院经审理认为：一方面，如果按照购房时实施的《最高人民法院关于适用〈中华人民共和国婚姻法〉若干问题的解释（三）》第七条，该规定主要适用情形是指由一方父母出全款为子女购房并登记在该子女一人名下时，则房屋认定为子女的个人财产。这与本案张某父母未全部出资有所区别。且将父母出资视为仅对自己子女一方的赠与，对张某1一方明显不利，也不符合《最高人民法院关于适用〈中华人民共和国民法典〉时间效力的若干规定》第二条关于更有利于平等保护民事主体合法权益例外情形之规定。另一方面，如果按照当前实施的《最高人民法院关于适用〈中华人民共和国民法典〉婚姻家庭编的解释（一）》第二十九条第二款的规定，当事人结婚后，父母为双方购置房屋出资的，依照约定处理；没有约定或者约定不明确的，

---

① 本书【法院裁判要旨】适用的法律法规等条文均为案件裁判当时有效，下文不再对此进行提示。

按照《中华人民共和国民法典》第一千零六十二条第一款第四项规定的原则处理。考虑购房时该司法解释尚未出台，张某父母对此不具有预见性，且司法实践中罕见父母为子女资助购房时另签明确的书面赠与合同情形。考虑张某父母出资比例高达97%，如果简单按照夫妻财产均分一般原则处理，则明显有违张某父母为子女提供、改善长期居住条件之初衷。综上，法院依照《中华人民共和国民法典》第一千零七十九条、第一千零八十四条、第一千零八十五条、第一千零九十一条，《中华人民共和国民事诉讼法》第六十七条规定，判决如下：

一、准予原告张某1与被告张某离婚；

二、婚生女张某2由原告张某1抚养，被告张某于本判决生效之日起每月十五日之前向原告张某1给付当月抚养费2800元，至婚生女张某2年满十八周岁之日止；

三、位于北京市朝阳区某小区×号院×号楼×层×单元×房屋归被告张某所有，被告张某于本判决生效之日起七日内向原告张某1给付折价款600000元；

四、车牌号京EM××××的奥迪牌轿车归被告张某所有，被告张某于本判决生效之日起七日内向原告张某1给付折价款15000元；

五、被告张某名下资金账户的证券、股票、基金，均归被告张某所有，被告张某于本判决生效之日起七日内向原告张某1给付折价款7500元；

六、原告张某1名下的存款，归被告张某所有。前述财产折抵后，原告张某1于本判决生效之日起七日内向被告张某给付折价款100000元；

七、被告张某于本判决生效之日起七日内向原告张某1支付损害赔偿和经济补偿30000元；

八、驳回原告张某1的其他诉讼请求；

九、驳回被告张某的其他诉讼主张。

案件宣判后，判决已生效。

【法官后语】[①]

本案法律事实发生在《中华人民共和国民法典》实施之前，如果适用当时《最高人民法院关于适用〈中华人民共和国婚姻法〉若干问题的解释（三）》第七条规定，考虑张某父母对房屋出资比例高达97%，且该房屋亦登记在张某名下，则可参照前述司法解释规定视为对张某一方的赠与，这意味着张某1近乎净身出户，考虑其要抚养孩子且在北京无自有住房，判决结果对张某1一方明显不利。案件审理时，《最高人民法院关于适用〈中华人民共和国民法典〉婚姻家庭编的解释（一）》已正式实施，如果按照解释规定，考虑涉诉房屋购买于婚后，在无明确约定的情况下，将其视为对夫妻双方的赠与，张某父母出资利益将无法得到保护，判决结果对张某一方则明显不利。据此，如何充分考虑各方利益平衡，成为本案审理难点。

回到过去婚姻法的规定，婚姻存续期间对于夫妻获赠的财产，如没有明确约定应视为对夫妻双方共同的赠与，这是认定构成夫妻共同财产的基本原则。《最高人民法院关于适用〈中华人民共和国婚姻法〉若干问题的解释（二）》第二十二条第二款规定，当事人结婚后，父母为双方购置房屋出资的，该出资应当认定为对夫妻双方的赠与，但父母明确表示赠与一方的除外。但在司法实践中，父母与子女之间基本没有签订书面赠与合同的意识和习惯，导致该规定适用场景相对有限。后续《最高人民法院关于适用〈中华人民共和国婚姻法〉若干问题的解释（三）》第七条虽然规定，婚后一方父母出资为子女买房并登记在自己子女名下的财产视为对自己子女的赠与，但依然无法解决因种种原因登记在双方名下的房产如何处理，且因登记与赠与合同不属于同一法律事实，能否直接根据不动产登记推定赠与意思表示也存在争议。进入民法典时代，《最高人民法院关于适用〈中华人民共和国民法典〉婚姻家庭编的解释（一）》规定，当事人结婚后，父母为双方购置房屋出资的，依照约定处理；没有约定或者约定不明确的，按照《中华人民共和国民法典》第一千零六十二条第一款第四项规定的原则处理，又重新回到了原《最高人民法院关于适用〈中华人民共和国婚姻

---

① 本书【法官后语】对相关法律问题涉及的法律法规等进行了时效性更新，下文不再对此进行提示。

法〉若干问题的解释（二）》的相关规定。根据上述法律规定和司法解释变迁，在处理婚后一方父母全额出资为夫妻购置房屋，没有约定的情况下，可遵循如下思路：(1) 不突破夫妻共同财产的规定，在没有明确约定的情况下，原则上认定是对双方赠与；(2) 不简单将登记与赠与意思表示挂钩，即登记在一方还是双方名下并不直接推定为对一方或者双方的赠与；(3) 增加考虑婚姻关系存续期间、是否生育子女、离婚过错、房屋升值等因素，以实现裁判结果的相对公平。具体至本案中，涉诉房屋由张某父母购买，可将所有权判决归张某所有，但考虑到张某1抚养子女，而张某婚内存在出轨过错，且房屋在双方婚姻存续期内显著增值，双方现有财产以房屋为主，最终酌情判令张某向张某1补偿60万元。

本案作出判决时，《最高人民法院关于适用〈中华人民共和国民法典〉婚姻家庭编的解释（二）》尚未出台，但本案处理思路与后续颁布的《最高人民法院关于适用〈中华人民共和国民法典〉婚姻家庭编的解释（二）》第八条规定精神相契合，解决了父母出资情境下当事人权利、义务失衡问题。最终判决作出后，双方均未上诉。

编写人：北京市朝阳区人民法院　云凝　许新成

2

书面约定婚前房产转化为夫妻共同财产应认定为夫妻财产协议

——贾某诉陈某离婚案

【案件基本信息】

1. 裁判书字号

上海市奉贤区人民法院（2023）沪0120民初10616号民事判决书

2. 案由：离婚纠纷

3. 当事人

原告：贾某

被告：陈某

【基本案情】

2014年11月3日，贾某与陈某登记结婚。2015年3月17日，二人的儿子陈某某出生。结婚前，二人签订婚前约定协议书，该协议书确认，陈某有一婚前房产。双方约定：(1) 陈某自愿将该房产的所有权与居住权，作为婚后双方夫妻共同财产，即产权的一半所有权与居住权婚后归贾某所有；(2) 婚后双方如出现婚姻上的背叛（不正常的男女关系）及严重的赌博行为（打小麻将及娱乐型可以），视为放弃该房产所有权；(3) 双方任意一方在对方没有过错的情况下提出离婚的，视为放弃该房屋所有权。庭审中，双方对上述第三条手写部分缺少的文字进行了核对，并一致确认了上述第三条的表述。

【案件焦点】

根据双方签订的婚前约定协议书，相应房产应当如何分配。

【法院裁判要旨】

上海市奉贤区人民法院经审理认为：案涉婚前约定协议对夫妻一方婚前财产作为夫妻共同财产进行了处分，符合《中华人民共和国民法典》第一千零六十五条第二款的规定，应当认定为夫妻对财产的共同约定，对双方均具有约束力。案件审理过程中，双方均请求本院按照该协议第三条的约定，在确认双方是否有过错的情况下，对该协议所涉及的坐落于上海市奉贤区某路某号的房屋进行分割。而该条款内容为："双方任意一方在对方没有过错的情况下提出离婚的，视为放弃该房屋所有权"，其本质上是约定在双方无过错的情况下，先提出离婚的一方将无法在离婚中分得标的房产，显然限制了当事人的离婚权，明显违反公序良俗，法院依法确认该条款无效。在该条款无效的基础上，双方当事人应当对上述房屋按照约定各半分割。庭审中，经法院释明，双方均表示欲获取房屋，但双方经济能力均较差，无法支付对方房屋折价款，法院经多次协调无果，考虑到双方经济能力及主观意愿，法院认为案涉房屋由双方各半享有的处理方式更为适当。根据双方在庭审中的意见，离婚后，双方对案涉房屋的使用与离婚前的原状一致。如有需要，双方当事人可对该房屋另行协商确认归属及补偿方案。

综上，上海市奉贤区人民法院依照《中华人民共和国民法典》第一千零七十九条第一款及第二款，第一千零八十四条，第一千零八十五条，第一千零八十七条第一款之规定，判决如下：

一、准予原告贾某与被告陈某离婚；

二、原、被告婚生儿子陈某某随原告贾某共同生活，被告陈某于每月月底前支付儿子抚养费 1000 元，至儿子年满十八周岁止；被告陈某可于每月第二个、第四个周五下午 6 点至周六下午 6 点进行探视，探视时原告贾某应在场；

三、坐落于上海市奉贤区某路某号的房屋由原告贾某、被告陈某共有，双方各持有二分之一份额。

案件宣判后，判决已生效。

【法官后语】

《中华人民共和国民法典》及其相关司法解释实施以来，夫妻双方通过书面约定方式将一方婚前财产纳入夫妻共同财产，在离婚时如何认定该行为性质，目前在司法实践中存在较大争议：一方面，有观点认为，上述行为符合《最高人民法院关于适用〈中华人民共和国民法典〉婚姻家庭编的解释（一）》（以下简称《婚姻家庭编司法解释（一）》）第三十二条的规定，应当认定为赠与；另一方面，也有观点认为，夫妻通过协议方式将一方财产转化为夫妻共同财产，体现了双方夫妻的意志，考虑到夫妻双方身份的紧密性，应当认定为夫妻财产协议。本案例认可并实践了后一种观点。

一、问题的提出：赠与还是协议

法条争议：《婚姻家庭编司法解释（一）》第三十一条与第三十二条之争。

1. 协议说的法条依据及争议。根据《婚姻家庭编司法解释（一）》第三十一条规定，《中华人民共和国民法典》第一千零六十三条规定为夫妻一方的个人财产，不因婚姻关系的延续而转化为夫妻共同财产。但当事人另有约定的除外。结合《中华人民共和国民法典》第一千零六十五条第二款，即“夫妻对婚姻关系存续期间所得的财产以及婚前财产的约定，对双方具有法律约束力”，可以推导出，夫妻通过约定将婚前财产进行处置的行为具有“双方性质”，这种“处置”自然应当包括将婚前财产并入夫妻共同财产内。这种认定的好处在于，夫妻在婚姻中处于对等地位，通过平等约定的方式可以有效处理婚姻中的各类事务，也比较容易得到当事人的理解和认可。该认定的争议在于，仅就婚前财产而言，非该财产的权利方，实际上并无该财产的处置权，权利方如欲处理该财产，是无须经过婚姻中另一方同意的，通过协议约定婚前财产的处置，从法律角度来看没有必要，也没有约定的利益。例如，男方婚前房屋的所有权人，结婚后其如欲出售或出租该房屋，女方本无权利进行阻止，也无权对男方进行干涉。双方即便进行约定，女方同意出售或出租该房屋的意思表示也并不能产生法律上的效力。因此，婚前财产在婚姻中的权利状态，是阻碍协议说得到广泛应用的一个难题。

2. 赠与说的法条依据与争议。《婚姻家庭编司法解释（一）》第三十二条规定，婚前或者婚姻关系存续期间，当事人约定将一方所有的房产赠与另一方或者共有，赠与方在赠与房产变更登记之前撤销赠与，另一方请求判令继续履行的，人民法院可以按照《中华人民共和国民法典》第六百五十八条的规定处理，该规定确认婚前房产转为夫妻共同财产的情形视为一方对另一方的赠与。该观点的优势在于：第一，从法律规定上看，《婚姻家庭编司法解释（一）》第三十二条可以认为就第三十一条存在递进的关系，即针对夫妻财产约定中的婚前房产问题进行进一步的特殊规定，从“特别优先于一般”角度出发，在立法体系上存在合理性；第二，从权源上看，婚前财产本无须无权利的另一方参与处分，因此，将婚前房屋转化为夫妻共同财产理解为一方的单方行为，更加符合“谁的权利谁行使”的基本路径。然而，赠与说也存在比较明显的问题：一是赠与说导致立法体系出现冲突。虽然《婚姻家庭编司法解释（一）》第三十二条可以理解为第三十一条的特殊性规定，但是将婚前房产单列进行规定后，如将适用范围从婚前房产扩大到所有婚前财产就会发现，《中华人民共和国民法典》第一千零六十五条第二款及《婚姻家庭编司法解释（一）》第三十一条中关于婚前财产的规定事实上难以实施，因为所有婚前财产并入夫妻共同财产的行为全部被认定为系赠与行为，即依靠单方行为而非双方行为对财产进行了处分，针对婚前财产的处分和支配，单方行为和双方行为的边界将难以确定。从单方行为的角度推而广之，实际上所有婚前财产均可以通过权利方的单方行为进行处分和支配，不需要另一方的参加，也不需要双方行为进行约定，那么《中华人民共和国民法典》第一千零六十五条第二款及《婚姻家庭编司法解释（一）》第三十一条则从形式上看有“此地无银三百两”之嫌，这是赠与说实施的逻辑堵点。二是从法律适用的效果上看，赠与说容易产生实质上的不公平。由于《婚姻家庭编司法解释（一）》第三十二条规定的“赠与”明确是可撤销的，因此会出现以金钱等利益诱使结婚后，在离婚时撤销赠与，从而白白消耗婚姻另一方时间的情况。例如，本案中，原告与被告结婚十年。结婚之初感情尚好时，双方签订书面协议约定被告婚前房产转化为夫妻共同财产。如认为该行为系赠与，则在十年后离婚时，由于房屋一直没有过户，被告仍可以通过撤销赠与的方式收回房屋，从法律效果上和社会效果上看均颇不合理，由此可知，盲目采用赠与说，不是公平处理相关离婚纠纷的合理路径。

二、解决路径：夫妻财产协议的应用场景

夫妻财产协议和婚前财产赠与都是现行法律规定的夫妻财产处置形式之一，并不能废弃其中任何一个方面。综合前述分析可知，之所以会出现上述争议，主要是因为夫妻财产协议与婚前财产赠与的制度边界未能明晰。本案例通过实践证明，在书面约定的场合，夫妻对协议分配财产的接受度更高，因此，笔者认为，夫妻财产协议与婚前财产赠与的制度边界应当围绕是否书面进行区分，即书面协议的财产分配，按照夫妻财产协议认定，口头上或行为上转化为夫妻共同财产的不动产，按照婚前财产赠与进行认定。

（一）存在书面协议的分配：按照夫妻财产协议认定

书面协议体现了夫妻双方的意思表示，不能因为处置的财产是婚前财产就认为仅需权利方的意思表示。一般来说，夫妻间关于财产处分的协议，往往包含财产处分和人身处分两种意思表示，是两种态度的叠加。例如，本案中，被告主动通过协议形式确认其婚前房屋转化为夫妻共同财产的同时，双方还确认，双方均不能进行外遇等破坏夫妻关系的行为，虽然该意思表示类似于夫妻忠诚协议，但是这种意思表示具有相对性，即双方在处置婚前财产外，还有相关的人身关系的合意内容，因此，将存在书面协议的分配视为夫妻财产协议进行认定，并不违反双向行为的基本特征，且更加符合夫妻在协议时的协商状态，更能够得到夫妻双方的理解和遵守，同时，夫妻经过书面协议分配财产后，不能像赠与一样进行撤销，也体现了夫妻之间的诚信，在离婚分配时也更加符合公平原则的客观要求。

（二）不存在书面协议的不动产分配：按照婚前财产赠与认定

在没有书面协议的情况下，夫妻之间的财产变动应当采取公示主义进行分辨，即不动产应以登记作为交付认定的要件。例如，在婚前不动产发生登记上的变动时，由于缺乏书面协议约定，无法体现出双方就财产处置的合意，如权利方可以提供初步的证据证明其存在无偿将婚前不动产转化为夫妻共同财产的，应当认定权利方向婚姻的另一方进行了赠与，但是由于已经转移了相关财产，权利方不能再按照《中华人民共和国民法典》第六百五十八条的规定请求撤销赠与。实践中，也存在当事人撰写保证书等书面凭证确认婚后将其婚前不动产转化为夫妻共同财产的情况，因上述意思表示是单方的，因此符合《婚姻家庭编司法解释（一）》第三十二条的规定，可以在房产变更前撤回赠与。

（三）延伸思考：书面协议的合法性考察

在确认婚前财产转化为夫妻共同财产的情况下，鉴于夫妻财产协议的高度人身属性，不能任由夫妻双方全面自由地进行约定，对以下情况应当确认无效：

(1) 限制婚姻关系自由的条款。例如，本案中，双方约定先提出离婚的一方主动放弃对房产的主张。率先提出离婚并非过错，法律上并不进行否定或者消极评价，双方约定该条款明显限制了离婚的自由，因此，虽然双方存在明确的协议，并当庭认可接受协议约束，该条款仍然应当由法院主动认定部分无效。(2) 限制人身基本权利的条款。在一些案例中，夫妻一方通过感情上的优势地位，强迫另一方书面约定，进行不可恢复性的绝育手段或容许一方侵害另一方身体权、健康权的，基于法律的基本原则，亦应当认定部分无效。(3) 限制当事人基本法律权利或违反基本社会道德底线的，如双方约定，一方结婚后不准照看父母，或离婚后不得再婚及再生育等，均应当认定为部分无效。

综上所述，婚前财产向夫妻共同财产转化的案件办理思路可总结为以下三个步骤：第一步，审查是否存在书面材料，如不存在书面材料，则考察是否进行了交付；如既无法证明存在约定，又未进行交付，则不应认为存在转化的必要性；如存在书面材料则进入下一步考察。第二步，审查书面材料意思表示的具体内容，区分是双向的意思表示，还是单向的意思表示。对于双向的、平等的意思表示，应当认定为夫妻财产协议，并进行书面材料内容的第三步审查；对于单向的意思表示，应当根据具体内容判断是否系婚前财产赠与的意思表示，并确定是否存在欺诈、胁迫等情况及是否附条件、期限等。在确认为婚前财产赠与的情况下，可根据当事人的主张判断是否应当准许撤销赠与。第三步，在确认为夫妻财产协议的情况下，对夫妻财产协议的条款进行审查，对违反法律规定、公序良俗的条款主动审查，确认是否应当认定部分无效，并就有效的条款部分认定双方权利分配。

编写人：上海市奉贤区人民法院　黄训迪

3

婚姻关系存续期间夫妻一方父母出资购买但登记在夫妻双方名下的房屋性质认定及离婚时的分割规则

——王某诉孙某某离婚案

【案件基本信息】

1. 裁判书字号

北京市第三中级人民法院（2024）京03民终405号民事判决书

2. 案由：离婚纠纷

3. 当事人

原告（上诉人）：王某

被告（被上诉人）：孙某某

【基本案情】

王某与孙某某于2015年登记结婚，2017年双方育有一子孙某。双方婚后因生活琐事发生矛盾，于2021年开始分居。双方就职于同一家银行，王某年收入为187421.19元，孙某某年收入为180840.23元。王某曾两次起诉离婚。本案中，王某表示双方感情已经破裂，坚决要求离婚；孙某某表示原则上不同意离婚，如果王某坚持要求离婚，其也同意离婚。双方均要求抚养孩子，均要求对方支付抚养费，均要求在本案一并解决孙某探视权问题。孙某上幼儿园之前，其一直与双方共同生活；上幼儿园后，其搬至王某父母家居住，目前仍就读于幼儿园。双方均表示没有夫妻共同债权、债务。双方均表示不要求分割各自名下的存款、公积金。

王某要求分割的夫妻共同财产为××号房屋，孙某某主张该房屋系其父母共同财产，应先分家析产，请求另案处理。该房屋于2018年登记在双方名下，登记为房屋共同共有。双方均表示“该房屋的全部购房款由孙某某之父支付，为精装修交房，房屋内的大部分家具家电由王某购买”。王某认为“房本登记的权利人为双方共同共有且是婚后取得，应是夫妻共同财产”，孙某某则认为“该房屋是家庭共同财产，虽然登记在双方名下，但是孙某某父母一生心血”。王某表示“其不主张房屋所有权，要求由孙某某按照该房屋价值50%的比例支付其房屋折价款”，孙某某表示“如果法院认定该房屋系夫妻共同财产，其主张房屋所有权，同意按照5%至20%的比例支付王某房屋折价款”。由于双方对该房屋的价值未达成一致意见，王某申请对该房屋进行价格评估，本院依法委托评估公司就该房屋的市场价值进行评估，评估报告确定该房屋在2023年8月18日的房地产市场总价为580.18万元。王某为此支付评估费17005元。孙某某后又表示，“其不主张房屋所有权，要求王某支付其房屋折价款，现在房屋有价无市，实际市场交易价格比评估价格低”。另外，孙某某父母在谈话笔录中称，“……当初买房没有赠与的意思……该房屋是家庭财产，不是孙某某与王某的夫妻共同财产”等。

【案件焦点】

1. ××号房屋是否为王某与孙某某的夫妻共同财产；2. ××号房屋在王某与孙某某间予以分割的规则及份额。

【法院裁判要旨】

北京市通州区人民法院经审理认为：本案的争议焦点有二：一是××号房屋是否为王某与孙某某的夫妻共同财产；二是××号房屋分割份额的判定。关于第一个争议焦点：（1）从案涉房屋的购买时间来看，案涉房屋购买于夫妻婚姻关系存续期间，并非夫妻一方的婚前购买财产；（2）从案涉房屋的权利外观来看，案涉房屋登记于夫妻双方名下，并非登记于出资人或夫妻一方名下；（3）从孙某某父母的意思表示来看，虽然××号房屋由夫妻一方孙某某的父母全款出资购买，但是该××号房屋登记在夫妻双方名下，此举可推定孙某某的父母有将××号房屋赠与孙某某及王某夫妻二人的意思，且登记于夫妻双方名下的行为可以视为各方就孙某某父母将××号房屋赠与孙某某及王某夫妻二人达成一致意见。此外，孙某某无法举证证明存在其父母将××号房屋只赠与其的约定或书面合同。综上，依据《中华人民共和国民法典》第一千零六十二条（以下简称《民法典》），《最高人民法院关于适用〈中华人民共和国民法典〉婚姻家庭编的解释（一）》（以下简称《婚姻家庭编司法解释（一）》）第二十九条的规定，判定××号房屋应作为孙某某及王某的夫妻共同财产予以分割。关于第二个争议焦点：本案中由于双方婚龄时间不长，双方收入水平相当，××号房屋房龄较短，孙某某及其父母对于××号房屋的购买、装修、维护贡献较大，因此最终判定原告王某占 30%的不动产权份额，被告孙某某占 70%的不动产权份额。虽然将××号房屋作为夫妻共同财产予以分割，但并不当然采用各分 50%的分割方式。在判定各自分割份额时，应考虑双方婚龄、双方离婚原因、双方工作情况、子女生活情况、房屋使用现状、双方对房屋的贡献等实际情况综合确定。

一审宣判后，王某提起上诉。

北京市第三中级人民法院经审理查明的事实与一审法院查明的一致，认定一审判决认定事实清楚、适用法律正确，判决：

驳回上诉，维持原判。

【法官后语】

本案在一审法院及二审法院作出判决前，《最高人民法院关于适用〈中华人民共和国民法典〉婚姻家庭编的解释（二）》（以下简称《婚姻家庭编司法解释（二）》）尚未发布，但一审法院及二审法院在案件审理及裁判中所秉承的审理思路与 2025 年 2 月 1 日起开始施行的《婚姻家庭编司法解释（二）》第八条所确定的理念及规则不谋而合，凸显出《婚姻家庭编司法解释（二）》正是对实践中司法需求的有效回应。《婚姻家庭编司法解释（二）》通过司法解释，在注重保护个人财产权利的同时，也侧重于考量各方在婚姻家庭生活中的贡献及付出，引导人民群众在婚姻家庭生活中要共同努力，以增强家庭认同感和婚姻凝聚力，既不能让全心全意为家庭付出的一方伤心伤财，也不能让婚姻成为获取不当利益的工具，体现了立法者对各方利益的平衡，展现出高度的法律智慧及人文关怀。

夫妻身份即婚姻关系在财产法上的直接效果是法定共同财产制或约定财产制的适用，形成包括夫妻共同财产与夫或妻个人财产在内的婚姻财产。[①] 其中，在夫妻共同财产中，房产价值和分割利益巨大，因此对于房屋的共有性质认定及分割规则处理，一直是司法实践中审理离婚纠纷案件共有财产分割的重点。司法实践中呈现出关于购房时间、资金来源、产权登记、还贷情况等纷繁不一的情形，离婚案件中夫妻共有房屋的认定及分割规则较为复杂，具体有以下几个难点：一是房屋的性质是否为夫妻共有认定难；二是夫妻共有房屋的分割方式确定难；三是夫妻共有房屋的分割比例划分难。

一、本案中房屋性质认定的审理思路

根据《民法典》《婚姻家庭编司法解释（一）》的相关规定，在对于房屋性质进行认定时应着重审查房屋购买的时间节点、资金来源及产权登记情况三点。

本案中，涉案房屋是在夫妻婚后购买所得，首先应适用法定的夫妻婚后所得共同制原则，即婚姻关系存续期间夫或妻一方或双方所得的财产均属于夫妻共同财产；其次再依照例外情形来认定是否为夫或妻一方所有。如果涉案房屋购买的资金来源是夫妻双方婚姻关系存续期间的共同财产，并且是婚后购买所得，则涉案房屋毫无疑问应当认定为夫妻共有房屋。即便房屋产权证书仅登记在夫或妻一方名下，也不改变该房屋属于双方共有的性质，仍然属于双方共同共有的房屋。

本案的特殊之处在于，涉案房屋虽系婚后购买，但资金来源与夫妻双方无关，均由孙某某的父母出资购买，却又登记在夫妻双方名下，因此孙某某及其父母均不认可涉案房屋作为夫妻共同财产在本案中予以分割，而是希望另诉处理，鉴于孙某某并非家中独子，其主张先由其分家析产之后，再对涉案房屋进行分割处理。根据《婚姻家庭编司法解释（一）》第二十九条第二款的规定，

① 汪洋：《泾渭分明：婚姻财产的内外归属方案与内外效应》，载《中国法律评论》2024 年第 1 期。

当事人结婚后，父母为双方购置房屋出资的，依照约定处理；没有约定或者约定不明确的，按照《民法典》第一千零六十二条第一款第四项规定的原则处理。《民法典》第一千零六十二条第一款第四项规定，夫妻在婚姻关系存续期间所得的下列财产，为夫妻的共同财产，归夫妻共同所有……（四）继承或者受赠的财产，但是本法第一千零六十三条第三项规定的除外……《民法典》第一千零六十三条第三项规定，遗嘱或者赠与合同中确定只归一方的财产。因此，涉案房屋的性质判定应遵循"约定优先"的基本原则，如果双方没有约定或者约定不明确，则应视为涉案房屋是由夫妻双方接受赠与所得的财产，即为共同财产。但例外情形是，如果有书面赠与合同并明确在合同中确定涉案房屋只归夫妻一方。本案中，王某基于涉案房屋是夫妻双方婚后所得，且登记在双方名下，应认定为夫妻共同财产，而孙某某未举证证明涉案房屋是其父母对其一方的赠与，也未举证证明各方对涉案房屋的归属有过约定，因此孙某某应承担举证不能的不利后果，即使涉案房屋是由孙某某的父母全额出资购买，但根据涉案房屋的购买时间、产权登记情况，可以视为涉案房屋是孙某某的父母在王某与孙某某婚姻关系存续期间对夫妻双方的赠与，应认定为夫妻共同财产。

二、本案中房屋分割方式及分割比例判定的思路

根据《婚姻家庭编司法解释（一）》第七十六条的规定，离婚案件中夫妻双方对共有房屋的价值及归属无法达成协议时，应按照以下情形分别处理。

（1）夫妻双方均主张房屋所有权的，可采取竞价取得的方式，由出价高者取得房屋所有权，支付另一方房屋折价款。该种分割方式应以双方同意且不存在一方有应当照顾的其他情形为前提。在不存在特殊情形、由法院判决房屋产权归属时，一般应将房屋产权判归所占产权份额较大的一方所有为宜。

（2）夫妻双方均不主张房屋所有权的，可采取变价分割的方式，将房屋处分变现，双方再对变现取得的价款进行分割。变现可由当事人协商自行出售变现，也可申请由法院判定拍卖变现，但均应当征得双方当事人同意。

在确定夫妻共有房屋的具体分割比例时，应以各占50%的分割比例为基本

原则，再结合夫妻共同生活及孕育共同子女情况、离婚过错、对家庭的贡献大小以及离婚时房屋市场价格等因素进行综合判定。首先，应重点审查各方对共有房屋的贡献。无论是夫妻一方个人用婚前个人财产支付首付款还是一方父母支付首付款，甚至是支付大部分房款，都应当视为该方对共有房屋作出的贡献。本案中，鉴于涉案房屋是孙某某的父母全额出资购买，房龄较短，不存在婚后还贷的情况，且婚姻关系存续时间不长、夫妻双方收入水平相当，因此在涉案房屋作为夫妻共同财产进行分割时应对出资贡献大的一方，即向孙某某倾斜，法院最终判定王某占30%的不动产权份额，被告孙某某占70%的不动产权份额。

编写人：北京市通州区人民法院　何娇　陈菲

4

父母为子女购买房产部分出资的处理

——赵某诉陆某离婚案

【案件基本信息】

1. 裁判书字号

北京市第一中级人民法院（2023）京01民终2667号民事判决书

2. 案由：离婚纠纷

3. 当事人

原告（被上诉人）：赵某

被告（上诉人）：陆某

【基本案情】

赵某与陆某于2019年6月6日登记结婚，婚后未生育子女。婚后双方因生活琐事产生矛盾，于2022年1月分居。现，赵某诉称双方感情已破裂，要求判令双方离婚并分割夫妻共同财产。

赵某、陆某于2021年购买了位于×区×街×号院×号楼×号房屋，购买总价款为579万元，其中贷款243万元，房屋登记为赵某、陆某共同共有。陆某表示涉案房屋由其父母出资300万元，剩余为其与赵某出资，父母出资为借款。赵某对陆某父母出资金额认可，但不认可借款性质，认为是对夫妻的赠与。

【案件焦点】

1. 父母为子女购买房屋支付部分出资的性质认定；2. 该部分出资对房产的份额与归属的认定影响。

【法院裁判要旨】

北京市海淀区人民法院经审理认为：涉案房屋为赵某与陆某婚姻存续期间购买，属夫妻共同财产。陆某主张其父母出资的300万元为借款，但其父母与二人并未达成借贷的合意，根据微信聊天记录，陆某之母主张300万元是借款，亦发生在赵某、陆某发生矛盾后，且涉案房屋亦登记为赵某、陆某共同共有，故陆某要求在给予赵某房屋折价款时扣除该300万元，缺乏事实与法律依据，本院不予支持。关于涉案房屋的分割，本院根据双方的意见，并适当考虑房屋出资、房屋还贷后，酌情判定涉案房屋归陆某所有，陆某给付赵某房屋折价款165万元；陆某主张分居后其向母亲刘某借款43500元用于还贷，要求在折价款中扣除，证据充分，法院予以支持。综上，扣除赵某应承担刘某的借款后，本院判定所欠刘某的借款由陆某偿还，陆某给付赵某房屋折价款1606500元。

北京市海淀区人民法院依照综上所述，依照《中华人民共和国民法典》第一千零六十二条、第一千零七十九条、第一千零八十七条、第一千零八十九条，《最高人民法院关于适用〈中华人民共和国民法典〉婚姻家庭编的解释（一）》第二十九条，《中华人民共和国民事诉讼法》第六十七条第一款，《最高人民法院关于适用〈中华人民共和国民法典〉时间效力的若干规定》第一条之规定，判决如下：

一、准许赵某与陆某离婚；

二、赵某、陆某共有的位于×区×街×号院×号楼×号房屋归陆某所有，该房屋所欠贷款由陆某负责偿还，陆某于本判决生效后三十日内给付赵某房屋折价款1628250元，赵某于收到房屋折价款后七日内协助陆某办理该房屋的过户手续；

三、所欠刘某债务43500元由陆某自行偿还；

四、驳回赵某的其他诉讼请求；

五、驳回陆某的其他请求。

一审宣判后，陆某提起上诉。

北京市第一中级人民法院经审理认为：关于300万元款项是否为借款，根据本案现有证据，无法明确在陆某和赵某发生矛盾之前显示有与父母达成借款的合意，即无法认定是陆某父母的借款，陆某亦未能提供足以认定为借款的其他证据。根据《中华人民共和国民法典》第一千零六十二条关于夫妻共同财产的界定，在陆某与赵某婚后接受男方父母300万元钱款，并购置案涉×号房屋，并登记在双方名下，故×号房屋属于夫妻共同财产，应在双方之间进行分割。故一审法院认定案涉300万元钱款系父母对婚后子女的赠与，并无不当。就案涉×号房屋如何在陆某和赵某之间进行分割。法院认为，虽然法院认定×号房屋系夫妻共同财产，但是在具体分割时，需要综合考虑父母赠与的真实意思表示、夫妻关系存续期间对于财产价值的贡献等因素。首先，根据一审、二审查明的事实，赵某与陆某于2019年相识半年后登记结婚，2022年年初即分居，共同生活时间较短，尚未形成稳定的家庭生活、财产共有关系。其次，案涉×号房屋除贷款外的336万元总购房出资款中，主体购房款300万元均由陆某父母出资，即涉案房屋为陆某父母主要支付首付款购置的不动产，其对涉案房屋购置起到关键作用，考虑到购房后第二年子女即诉讼离婚，若认定该笔款项系平均赠与双方，对陆某并不公平。最后，法院需要着重阐明的是，陆某父母在赠与陆某、赵某购房款时的真实意思表示。对父母赠与真实意思表示的解释，主要出于当前家庭生活中父母赠与购房款的目的、生活习惯、家庭关系逻辑等进行。

基于血亲和姻亲的天然差别，为婚后子女提供居住条件是促使父母出资的本意，该赠与普遍蕴含的前提是子女婚姻关系持续而稳定，同时还蕴含着长辈对于陆某和赵某后续履行赡养义务的期待。因此，在陆某和赵某婚姻关系结束时，对前述父母赠与所蕴含的真实意思应当在分割财产时加以考量。此外，结合陆某与赵某婚姻关系存续时间，双方无子女，共同生活期间还贷情况及剩余还贷期内陆某要承担的贷款及利息也是本案在分割房屋需要考量的因素。综合考量上述因素，扣除赵某应承担刘某的借款后，陆某给付赵某房屋折价款为 897844 元。综上，对陆某上诉请求的合理部分，法院予以支持，对一审法院判决的房屋折价款进行相应调整。依照《中华人民共和国民法典》第一千零六十二条第一款第四项、第一千零八十七条，《最高人民法院关于适用〈中华人民共和国民法典〉婚姻家庭编的解释（一）》第二十九条第二款，《中华人民共和国民事诉讼法》第一百七十七条第一款第二项之规定，判决如下：

一、维持北京市海淀区人民法院（2022）京 0108 民初 6556 号民事判决第一项、第三项；

二、撤销北京市海淀区人民法院（2022）京 0108 民初 6556 号民事判决第二项、第四项、第五项；

三、赵某、陆某共有的位于×区×街×号院×号楼×号房屋归陆某所有，该房屋所欠贷款由陆某负责偿还，陆某于本判决生效后三十日内给付赵某房屋折价款 897844 元，赵某于收到房屋折价款后七日内协助陆某办理该房屋的过户手续；

四、驳回赵某的其他诉讼请求；

五、驳回陆某的其他上诉请求。

【法官后语】

婚姻关系缔结后，由一方父母或者双方父母出资作为首付款，夫妻婚后共同还贷，已成为当下多数家庭的普遍选择。就父母为已婚子女出资购房问题，《最高人民法院关于适用〈中华人民共和国民法典〉婚姻家庭编的解释（二）》第八条在倡导当事人提前订立合同，尊重当事人意识表示的基础上，对没有约定或约定不明的，房屋判归考量因素作出进一步明确。在实践中，因“没有约定或者约定不明确的”而产生争议并非少数。此类案件的争议焦点：一是父母出资行为的性质；二是房产的份额与归属的认定。结合本案的裁判要旨，作如下分析。

第一，对于发生在子女婚后，父母出资行为的性质，诉讼中当事人多主张为夫妻共同债务、对子女一方的赠与或共同投资行为。在没有约定或约定不明的情形下，法院仅能根据个案中的举证情况对意思表示的真实含义进行推定。离婚时一方主张该笔款项系借贷从而构成夫妻共同债务的，应由主张借贷的一方承担举证责任。鉴于父母子女关系的特殊性，对借贷关系是否成立应进行严格审查。对于对父母真实意思表示的解释，主要出于当前家庭生活中父母出资购房款的目的、家庭成员的情感及利益等进行判断。本案中，基于血亲和姻亲的天然差别，为婚后自己子女提供居住条件是促使父母出资的本意，该赠与普遍蕴含的前提是子女婚姻关系持续而稳定，同时还承载着长辈对于夫妻二人后续履行赡养义务的期待。因此，本案二审法官在分割房产时未认定前述父母出资系平均赠与夫妻双方。

第二，对于房产份额与归属的认定，房产份额的分割可根据当事人诉讼请求，以出资来源及比例为基础，综合考虑共同生活情况及孕育共同子女情况、对家庭贡献等，判决房屋归其中一方所有，并由获得房屋一方对另一方予以合理补偿。在法律规范及诉讼实践中，对财产分割愈加关注客观实际情况，弱化对父母出资意思表示的探究。本案中，涉案房屋首付款的六分之五均由陆某父母出资，其对涉案房屋购置起到关键作用，且考虑到陆某与赵某婚姻存续时间，双方无子女，共同生活期间还贷情况及剩余还贷情况，综合上述因素，扣除赵某应承担刘某的借款后，二审调整了陆某给付赵某房屋折价款金额，此调整更为全面平衡各方利益，在保护出资方利益的同时，兼顾对非出资方的公平补偿。

编写人：北京市海淀区人民法院　郭晶　李静臻

5

离婚诉讼中婚前个人存款应否返还的认定

——张某诉李某离婚案

【案件基本信息】

1. 裁判书字号

北京市第二中级人民法院（2023）京02民终11009号民事判决书

2. 案由：离婚纠纷

3. 当事人

原告（被上诉人）：张某

被告（上诉人）：李某

【基本案情】

张某（男）、李某（女）于2011年相识，于2018年确立恋爱关系，于2019年底登记结婚。二人未曾共同居住生活，未生育子女。张某系初婚，李某系再婚。张某于2020年中向李某提出离婚，于2021年首次起诉离婚。2023年，张某第二次起诉离婚，两次诉讼间隔的两年多时间里，二人几乎无交流。张某提起本案诉讼，要求离婚以及判令李某返还80.5万元。

张某主张返还的款项包括：张某向李某银行转账40万元、李某自张某银行卡中支取及消费约27万元、张某向李某支付宝转账6万余元、为李某购买物品费用及发送的红包等。双方均认可相关款项系张某的婚前个人存款，但对是否应予返还存在争议。就其中的40万元，张某有个人婚前存款40万元，于婚后初期向李某转账，并表示用于买房；李某称系张某的赠与及彩礼，均已用于自身治疗疾病5万元及日常开销，无法提交花费明细。就张某交付银行卡后李某支取款项及张某转账的款项，张某曾询问李某款项用途，李某未予正面回应；张某于诉讼中称仅为交由李某保管，李某称系对其的赠与，均已花费。

【案件焦点】

1. 张某向李某交付个人婚前财产 40 万元，并明确用于婚后共同购置房产，现二人未购置房屋，李某应否返还该款项；2. 张某向李某交付个人存款银行卡及转账，但未明确交付原因，李某应否返还。

【法院裁判要旨】

北京市房山区人民法院经审理认为：张某与李某感情已经破裂，准予离婚。张某要求返还的款项，本院综合二人交往状态、款项发生时间、金额、用途、双方收入等情况进行认定。

关于张某主张的 2020 年 4 月转账 40 万元。李某陈述系张某允诺的彩礼，为赠与性质，以及系在征得张某同意的情况下实际使用了全部款项的意见，均未提交任何证据，法院不予采信。张某已向李某明确表示款项用于买房，二人婚后并未购置房产，李某占有张某的婚前个人财产，缺少依据，应予返还。

张某主张的银行卡支取款项及支付宝转账，双方未明确约定用途，但结合二人聊天记录，可认定为系张某默许李某个人正常消费开支以及允许李某为二人共同利益支出，法院综合考虑李某实际转账及支取的金额、二人异地分居的生活状态、婚后不足一年时间即对离婚之事进行协商的具体情形，对于张某主张的该部分款项，判令李某酌情返还。

张某主张的返还物品花费及红包，本案认定具有增进情感或缔结长久婚姻的目的性特征，应为赠与，张某要求返还，本院不予支持。北京市房山区人民法院判决：

一、准予张某与李某离婚；

二、李某于本判决生效之日起七日内返还张某 60 万元；

三、驳回张某的其他诉讼请求。

一审宣判后，李某提起上诉。

李某于二审中提交张某书写的保证书、照片、视频、票据等。北京市第二中级人民法院判决：

驳回上诉，维持原判。

【法官后语】

夫妻财产分为夫妻共同财产和夫妻个人财产。夫妻共同财产，是夫妻在婚姻关系存续期间取得的财产，夫妻对共同财产享有平等的所有权。夫妻个人财产，是指夫妻在实行共同财产制的同时，依照法律规定或者夫妻约定，双方各自保留的一定范围的个人所有财产。根据法律规定，一方的婚前财产为夫妻一方的个人财产。本案中，张某交付给李某的款项均为张某的婚前收入，系张某个人财产。

夫妻双方对各自的个人财产，享有独立的管理、使用、收益和处分权利，他人不得干涉。同时，夫妻也可以约定将各自的个人财产交由一方管理；夫妻一方也可以将自己的个人财产委托对方代为管理。现实的夫妻生活中，一方将婚前个人财产交由另一方保管的现象很常见。但应注意的是，除非当事人另有约定，夫妻一方的个人财产，不因婚姻关系的延续或交由另一方管理而理所当然地转化为夫妻共同财产。从立法上看，《中华人民共和国民法典》第一千零九十二条对一方侵害夫妻共同财产的法律后果进行了规定。相较而言，夫妻个人婚前财产的法律保护程度理应强于夫妻共同财产的保护，意即法律对于隐藏、转移、挥霍配偶婚前财产的行为亦应予以规制。

不过，应注意的是，我国为夫妻共同财产制，但在夫妻共同财产不足以负担家庭生活费用时，夫妻应当以各自的个人财产分担。如果夫妻一方的个人财产在婚姻关系存续期间已经由夫妻双方或一方消费或者已经自然损耗的，所有权人亦不得要求对方给予补偿。换言之，如果婚前个人财产在婚后共同生活中自然损毁、消耗、灭失，离婚时一方要求以夫妻共同财产抵偿的，不应得到支持。

因此，家事审判实践中，一方将个人婚前存款交与对方，于离婚时主张返还的，应综合考虑当事人约定、交付意图、使用场景、收入水平、消费习惯、感情状态、婚姻关系存续情况等因素进行认定。具体分析如下。

一方面，如果夫妻之间有明确约定或一方交付个人财产时明确交代了特定用途的，应当以当事人意思自治为先。但夫妻一方对于对方使用其婚前个人财产的许可，不应包括使用人未用于夫妻共同生活或使用人个人大额消费却无法说明去向的情形。对于不符合双方约定、未将款项用于约定用途、花费显著超出家庭共同生活开支的，另一方应予返还。本案中，张某将其个人财产40万元交予李某用于二人婚后购买房产，而非赠与李某个人，因此款项性质并未发生变化，仍为张某个人财产。现二人实际并未购置房产，李某未能证明其征得张某同意改变款项用途，亦未能证明款项用于家庭生活消费，故而李某应向张某返还该40万元。对于张某交付的红包现金及物品花费，结合发生时间、金额及物品性质，可以认定系张某为增进双方感情、缔结长久婚姻之目的，对李某的赠与，故本院对张某的该项诉请不予支持。

另一方面，如果夫妻之间没有明确约定，且一方交付个人财产时也没有明确特定用途的，应视为对接收人正常消费开支范围内的赠与及允许其为二人共同利益支出，需综合考量使用场景、收入水平、消费习惯、感情状态、婚姻存续情况等因素酌情认定是否返还及返还金额。本案中，张某于结婚登记后约六个月就提出离婚，二人亦从未共同居住生活，张某交付银行卡及转账的行为也都集中于婚姻初期，且双方均未提交任何证据证明各自的不同主张，在案证据亦不能显示交付时的具体约定，故张某交付银行卡及转账的行为，本案综合案情认定为部分赠与。即，张某对李某个人正常消费范围内的赠与以及允许李某为二人共同家庭生活进行支出。现李某未能证明款项去向，本院判令李某酌情返还。

综上，对于离婚诉讼中婚前个人存款应否返还的认定，应分情形处理。一方交付婚前存款时，如双方有明确约定或明确约定款项用途，对方未按照约定或约定用途支配使用该款项，亦未用于负担家庭生活费用或产生自然损耗的，应予返还。如未明确约定用途，在无特殊情况下，认定为正常消费范围内赠与及用于家庭共同支出为宜。

编写人：北京市房山区人民法院　吴奕晗　武义翔

6

民法典背景下夫妻一方以个人名义所负债务性质的审查要素

——张某诉陈某某离婚案

【案件基本信息】

1. 裁判书字号

北京市第一中级人民法院（2023）京01民终6673号民事判决书

2. 案由：离婚纠纷

3. 当事人

原告（上诉人）：张某

被告（上诉人）：陈某某

【基本案情】

张某与陈某某于1997年1月27日登记结婚，于2005年4月3日生育一子。此后，二人因家庭矛盾升级，于2017年开始长期两地分居。2021年，张某诉至法院要求与陈某某离婚，陈某某表示同意离婚。

诉讼中，张某要求确认在婚姻关系存续期间，张某以其个人名义所负的债务，均属于夫妻共同债务并依法分割，具体如下：（1）张某欠某银行的贷款218812.76元。（2）张某欠案外人何某某的货款319906元。（3）张某向其哥哥张某甲的借款15万元。（4）张某向其侄子张某乙的借款本金73万元和相应利息。（5）张某向其朋友赵某某的借款42800元。（6）张某欠付多家金融平台的借款本息共计301080.42元。张某主张上述借款均用于家庭日常消费、经营周转、房租、医疗费、孩子教育费等用途。陈某某不认可上述债务属于夫妻共同债务，辩称其对张某是否有欠款、借款原因、用途以及还款情况均不知情，更未共同使用上述款项。

双方另提出分割房屋、车辆及存款等夫妻共同财产的诉讼请求。

【案件焦点】

夫妻一方以个人名义所负债务是否构成夫妻共同债务。

【法院裁判要旨】

北京市石景山区人民法院经审理认为：本案中，张某起诉要求判令离婚，陈某某表示同意，法院不持异议，准予双方离婚。对于双方诉请分割的夫妻共同财产，法院依法予以处理。

对于张某诉请分割的各项夫妻共同债务，分述如下：对于某银行的贷款，因贷款用途为生产经营，贷款发生在双方共同生活期间，故法院认定该笔债务系夫妻共同债务。对于欠何某某的货款，张某提交了销售单、支付记录等证据，法院认定为夫妻共同债务。对于向张某甲的借款 15 万元，其中 10 万元能证明用于家庭支出，故法院认定该 10 万元为夫妻共同债务。对于向张某乙的借款，其中第一笔、第二笔以及第四笔发生在张某经营服装店期间，且张某提交的银行账户明细显示款项用于家庭支出和偿还贷款，法院认定为夫妻共同债务。对于第三笔，因转账摘要为商铺投资款，故法院不认定为夫妻共同借款。对于向赵某某的借款，因张某提交了转款记录和银行账户明细，法院认定系夫妻共同债务。对于欠付金融平台的借款本息，上述借款发生在 2019 年，张某提交的证据能够证明款项用途，法院认定为夫妻共同债务。北京市石景山区人民法院判决如下：

一、准许张某与陈某某离婚；

二、确认对某银行的欠款 218812. 76 元、欠何某某的货款 319906 元、向张某甲的借款 10 万元、向张某乙的借款 73 万元、向陈某和程某某的借款 525000 元、向陈某甲的借款 98000 元、向赵某某的借款 42800 元、对招联金融的欠款 89076. 25 元、对微粒贷的欠款 36769. 89 元、对借呗的欠款 138505. 11 元、对借去花的欠款 36729. 17 元，以上债务共计 2135599. 18 元，属于张某与陈某某的夫妻共同债务，由二人各承担二分之一；

三、位于某区某路某号院某号楼某单元的房屋归陈某某所有，陈某某于本判决生效后三十日内给付张某折价补偿款 290 万元；

四、车牌号为京××××的丰田牌小型普通客车归陈某某所有，陈某某于本判决生效后三十日内给付张某 5 万元折价补偿款；

五、驳回张某的其他诉讼请求；

六、驳回陈某某的诉讼请求。

一审宣判后，张某、陈某某提起上诉。

北京市第一中级人民法院经审理认为：本案争议的债务范围主要分为三类，以下分别予以评述。

第一，关于张某向亲戚朋友的借款。张某主张其向张某甲、张某乙借款用于夫妻共同经营、张某与儿子的生活开销，但张某提交的证据不足以说明张某甲、张某乙向张某支付的款项均基于出借的合意，且张某乙名下银行卡由张某实际借用，现有证据不足以认定张某与张某甲、张某乙之间的款项往来均为借款性质。

第二，张某向银行和其他网贷平台的借款。某银行的贷款发生于张某与陈某某两地居住以后，分居期间，张某实际支出了其与陈某某的共同财产约 50 万元，亦接受了来自陈某某父母向张某支付的大额“资助款”，上述款项基本能够覆盖张某生活开支，张某在此情况下产生并持续拖欠银行贷款，故该债务不足以认定为夫妻共同债务。张某主张其向其他网贷平台的借款用于经营以及偿还之前的贷款，但未提供在先贷款记录、盈亏流水明细等证据，亦无法证明其与陈某某共享经营收益，故上述借款不足以认定为夫妻共同债务。

第三，关于张某向案外经营相对方的欠付货款或经营周转款。张某主张其欠付何某某的货款发生于 2012 年至 2014 年，但未提供证据证明何某某向其或陈某某主张过上述款项，考虑到张某与陈某某均对该债权享有诉讼时效抗辩利益，不宜在本案中直接认定上述款项系夫妻共同债务。张某向赵某某的借款亦缺乏充分证据证明系用于夫妻共同生活、共同生产经营或者基于夫妻共同意思所产生，赵某某如主张权利，亦可另行解决。

北京市第一中级人民法院依照《中华人民共和国民法典》第一千零六十四条、第一千零七十九条、第一千零八十七条、第一千零八十九条，《中华人民共和国民事诉讼法》第一百七十七条第一款第二项之规定，作出如下判决：

一、维持北京市石景山区人民法院（2021）京 0107 民初 12688 号民事判决第一项、第三项、第四项；

二、撤销北京市石景山区人民法院（2021）京 0107 民初 12688 号民事判决第二项、第五项、第六项；

三、驳回张某的其他诉讼请求；

四、驳回陈某某的其他诉讼请求。

【法官后语】

《中华人民共和国民法典》第一千零六十四条所规定的夫妻共同债务主要分为三种类型：一是合意型共债，即夫妻双方基于共同意思表示所产生的债务；二是日常生活型共债，即夫妻单方为家庭日常生活所负的债务；三是经营性共债，即夫妻单方超出家庭日常生活需要所负，但用于夫妻共同生活、共同生产经营的债务。合意型共债的认定并无过多争议，难点在于后两种夫妻单方负债是否属于夫妻共债的认定，本案就是此类典型案件。

一、夫妻单方因家庭日常生活所需产生的债务

（一）“家庭日常生活债务”的判断标准

“家庭日常生活债务”的认定可以采用用途标准和金额标准综合判断。就用途标准而言，日常生活支出主要是指基于婚姻关系存续期间，夫妻双方产生的衣食住行、医疗保健、子女教育等方面的开支，是典型的共同债务。因此，在司法实践中，举债方就其负债实际用于家庭生活的事实负有证明义务，举债方在借款后无合理理由将款项直接转至第三人的、举债方在无必要性的情况下高息借款，且举债方不能证明上述款项系基于夫妻日常家事代理所产生的债务，一般不认为是“用于家庭日常生活”。就金额标准而言，债务金额是否在家庭

日常生活范围内，应根据该家庭过去数年的支出用途、消费金额、收入标准等情况综合认定。多笔金额较小债务叠加成为大额债务的，如用途确为家庭日常生活所需，可认定为夫妻共同债务。

（二）债务产生于夫妻分居期间的是否可以认定为夫妻共同债务

夫妻分居期间，一方为个人生活所需产生的负债，是否属于家庭共同生活范畴，存在争议。有观点认为，分居期间，各自的生活负债属于必备的生活资料支出，可认定为用于家庭共同生活；另有观点认为，分居后夫妻共同生活的基础已消失，各自的生活负债不能视为用于家庭共同生活。笔者认为，夫妻分居后，婚姻关系尚未解除，对于夫妻一方所负债务性质的认定，可综合款项金额、款项是否用于“家庭日常生活”“共同生产经营”，是否基于双方合意产生等因素进行综合认定。具体分析如下。

首先，核实款项的真实性质。离婚诉讼中，当事人常要求将夫妻分居后，亲友等特殊关系人所转的款项均确认为夫妻共债。对此，应分析双方是否具有借贷合意、亲友间是否存在财产的混同使用、转款人是否主张过返还或是否承诺过赠与等要素，判断款项的真实性质。其次，如果款项确属债务，则需判断债务用途是否具备日常性。具体可参考前述“共同居住期间家庭生活支出负债”的判断方法。最后，判断负债的必要性。必要的债务须满足：个人收入确实无法覆盖日常生活需求，且债务数额符合同类家庭的日常消费习惯，符合一般理性人的观念。应排除大额的预付消费债务以及收入足以覆盖日常生活却仍对外举债等非必要的债务。结合本案，张某虽称多笔来源于其亲友的转款是借款，但是无法证明均具有借款合意，而且分居期间，张某支出了夫妻共同财产约50万元，又接受了来自陈某某父母给予的大额“资助款”，足以满足日常生活需要，此情况下张某仍对外举债是非必要的，所涉债务不宜认定为夫妻共同债务。

二、夫妻单方因夫妻共同生产经营所负的债务

个人所负生产经营债务能否认定为夫妻共债，要判断生产经营活动是否基于夫妻共同意志以及是否共享经营收益。

（一）经营是否基于共同意志

主要是指由夫妻双方共同决定生产经营事项，或者一方决定但是另一方授权的情形。夫妻双方均为涉案公司股东或均在涉案公司担任董事、经理等职务时，倾向于认定存在“共同经营意志”。夫妻以共有财产为公司抵押借款或非举债方收取公司提成的，也可纳入“共同经营意志”的考量。如果夫妻双方各有工作，则应根据工作性质、收入及地点等因素考量其是否具有共同经营意志。本案中，陈某某与张某早期共同经营服装生意，但陈某某于2013年前后即入职某街道办工作至今，考虑到陈某某的工作性质以及双方分居后，张某前往外地继续从事服装经营的事实，双方并不具备共同经营意志。

（二）经营收益是否用于共同生活

在非举债方不具备共同经营的“外观”时，可以“共同利益”标准进行判断，即审查夫妻一方的经营行为是否为了增加家庭利益或共享经营收益。“共同利益”应以确定收益为标准，对配偶和家庭是否获利作实质审查，不能以无法排除收益用于共同生活为由，简单认定为夫妻共同债务。尤其在夫妻长期分居、矛盾激烈的情况下，如果配偶一方抗辩对举债人的经营负债不知情，且未分享经营收益时，应从严判断债务是否为夫妻共同债务。

编写人：北京市第一中级人民法院　丁少芃　王明夫

7

两孩抚养权争议不宜简单以一方直接抚养一个子女为标准

——刘某某诉王某离婚案

【案件基本信息】

1. 裁判书字号

北京市第一中级人民法院（2024）京01民终6156号民事判决书

2. 案由：离婚纠纷

3. 当事人

原告（被上诉人）：刘某某

被告（上诉人）：王某

【基本案情】

刘某某与王某于2008年1月28日登记结婚。双方于2011年6月12日生育一女刘某乙，2016年7月1日生育一女刘某甲。2022年刘某某曾向法院起诉要求离婚，法院经审理作出（2022）京0108民初30838号民事判决，驳回刘某某的离婚诉讼请求。在本案审理中，王某同意离婚。对于孩子抚养问题，刘某某要求刘某甲由其自行抚养，刘某乙由王某自行抚养。王某坚持要求两个孩子均由其抚养，表示自孩子出生后一直由其抚育，其具有较好的学历背景和教育经验，且两个孩子均明确表示愿意同其共同生活，故由其继续直接抚养可以最大限度保障未成年子女利益，尊重未成年子女意见且刘某某脾气不好，怠于履行父亲的职责，不适合抚养女儿。

一审期间，法院就抚养问题征询刘某甲、刘某乙意愿，刘某甲、刘某乙均表示希望由其母亲王某抚养。二审期间，本院再次就抚养问题征询刘某甲、刘某乙意愿，刘某甲、刘某乙与一审过程中表达的意愿内容一致，亦均明确表示希望由其母亲王某抚养，刘某甲、刘某乙二人坚决不愿分开。

【案件焦点】

二孩抚养权归属处理是否可简单归纳为一方直接抚养一个子女或不将孩子分开抚养。

【法院裁判要旨】

北京市海淀区人民法院经审理认为：对于孩子抚养问题，综合考虑两个孩子现在的生活状况、孩子自身意愿及以后成长环境、成长所需物质等因素，法院判令刘某甲由刘某某抚养，刘某乙由王某抚养。对于抚养费，不再互相给付。

对于101号房屋，双方同意共同居住使用，本院结合双方生活习惯、便于双方未来生活、照顾子女等因素，综合判定。

对于其余夫妻共同财产，王某名下存款、公积金余额、养老保险个人账户余额应属夫妻共同财产，本院判令王某名下银行账户款项、公积金账户内款项、养老保险账户余额归其所有，由其向刘某某支付折价款448306元。

对于刘某某转业待遇，本院综合双方陈述、现有证据及部队出具的结算情况中载明的情况，转业待遇中属于军人个人财产部分应归刘某某个人所有，但双方婚姻存续时间较长，结合刘某某的军龄、双方的婚姻存续时间，酌情认定为10万元，分割夫妻共同财产时应予扣除，故本院判令刘某某名下各项财产归其所有，由其向王某支付折价款920700元。

王某要求刘某某支付精神损害赔偿金，缺乏依据，本院不予支持。对于王某主张刘某某支付家务劳动补偿金5万元，刘某某同意支付，本院对此不持异议。

综上所述，依照《中华人民共和国民法典》第一千零六十二条、第一千零七十九条、第一千零八十四条、第一千零八十五条、第一千零八十七条、第一千零八十八条，《中华人民共和国民事诉讼法》第六十七条第一款规定，判决如下：

一、准许刘某某与王某离婚；

二、婚生女刘某甲由刘某某自行抚养，婚生女刘某乙由王某自行抚养；

三、王某名下存款、公积金、养老保险等财产归王某所有，王某于本判决生效后十日内向刘某某支付财产折价款448306元；

四、刘某某名下存款、公积金、养老保险等财产归刘某某所有，刘某某于本判决生效后十日内向王某支付财产折价款920700元；

五、刘某某于本判决生效后十日内向王某支付家务劳动补偿金5万元；

六、101号房屋归刘某某、王某共同所有；双方各占50%的份额；其中主卧、书房、主卫由王某居住使用；客卧、储藏间、客卫由刘某某居住使用；客厅、阳台、厨房、饭厅由刘某某、王某使用；

七、驳回刘某某、王某的其他诉讼请求。

一审宣判后，王某提起上诉。

北京市第一中级人民法院经审理认为：根据《中华人民共和国民法典》第一千零八十四条第三款的规定，已满两周岁的子女，父母双方对抚养问题协议不成的，由人民法院根据双方的具体情况，按照最有利于未成年子女的原则判决。子女已满八周岁的，应当尊重其真实意愿。关于离婚诉讼中涉及两个未成年子女抚养问题，父母抚养子女的条件基本相同，双方均要求直接抚养子女的，在父母抚养权利与未成年子女利益存在冲突时，仍应优先考虑子女利益，以最有利于未成年子女成长生活为原则。两个子女的抚养权归属处理不能简单归纳为一方直接抚养一个子女或不将孩子分开抚养，仍需综合考虑父母的经济负担能力、监护能力，结合孩子年龄、过往成长环境、监护现状等因素综合判定。在处理二孩抚养权时，对于年龄差距不大或坚决表示不愿分离的未成年子女，从陪伴成长和相互帮助的角度出发，可将未成年子女不分离作为裁判考量原则。本案中，刘某乙已满八周岁，刘某甲将满八周岁，刘某乙、刘某甲在一、二审中均明确表示愿由其母亲王某抚养并与之共同生活，刘某乙、刘某甲不愿彼此分开。同时，刘某乙、刘某甲之间以及刘某乙、刘某甲与其母亲王某已形成长期稳定、彼此依赖的共同生活状态，刘某乙、刘某甲年龄差距不大，且长期相互陪伴成长，如分开抚养可能会因父母婚姻关系解除对未成年子女叠加造成心理痛苦和精神伤害，也在一定程度上忽略了姐妹之间的血缘牵绊之情和不愿分离的童年感受，分开抚养居住将明显不利于两个孩子的身心健康，且王某亦不存在不适宜抚养孩子的法定事由，因此，婚生女刘某甲、刘某乙均由王某抚养更为适宜。刘某某对刘某甲、刘某乙有探望的权利，王某有协助配合的义务。

综上所述，王某的上诉请求部分成立，本院予以改判，对缺乏事实及法律依据的上诉理由，本院不予支持。依照《中华人民共和国民事诉讼法》第一百七十七条第一款第二项之规定，判决如下：

一、维持北京市海淀区人民法院（2023）京0108民初50147号民事判决第一项、第三项、第四项、第五项；

二、撤销北京市海淀区人民法院（2023）京 0108 民初 50147 号民事判决第二项、第六项、第七项；

三、婚生女刘某乙、刘某甲由王某直接抚养，刘某某自 2024 年 7 月起每月给付刘某乙抚养费 5500 元、刘某甲抚养费 4200 元，直至刘某乙、刘某甲年满十八周岁时止；

四、101 号房屋归刘某某、王某共同所有；双方各占 50%的份额；其中主卧、客卧、书房、主卫由王某居住使用；储藏间由刘某某居住使用；客厅、客卫、阳台、厨房、饭厅由刘某某、王某使用；

五、驳回刘某某、王某的其他诉讼请求；

六、驳回王某的其他上诉请求。

【法官后语】

司法实践中对于二孩抚养权的认定存在争议，笔者认为，应从以下三个方面进行综合判断。

在实体利益方面，二孩抚养权归属处理不能简单归纳为一方直接抚养一个子女或不将孩子分开抚养，仍需综合考虑父母的经济负担能力、监护能力，结合孩子年龄、过往成长环境、监护现状等因素综合判定。在处理二孩抚养权时，对于年龄差距不大或坚决表示不愿分离的未成年子女，从陪伴成长和相互帮助的角度出发，可将未成年子女不分离作为裁判考量原则。

在程序利益方面，应当以未成年子女的直接参与为原则，以间接参与为例外。在征询未成年子女意愿时可参照以下具体方式：对于具有独立表达能力和表达意愿的未成年人，应当畅通未成年人直接表达的渠道，将未成年人的意愿表达作为当事人陈述予以固定，并赋予其一定的证据效力。对于表达能力不成熟或表达意愿不明显的未成年人，可通过社会调查员、心理咨询师，通过沙盘游戏、心理白描等专业化、技术化手段，辅助未成年人表达诉求，进而探知未成年人真实意愿，并以此作为具有证据效力的材料予以认定。对于不具备表达能力且表达意愿无法探知的未成年人，才可以通过强化替代表达的方式保障其程序利益，如通过“亲子关系观察项目”或“社会观护员制度”进行第三方观察并形成报告作为证据材料。同时，辅之以录像等现代化技术手段，并将其电子载体作为证据材料留案佐证。

在利益解释方面，为最大限度发挥儿童意愿表达和已探知到的相关儿童利益因素对法官自由裁量的影响，应当要求法官将法院通过直接或间接方式获得的儿童意愿或陈述，以及探知获得的关于儿童利益需要、现实情况等方面的衡量要素，作为未涉民事诉讼裁判文书中说理部分的必要内容，并对其本人关于此项内容的考量和权衡进行明确、充分的阐释。

编写人：北京市第一中级人民法院　张琳　张春城

8

“彩礼新规”实施后婚后短暂共居情形下彩礼返还的认定路径

——张某诉王某离婚案

【案件基本信息】

1. 裁判书字号

北京市第三中级人民法院（2024）京03民终3387号民事判决书

2. 案由：离婚纠纷

3. 当事人

原告（被上诉人）：张某

被告（上诉人）：王某

【基本案情】

张某与王某于2023年2月14日登记结婚。张某陈述其与王某几年前在微博上认识，认识两年后，2019年确定了恋爱关系，其间分分合合，在一起的时间有半年。2023年2月5日之前双方有半年时间没有怎么联系，当时双方也不是男女朋友，2月5日突然联系上之后就在一起了，最终于2023年2月14日登记结婚。2023年4月28日在女方家举办了仪式，2023年4月29日在男方家办理婚礼，婚礼当天王某就回了北京，之后就没有再回天津，2023年5月其起诉了离婚。王某认可张某的上述陈述，称其与张某在婚礼当天就吵架了，因为婚礼没有办好，现场环境跟给其看的不符。张某现起诉要求与王某离婚，王某同意离婚。

张某主张其与王某没有共同生活，要求王某返还彩礼30万元。为此，张某提交了银行卡交易明细清单，证明通过其母亲刘某的账户向王某转账30万元，其中，2023年3月11日转账20万元，2023年3月12日转账10万元，均备注“聘礼礼金”。王某认可上述交易明细清单的真实性，认可其收到了30万元，但不同意返还彩礼，其认为双方已经共同生活了，且其办酒席花费了5万元左右。张某主张王某没有提交证据证明办酒席的实际支出，而且双方都办酒席了。庭审中，张某陈述其于2023年3月10日向王某转账5万元用于购买钻戒，钻戒现在在其处。张某与王某一致同意钻戒归张某，并将钻戒折价3万元从彩礼中扣除，亦同意王某父母给予双方的改口费2万元以及王某亲戚朋友婚礼当天支付的份子钱5000元均从彩礼中扣除。据此，张某变更诉讼请求，主张返还彩礼24.5万元。

王某提交了手机打车软件订单截图、火车票，证明其2023年2月5日从北京到天津找张某，2月5日至2月10日双方在一起，2月10日回到北京。2023年2月13日从北京去天津领证，2023年2月15日回到北京。2023年2月21日从北京到天津试婚纱，2月26日回到北京。2023年3月13日之前去天津拍婚纱照，拍完之后2023年3月13日回到北京。2023年3月17日从北京到曲阜，并从曲阜到蒙山去其家里办理订婚仪式，张某是从天津到其家里去的。2023年3月25日王某往返北京和天津挑选婚纱照照片。2023年4月27日回到老家等待婚礼当天接亲并摆酒席。2023年4月29日办完婚礼回到北京。上述行程可以证明王某多次往返于北京和天津之间，双方有实际共同生活。张某认可上述证据的真实性，不认可证明目的，亦不认可王某所述的2023年2月21日从北京到天津试婚纱，2月26日回到北京，实际是王某2月21日到天津试婚纱，2月23日回到北京开具无犯罪记录证明，24日回的天津，后26日回的北京，对于王某陈述的其他时间和事件予以认可。其认为王某提交的打车记录以及火车票只能证明其往返于北京和天津之间，往返六次，不能证明双方有实际共同生活，王某每次来天津均是为双方领取结婚证、办理婚礼等做必要的婚前准备，而不是为了双方共同生活，更重要的是王某每次在天津停留的时间都是极其短暂的，婚前和婚后在天津停留的时间合计起来也仅有几天。根据相关法律规定，双方共同生活必须具有长期性和稳定性，王某提供的证据恰恰证明双方的共同交往都是非常短暂的，不具有长期性和稳定性，不属于法律规定的共同生活情形。

【案件焦点】

1. 已办理结婚登记但仅短暂共同生活情形下彩礼应否返还；2. 返还范围的确定；3. 返还彩礼金额的酌定因素。

【法院裁判要旨】

北京市顺义区人民法院经审理认为：婚姻应当以感情为基础。人民法院审理离婚案件，应当进行调解；如果感情确已破裂，调解无效的，应当准予离婚。根据庭审中查明的事实，张某与王某均认可双方没有夫妻感情，夫妻感情确已破裂。现张某要求离婚，王某同意离婚，法院予以准许。

彩礼是指依据婚姻缔结地的风俗习惯，一方及其家庭给付另一方及其家庭的与缔结婚姻密切相关的大额财物，不基于缔结婚姻目的的单纯赠与不是彩礼。本案中，根据双方当事人的陈述，张某的母亲向王某转账的30万元系礼金，上述款项及财物给付目的十分明确，即为促成张某、王某缔结婚姻之目的，可以认定为彩礼。庭审中，张某与王某均同意钻戒折价3万元、王某父母给予的改口费2万元以及王某亲戚朋友婚礼当天支付的份子钱5000元从上述彩礼中扣除，本院对此不持异议。根据《最高人民法院关于适用〈中华人民共和国民法典〉婚姻家庭编的解释（一）》第五条规定，当事人请求返还按照习俗给付的彩礼的，如果查明属于以下情形，人民法院应当予以支持：（1）双方未办理结婚登记手续的；（2）双方办理结婚登记手续但未共同生活的；（3）婚前给付并导致给付人生活困难的。结合本案张某、王某的陈述和证据，以及张某在结婚登记后较短时间内即起诉离婚的事实，可以认定双方在结婚登记后并未形成稳定的家庭共同生活，因此法院认定王某应当返还彩礼，但张某、王某已进行婚姻登记，均举办结婚典礼，且双方确实一起居住过，故彩礼不宜全部返还，具体金额，法院综合考虑本案双方已办理结婚登记、举办婚礼仪式等具体情况，同时结合双方共同居住时间、彩礼数额等予以酌定。

综上所述，依照《中华人民共和国民法典》第一千零七十九条，《最高人民法院关于适用〈中华人民共和国民法典〉婚姻家庭编的解释（一）》第五条之规定，判决如下：

一、准予原告张某与被告王某离婚；

二、被告王某于判决生效之日起七日内返还原告张某彩礼 190000 元；

三、驳回原告张某的其他诉讼请求。

一审宣判后，王某提起上诉。

北京市第三中级人民法院经审理认为：婚姻的存续以感情为基础。本案中，张某起诉要求离婚，王某同意离婚，经调解无效，应准予双方解除婚姻关系。本案的争议焦点在于张某的母亲向王某转账的 30 万元礼金如何处理，对此本院认为，为促成张某、王某结婚，张某的母亲向王某转账 30 万元礼金，该笔款项应认定为彩礼。一审庭审中，张某与王某均同意钻戒折价 3 万元、王某父母给予的改口费 2 万元以及王某亲戚朋友婚礼当天支付的份子钱 5000 元从上述彩礼中扣除，张某变更诉讼请求主张返还彩礼 24.5 万元。从庭审查明的事实看，张某与王某于 2023 年 2 月 14 日登记结婚，至 2023 年 4 月 29 日举办婚礼，其间双方共同生活时间较短。为举办结婚仪式，双方家庭均有宴请亲朋好友的费用支出，王某要求从返还的彩礼中扣除女方宴请费用，本院对此不予支持。综合考虑双方已办理结婚登记并举办结婚仪式且确实一起居住过的情况，一审法院对张某要求返还的彩礼数额酌情确定为 19 万元，该认定已经充分考虑了双方当事人的诉求及本案实际情况，数额认定合理，本院予以确认。王某上诉请求改判返还彩礼5万元，理由不成立，本院不予支持。

北京市第三中级人民法院依照《中华人民共和国民事诉讼法》第一百七十七条第一款第一项之规定，作出如下判决：

驳回上诉，维持原判。

【法官后语】

本案例系因虽缔结婚姻关系但共同生活时间短暂而导致的彩礼返还纠纷，涉及的焦点问题“已办理结婚登记但仅短暂共同生活情形下彩礼应否返还；返还范围的确定；返还彩礼金额的酌定因素”具有代表性和典型性。本案一审判决于2023年12月27日作出，彼时《最高人民法院关于审理涉彩礼纠纷案件适用法律若干问题的规定》（以下简称《规定》）尚未施行，现行有效的法律供给仅为《最高人民法院关于适用〈中华人民共和国民法典〉婚姻家庭编的解释（一）》第五条。该条款仅规定了三种可返还彩礼的情形，该条对彩礼返还规定的条件非常严格，仅在未办理结婚登记、办理结婚登记但确未共同生活或者彩礼给付导致给付人生活困难情况下才支持返还的请求。对于已经共同生活的情况（包括未办理结婚登记手续和已办理结婚登记手续），2024年2月1日之前，现有司法解释未作规定。然而婚姻不是“一锤子买卖”，长期共同生活是其本质特征。本案将共同生活时间长短作为确定彩礼是否返还以及返还比例的重要考量因素，一审判决部分返还彩礼，确立的返还逻辑符合《规定》之解释精神。

《规定》对两种情况予以明确，双方已办理结婚登记且共同生活，离婚时一方请求返还按照习俗给付的彩礼的，人民法院一般不予支持。但是，如果共同生活时间较短且彩礼数额过高的，人民法院可以根据彩礼实际使用及嫁妆情况，综合考虑彩礼数额、共同生活及孕育情况、双方过错等事实，结合当地习俗，确定是否返还以及返还的具体比例。人民法院认定彩礼数额是否过高，应当综合考虑彩礼给付方所在地居民人均可支配收入、给付方家庭经济情况以及当地习俗等因素。第六条双方未办理结婚登记但已共同生活，一方请求返还按照习俗给付的彩礼的，人民法院应当根据彩礼实际使用及嫁妆情况，综合考虑共同生活及孕育情况、双方过错等事实，结合当地习俗，确定是否返还以及返还的具体比例。《规定》的施行完善了婚后短暂共居情形下彩礼应否返还及返还金额判断依据的制度空白，让二审裁判具备了法律层面的自信。结合《最高人民法院关于适用〈中华人民共和国民法典〉婚姻家庭编的解释（一）》第五条以及《规定》，笔者以本案为视角总结了婚后短暂共居情形下彩礼酌情返还的认定路径如下。

首先，在已经办理结婚登记的情形下，依据两要素确定彩礼应否返还：其一，“共同生活时间较短”；其二，“彩礼数额过高”，该两要素缺一不可。

第一，关于“共同生活时间较短”的判断。《规定》第一条规定给付彩礼应当“以婚姻为目的”，而非仅“以结婚为目的”。婚姻是一种持续性的关系，结婚登记只意味着双方建立了法律上的婚姻关系，长期且稳定的共同生活才是婚姻关系的本质特征。若“已结婚登记”的形式要件与“长期共同生活”的实质要件均已满足，则婚姻目的已实现，不应支持返还彩礼的请求。因此，在已经办理结婚登记的情形下，返还彩礼需首先考察是否具备“长期且稳定地共同生活”这一实质要件。《规定》第五条但书部分明确返还的前提之一是“共同生活时间较短”，而非“婚姻存续时间较短”，且笔者认为用意是指引法官不要简单地计算时间长短，还需关注共同生活的事实。具体而言，认定是否属于“共同生活”，笔者认为可借鉴《中华人民共和国民法典》夫妻权利义务的规定以及夫妻债务问题中认定夫妻共同生活的标准，需要满足共同住所、共同承担家务及负担生活费用、精神上相互慰藉、共同赡养老人等婚姻生活的实质内容。时间长短的把握上，实践中尺度不一。有观点指出可借鉴《中华人民共和国民法典》第一千零七十九条“因感情不和分居满二年”的时长规定，因为两年时间足以推断双方是否存在长期稳定共同生活的意愿和事实，共同生活不足两年的应属于“共同生活时间较短”。本案中，双方共同生活时间较短之事实明确：婚前双方自恢复联系至结婚登记仅数日，从结婚登记到起诉离婚仅三月有余，其间双方多数时间为北京、天津异地分居，短暂共同居住仅数天，难言形成了符合婚姻实质内容共同生活。

第二，关于“彩礼数额过高”的认定。彩礼数额是否过高此前一直是审判实践中争议较大的一节，由于国家没有明确规定上限，不同地区、同一地区不同家庭对于彩礼数额高低均有不同的判断标准。我国幅员辽阔，各地区经济发展程度不同，同一地区的不同家庭的经济收入亦有差异，在确定彩礼数额是否过高时，不能机械地一刀切。《规定》提供了可运用于个案的判断标准——综合考虑彩礼给付方所在地居民人均可支配收入、给付方家庭经济情况以及当地习俗等因素。本案中，给付彩礼一方长期在天津工作生活为普通工薪阶层家庭，本案给付彩礼金额约等于天津市居民2023年度的人均可支配收入（51271元）的六倍，故符合彩礼数额过高之情形。

另外予以指出的是，在不属于高额彩礼的情况下，笔者认为即使共同生活时间较短，离婚时原则上亦不予返还。

其次，在确定返还的前提下，还需明确返还彩礼的范围。

第一，需将彩礼与恋爱期间一般赠与相区别，具体而言，在认定婚恋期间某一项给付的财物是否为彩礼时，可以通过考察给付的时间是否在双方谈婚论嫁阶段、是否有双方父母或媒人商谈、财物价值大小等事实予以综合判断。对于一方在对方节日或者生日等有特殊纪念意义时点给付对方的价值不大的财物或者双方婚前交往中一些日常消费性支出，不宜认定为彩礼。恋爱期间为增进感情的纯粹赠与，应适用关于赠与的一般法律规定，即双方出于真实的意思表示，被赠与人已自愿接受和取得财产的所有权，则赠与行为已经完成，无论是否缔结婚姻，均不涉及返还问题，除非受赠人存在严重侵害赠与人或者赠与人近亲属的合法权益的情形。

第二，对于已经消耗或转化财产归属的彩礼，返还时需考量是否存在应予扣除的情形。彩礼不是固定不变的，会被消耗、使用，特别是双方已经办理结婚登记的情况下，为筹备婚礼、组建家庭双方进行经济投入更是常态，因此接受彩礼一方通常会以彩礼已被实际使用、不复存在为由进行抗辩。笔者认为，以给付彩礼方是否应重复获利为判断原则——如查明彩礼被实际花费于筹办婚事或者双方共同生活，则应当扣除或酌情扣除；如未被用于双方共同生活，则不应当扣除。彩礼转化为女方个人财产、女方父母财产，仍视为存在，不应扣除；如转化为夫妻共同财产，则需将分割夫妻共同财产与返还彩礼一并处理。但是以金钱形式给付的彩礼较为特殊，因为金钱作为种类物一旦进入账户发生混同，很难厘清双方所争议的支出是否彩礼的支出或转化，在不能查明彩礼明确去向时，不能简单地认定不予扣除或者予以扣除，即不再不作为确定彩礼范围时的扣除因素。而需结合给付的彩礼和抗辩的支出款项的紧密性、给付金额和支出金额的大小、支出金额的目的、给付方的其余支出情况、给付彩礼方的获益情况、婚姻的解除原因等情形后，作为酌定返还比例的考量因素，通过酌定返还金额以期达到平衡双方利益目的。本案中，虽然女方抗辩的返还范围为应扣除女方婚宴支出，但综合考虑男方婚宴支出金额远大于女方且本案婚姻关系的解除系因为女方悔婚之重要因素，故对该项抗辩不予支持，以达到双方的利益平衡。

最后，确定了返还范围后，再考量酌定因素，明确返还比例。关于酌定因素，包含孕育情况、双方过错情况、嫁妆情况、彩礼实际使用情况等。一般来说，已经共同生活并生育子女的，原则上彩礼不应当予以返还。如果给付彩礼一方存在家庭暴力、与他人另行订立婚约或结婚等严重过错的，另一方可以酌情减少返还比例；如果接收彩礼一方存在严重过错的，应当加大返还比例。本案即综合了女方亦未提供嫁妆等因素最终确定了返还彩礼的金额。

应予指出的是，上述彩礼返还的认定路径系建立在一般情形之上，不包含因婚前给付导致给付人生活困难或借婚姻索取财物的特殊情形。《最高人民法院关于适用〈中华人民共和国民法典〉婚姻家庭编的解释（一）》第五条第一款第三项“婚前给付并导致给付人生活困难”规定，当事人请求返还彩礼的应当予以支持。该规则建立的正当性系维护生存保障这一基本人权，防止因彩礼返贫现象的发生。笔者认为“婚前给付并导致给付人生活困难”，应当指给付人无法维持当地基本生活水准，可以当地最低生活保障标准作为判断依据。《规定》第二条：“禁止借婚姻索取财物。一方以彩礼为名借婚姻索取财物，另一方要求返还的，人民法院应予支持。”对于是否属于借婚姻索取财物的认定，已完成结婚登记手续情形下的认定相较于未完成结婚登记的情形更为困难，需要综合接受彩礼方是否具备真实的结婚意愿、是否无正当理由悔婚、双方的相处模式及感情基础、是否将获得高额彩礼作为缔结婚姻的决定性因素、给付财物的目的、是否形成了稳定的夫妻关系、婚姻史等因素，对接受彩礼一方的行为进行准确判断，如认定符合《规定》第二条之情形，则应当全额返还彩礼。如果无法举证存在上述事实，则推定为女方具备真实结婚意愿，可以把女方主观动机上存在“借婚姻索取财物”作为其过错事实事由，在其他事由确定的返还基础上增加返还的数额和比例。

编写人：北京市第三中级人民法院　吴琳　张玉娜

（二）离婚后财产纠纷

9

被执行房屋的离婚后财产所有权认定

——张某诉焦某离婚后财产案

【案件基本信息】

1. 裁判书字号

北京市丰台区人民法院（2023）京0106民初25410号民事判决书

2. 案由：离婚后财产纠纷

3. 当事人

原告：张某

被告：焦某

【基本案情】

2020年9月26日，张某与焦某登记离婚。《离婚协议书》载明，双方于1994年1月12日登记结婚，现双方因感情不和自愿离婚，经双方协商一致，对有关事项达成如下协议："1. 男女双方均自愿离婚。子女已成年。2. 夫妻共同财产的分割：（1）房屋：①北京市丰台区17××号房屋，归男方所有。②北京市丰台区16××号房屋，归男方所有。③北京市丰台区20××号房屋。男方以该房屋向银行贷款500万元，男方负责清偿全部贷款及利息。（2）车辆：一辆野马牌轿车，归女方所有。一辆别克牌轿车归女方所有。（3）双方名下各自的有价证券、存款等分别归各自所有。（4）男方名下的公司归男方所有。3. 债务处理双方无共同债务。一方以个人名义所产生的债务，由借款方独自承担，双方未列明或隐瞒债务，由签订方独自承担。"

20××号房屋系张某与焦某婚姻关系存续期间购买，登记在焦某名下。现由张某居住使用。

庭审中，张某提交住院病历等证明其身患子宫平滑肌肉瘤Ib期等重病正在治疗期，经济较为困难。

另查，2021年12月，张某要求撤销离婚协议的约定，对夫妻共同财产进行分割，被一审、二审判决驳回。

再查，案外人黄某以民间借贷纠纷将焦某诉至北京市大兴区人民法院，2020年9月15日，北京市大兴区人民法院作出（2020）京0115民初15915号民事调解书："一、焦某偿还黄某借款本金1529万元及2019年5月11日至2020年5月10日的利息214万元，共计1743万元（于2020年9月30日前偿还100万元，于2020年12月31日前偿还821.5万元，于2021年6月1日前偿还821.5万元）；二、如焦某未按前述约定的任一期限足额履行金钱给付义务，则前述债务全部到期，黄某可就剩余全部未给付款项立即申请强制执行。"上述调解书生效后，黄某申请该案强制执行，在执行阶段，北京市大兴区人民法院于2020年10月29日查封了20××号房屋。张某作为案外人提出执行异议，要求终止执行20××号房屋，北京市大兴区人民法院于2022年9月13日作出

（2022）京0115执异1177号执行裁定，驳回张某的异议请求。张某不服上述裁定，并以执行异议之诉将焦某、黄某诉至北京市大兴区人民法院，要求终止对20××号房屋的执行程序并解除查封措施，2023年6月8日，该院以（2022）京0115民初17867号民事判决，驳回了张某的全部诉讼请求。

又查，2021年3月29日，河北省廊坊市安次区人民法院出具（2021）冀1002执恢54号执行裁定，评估拍卖被执行人焦某名下的位于北京市丰台区16××号房产。2022年3月19日，北京市海淀区人民法院以（2022）京0108执恢196号执行裁定，拍卖被执行人焦某名下位于北京市丰台区17××号房屋。

现张某诉至法院，要求确认20××号房屋归其所有。

【案件焦点】

在被执行人尚有未执行债务的情况下，被执行人配偶能否根据离婚协议，主张对被执行财产的所有权。

【法院裁判要旨】

北京市丰台区人民法院经审理认为：《中华人民共和国民法典》第三百零三条规定，共有人约定不得分割共有的不动产或者动产，以维持共有关系的，应当按照约定，但是共有人有重大理由需要分割的，可以请求分割；没有约定或者约定不明确的，按份共有人可以随时请求分割，共同共有人在共有的基础丧失或者有重大理由需要分割时可以请求分割。《最高人民法院关于人民法院民事执行中查封、扣押、冻结财产的规定》第十二条规定，对被执行人与其他人共有的财产，人民法院可以查封、扣押、冻结，并及时通知共有人。共有人协议分割共有财产，并经债权人认可的，人民法院可以认定有效。查封、扣押、冻结的效力及于协议分割后被执行人享有份额内的财产；对其他共有人享有份额内的财产的查封、扣押、冻结，人民法院应当裁定予以解除。共有人提起析产诉讼或者申请执行人代位提起析产诉讼的，人民法院应当准许。诉讼期间中止对该财产的执行。本案中，20××号房屋系张某与焦某于婚姻关系存续期间购买，应系夫妻共同财产，在双方婚内对该房屋无特别约定的情况下，双方对该房屋应为共同共有。现张某与焦某已离婚，双方对该房屋的共有基础丧失，张某有权要求对该房屋进行分割。本案的焦点即为张某以离婚协议约定为由要求20××号房屋全部归其所有是否应得到支持。对此，本院分析如下。

根据法律规定，离婚协议中关于财产分割的条款或者当事人因离婚就财产分割达成的协议，对男女双方具有法律约束力。据此，虽张某与焦某离婚协议约定20××号房屋归张某所有，但离婚协议仅对协议双方具有对内效力，对外并不具有约束力，如本案不存在案外人作为债权人对该房屋提出请求的情况下，离婚协议双方按协议约定履行显然应得到法律支持。而本案特殊情况在于，20××号房屋被案外人以生效判决确定的债务履行为由予以司法查封，虽离婚协议签订时间早于司法查封时间，但焦某与案外人黄某的债权发生在双方婚姻关系存续期间，且在焦某与黄某民事调解案件之后仅十天左右的时间，焦某便与张某办理了离婚手续，该行为确有规避执行、转移财产的嫌疑，故在现有证据不能证明双方在债务发生前对涉案房屋的份额存在特别约定的情况下，法院对张某要求该房屋全部归其所有的诉求无法支持。

关于张某对20××号房屋享有的份额，综合全案事实来看，张某与焦某婚内共有三套房产，三套房产理应作为夫妻共同财产在夫妻离婚时一并予以分割，而案涉20××号房屋以外的两套房产均因焦某欠付案外人款项已被法院执行拍卖，张某亦未享受另外两套房屋的利益，且现有证据亦无法体现张某对案外人的债务应承担相应义务，在此情况下，张某作为房屋共有权人的利益亦应得到保障。综合上述分析，本院根据公平原则，在平衡债权人利益和被执行财产共有权人利益的基础上，对于20××号房屋的分割，本院酌定由焦某享有40%的份额，由张某享有60%的份额。

综上，依照《中华人民共和国婚姻法》第十七条，《最高人民法院关于适用〈中华人民共和国婚姻法〉若干问题的解释（二）》第八条，《最高人民法院关于人民法院民事执行中查封、扣押、冻结财产的规定》第十二条，《中华人民共和国民事诉讼法》第一百四十七条，《最高人民法院关于适用〈中华人民共和国民法典〉时间效力的若干规定》第一条规定，判决如下：

一、20××号房屋由焦某与张某共有，其中焦某享有40%的份额，张某享有60%的份额；

二、驳回张某的其他诉讼请求；

三、案件受理费2865.5元，由张某负担（已交纳）。

案件宣判后，判决已生效。

【法官后语】

在当下经济社会中，申请执行人以登记在被申请执行人名下或被执行人配偶名下的夫妻共同财产作为执行标的，被执行人配偶提出执行异议或要求析出其份额的情况，较为常见。债权人的利益与被执行人配偶的利益存在冲突，在平衡二者利益时，应当综合考虑债权的性质、诉争标的产权变动情况、离婚协议的利益分配、离婚协议签订时间、诉争标的性质，根据公平原则，确定被执行人配偶的份额。

本案中，法官在确定被执行人配偶份额时综合考虑了以下几个方面：其一，应当为债权人实现利益保留一定份额。被执行人与其配偶就诉争房屋签订离婚协议，但并未办理房屋所有权变更登记手续，双方所作的财产分割仅对双方具有约束力，未产生物权变动的效力，不得对抗善意第三人。被执行人配偶据此主张确认房屋全部份额归其所有，对债权人显失公平，故对此不应全部支持，应当为债权人实现利益保留一定份额。其二，被执行人债务根据举证责任被推定为个人债务，不应全部排除被执行人配偶的份额。一方面，债权人享有的债权系财产性权利，亦不具有优先受偿权性。另一方面，离婚系一种强人身法律关系变更，相比于债权人的财产性权益，在对民事主体的利害关系上更为紧密。诉争财产的分割，是双方对子女抚养事宜和全部夫妻共同财产进行博弈后的结果。若要求被执行人配偶以其应得的份额为被执行人买单，并不公平。其三，确定债权人与财产共有人的份额，应当综合考虑诉争财产在离婚协议全部内容中的价值占比。综合来看，案涉离婚协议分割的共同财产包括三套房屋、两辆车辆、公司股权。公司股权具有一定人身依附性，配偶对此贡献较小，可不予考虑。两辆车辆均归配偶所有，三套房屋归被执行人所有，双方对大额财产的分割未见明显倾斜，具有合理性和对等性。故，在保障债权人利益的基础上，应对被执行人配偶的份额予以充分保障。情感补偿、生活利益照顾、家庭子女精力投入成本等非金钱价值亦应在衡量范围内。具体到本案中，考虑到双方婚龄较长，子女已成年，亦无证据证明任何一方存在需要向对方给予精神赔偿的情形，故无须作此考虑。张某身体存在疾病，生活需要照顾，对此应予考虑。其四，确定债权人与财产共有人的份额，应当考虑共有人对诉争财产的贡献。本案中，诉争房屋系由被执行人支付首付款，贷款亦由被执行人偿还。被执行人配偶对诉争房屋的贡献比例较小，故需充分保障债权人利益。其五，确定债权人与财产共有人份额，应当考虑离婚协议签订时间。离婚协议签订时间虽早于执行人司法查封时间，但仅差距十几天的时间，不排除夫妻双方通过离婚方式规避债务实现的可能性，因此，确认房屋份额时，应充分保障债权人利益。其六，确定债权人与财产共有人份额，应当考虑债权人已经实现的债权在全部债权中的占比。本案债权人已就诉争房屋以外的房屋实现大部分债权。在考虑保护债权人利益时，仅需考虑债权人尚未实现的债权即可。综合上述几个方面，法院考虑酌情确定被执行人配偶享有诉争房屋60%的份额。

对于此类案件，思考的核心是如何根据公平原则，权衡债权人与被执行共有人的权益。债权人利益是平衡的出发点，但仍应考虑被执行人共有人的生存情况，为其保留必要份额。

编写人：北京市丰台区人民法院　李敬　赵泽培

10

以“假离婚”为由反悔离婚协议财产分割条款的审查规则

——任某诉王某离婚后财产案

【案件基本信息】

1. 裁判书字号

北京市第三中级人民法院（2023）京 03 民终 11767 号民事判决书

2. 案由：离婚后财产纠纷

3. 当事人

原告（上诉人）：任某

被告（被上诉人）：王某

【基本案情】

任某、王某原系夫妻关系，二人于 2009 年 5 月 4 日登记结婚，育有一女。2016 年 3 月 22 日，任某、王某在民政局登记离婚。2018 年 8 月 27 日，任某、王某登记复婚。2021 年 9 月 1 日，任某、王某再次登记离婚，并签署《离婚协议书》，载明双方因感情不和自愿离婚，双方均具备完全民事行为能力，并对子女抚养、财产及债务处理等达成一致意见，其中约定女儿由女方抚养，男方每月支付抚养费 3000 元，每月 10 日前将抚养费转到女方银行卡，如果不按时支付，每天加收 1‰的赔偿金，抚养费支付到儿女年满二十二周岁止，超过二十二周岁以后确有必要支付抚养费时，双方协商确定支付数额和支付时间，如果女儿抚养期间产生一次性大额支出的，双方再协商解决；关于财产分割，0309 号房屋及贷款归男方，601 号房屋及 3730 号房屋及贷款归女方所有，汽车一辆归女方，各自存款、私人生活用品及首饰归各自所有；

关于婚后债务债权处理，双方确认在婚姻关系存续期间没有任何共同债务，任何一方对外负有债务，由负债方自行承担；双方自愿协议离婚，完全同意本协议的内容。

现任某要求确认2021年9月1日的《离婚协议书》无效，并重新分割夫妻共同财产等，理由为任某与王某系“假离婚”，离婚的目的是规避政策、出售房屋，双方离婚后仍共同生活、抚养孩子、出门旅游等。王某不予认可，表示双方离婚系因夫妻感情彻底破裂，共同生活只是为了抚养孩子。

【案件焦点】

能否仅以“假离婚”为由主张撤销《离婚协议书》中的财产分割条款。

【法院裁判要旨】

北京市朝阳区人民法院经审理认为：登记离婚作为涉及离婚当事人切身利益的一种重要民事法律活动，包含了民政机关的形式审查、登记的公示公信效力以及诚实信用原则等因素，具有既定力，一旦离婚，身份关系不可逆转。本案中，任某、王某在离婚时具有完全民事行为能力，自愿签订离婚协议，并办理了离婚登记手续，应当认定双方已经解除婚姻关系。任某主张双方为“假离婚”，王某故意欺骗其签署不公平的离婚协议书，对此，根据本案现有证据，不足以证明任某的上述主张，其未能就此进一步提供充分有效的证据，对此其应当承担举证不能的不利后果，一审法院对其该项主张不予采信。故判决：

驳回任某的全部诉讼请求。

一审宣判后，任某提起上诉。

北京市第三中级人民法院经审理认为：本案中，任某、王某在2021年9月1日协议离婚时均具有完全民事行为能力，自愿签订离婚协议，在《离婚协议书》中对子女抚养、财产及债务的处理达成一致意见，并办理了离婚登记手续，符合法律规定，应当认定双方在当日已经解除婚姻关系。现任某认为双方系“假离婚”，主张涉案《离婚协议书》系被欺骗而签署的不公平的协议，系双方以虚假的意思表示所实施的民事法律行为，且该《离婚协议书》中对财产分割的内容违背了公平公正的原则。对此本院认为，无论任某依据何种理由主张《离婚协议书》无效，在双方已经经过婚姻登记机关办理离婚登记的情况下，任某对其主张均负有举证证明责任。现，任某提交的现有证据仅能够证明双方几次结婚、离婚的过程以及在 2021 年 9 月 1 日离婚后双方之间仍有较为密切的交往，但不足以充分证明 2021 年 9 月 1 日双方签订离婚协议时存在为规避政策而通谋虚假离婚的情形，亦不足以充分证明王某存在欺骗任某签订离婚协议的情形，在王某对任某所主张的事实不予认可的情况下，任某应当承担举证不能的法律后果。关于任某所主张的《离婚协议书》违背公平公正原则的问题，本院认为，离婚协议具有人身依附性，是以婚姻关系为基础签订的协议，在条款的协商方面存在多重因素，不能仅以是否平分财产来衡量是否公平，且本案所涉《离婚协议书》中对婚姻关系的解除、子女抚养、财产及债务处理等均达成一致意见，亦未见明显不合理的情形，任某的该项主张亦缺乏事实及法律依据，本院据此对任某有关双方系“假离婚”，涉案《离婚协议书》应属无效的上诉意见不予采纳。判决：

驳回上诉，维持原判。

【法官后语】

《中华人民共和国民法典》第一千零七十六条规定，夫妻双方自愿离婚的，应当签订书面离婚协议，并亲自到婚姻登记机关申请离婚登记。离婚协议应当载明双方自愿离婚的意思表示和对子女抚养、财产以及债务处理等事项协商一致的意见。第一千零八十七条第一款规定：离婚时，夫妻的共同财产由双方协议处理；协议不成的，由人民法院根据财产的具体情况，按照照顾子女、女方和无过错方权益的原则判决。

所谓“假离婚”系指夫妻双方以规避限购政策、逃避对外债务等为目的而解除婚姻关系的行为，存在较高的法律风险。离婚作为解除婚姻关系的身份行为，一经完成即具有既定力，离婚后，一方不得以意思表示虚假为由主张离婚行为无效，也不能就已经发生法律效力的解除婚姻关系的判决、调解书申请再审。而《离婚协议书》中的夫妻财产分割约定作为一项财产行为，若确系以虚假的意思表示实施，或协议订立时存在欺诈、重大误解等情形，则当事人可依《中华人民共和国民法典》的相关规定主张离婚协议特定财产分割条款无效或应予撤销。

需明确的是，"假离婚"并非民事法律行为无效或可撤销的法定事由。本案中，任某以"假离婚"为由主张《离婚协议书》的财产分割条款无效或应予撤销，其应就上述条款存在法定无效或可撤销情形承担证明责任，否则应承担举证不能的不利后果。人民法院在审查离婚协议财产分割条款是否因存在"假离婚"事实而无效或可撤销时，应注重以下两点：

一是离婚后仍共同生活不能作为认定离婚协议意思表示虚假的依据。鉴于个体生活的特殊性和家庭关系的复杂性，离婚后男女双方共同生活可能系多种因素共同作用的结果，如经济弱势一方存在住房困境、夫妻共同财产尚未分割完毕、降低离婚对子女的负面影响、隐瞒离婚事实以逃避社会压力等，故不应以共同生活之事实推定双方不具备解除婚姻关系、分割共同财产的真实意思。

二是《离婚协议书》中财产未均等分割不能当然构成"显失公平"。主张"假离婚"的一方往往声称财产分割条款系为了尽快离婚而随意拟就，己方分得的财产较少，故离婚协议存在显失公平的情形。但离婚协议系男女双方就解除婚姻关系、财产分割、债务清偿、子女抚养等一系列事项达成的"一揽子"解决方案，系离婚时基于情感状态、生活事实等各项因素进行整体权衡后的考量，因此不能孤立地审查财产分割条款、以共同财产是否平分判断离婚协议是否显失公平。

编写人：北京市第三中级人民法院　张慧　张韵可

（三）离婚后损害责任纠纷

11

离婚损害赔偿制度之重大过错认定①

——胡某诉刘某离婚后损害责任案

【案件基本信息】

1. 裁判书字号

北京市第三中级人民法院（2023）京 03 民终 2580 号民事判决书

2. 案由：离婚后损害责任纠纷

3. 当事人

原告（上诉人）：胡某

被告（被上诉人）：刘某

【基本案情】

胡某、刘某于 2011 年 6 月 9 日登记结婚，婚后生育一女刘某 1。后，双方于 2019 年 10 月 18 日在民政局协议离婚，离婚协议约定：关于子女抚养，女孩刘某 1 离婚后由女方胡某抚养，男方刘某每月付给子女抚养费 2000 元，至孩子独立生活为止，对方有教育、探望的权利。二人婚后购买汽车一辆，男女双方各一半。关于债权债务，婚后无债权债务。

2019 年 10 月 21 日刘某与他人再婚，于 2020 年 4 月 13 日生育一子刘某 2。

① 入库案例，参见人民法院案例库 2023-07-2-015-001。

2022 年，胡某提起本案诉讼，要求分割夫妻共同财产，请求法院判令：（1）车牌号京 N××× （以下简称涉案车辆）的宝马 X1 牌汽车归胡某所有；（2）刘某向胡某支付损害赔偿金 20 万元。

【案件焦点】

刘某应否向胡某支付离婚损害赔偿。

【法院裁判要旨】

北京市通州区人民法院经审理认为：双方于 2019 年 10 月登记离婚，现胡某主张刘某存在过错行为，相关法律事实发生在《中华人民共和国民法典》施行之前，应当适用当时的法律、司法解释。《最高人民法院关于适用〈中华人民共和国婚姻法〉若干问题的解释（二）》（以下简称《婚姻法司法解释（二）》）第二十七条规定，当事人在婚姻登记机关办理离婚登记手续后，以《中华人民共和国婚姻法》第四十六条规定为由向人民法院提出损害赔偿请求的，人民法院应当受理。但当事人在协议离婚时已经明确表示放弃该项请求，或者在办理离婚登记手续一年后提出的，不予支持。本案中，双方于 2019 年 10 月登记离婚，胡某向法院提出损害赔偿请求已在办理离婚登记手续一年后，因此法院难以支持。关于车辆，综合考虑双方离婚后刘某独自偿还剩余车辆贷款的情况以及刘某在婚姻关系中的过错行为，法院酌情认定胡某应给付刘某车辆折价款及偿还剩余贷款的补偿款共计 26 万元，涉案车辆应归胡某所有。北京市通州区人民法院判决：

一、小型普通客车归胡某所有，胡某给付刘某补偿款 26 万元，于判决生效之日起七日内执行完毕；

二、驳回胡某的其他诉讼请求。

一审宣判后，胡某不服，提起上诉。

北京市第三中级人民法院经审理认为：综合双方诉辩主张和查明事实，本案二审的争议焦点为刘某应否向胡某支付离婚损害赔偿。本案中，胡某、刘某于 2019 年 10 月 18 日在民政局协议离婚，离婚三日后 2019 年 10 月 21 日刘某即与他人再婚，并于 2020 年 4 月 13 日生育一子。根据刘某与他人再婚生子的客观事实及其庭审中的自认，刘某存在违反婚姻义务的过错行为，属于《中华人民共和国民法典》第一千零九十一条规定的兜底条款“有其他重大过错”的情形，胡某作为非过错方，有权通过离婚损害赔偿制度得到相应的补偿和救济。虽然胡某在办理离婚登记手续一年后提出，且离婚事实发生在《中华人民共和国民法典》实施前，但适用《中华人民共和国民法典》的规定明显更有利于保护民事主体的合法权益，更有利于弘扬社会主义核心价值观，对该诉讼请求应适用民法典及相关司法解释的规定进行处理。一审法院对此认定错误，法院应予以纠正，具体数额法院结合双方在离婚协议中所作财产的分割处理情况，根据案件实际情况酌予确定。北京市第三中级人民法院判决：

一、维持原审法院民事判决第一项；

二、撤销原审法院民事判决第二项；

三、刘某于本判决生效后七日内向胡某支付离婚损害赔偿 5 万元；

四、驳回胡某的其他诉讼请求。

【法官后语】

离婚损害赔偿制度始终是理论界和实务界争议较大的热点问题。《中华人民共和国民法典》第一千零九十一条在原《中华人民共和国婚姻法》第四十六条的基础上对离婚损害赔偿制度予以进一步完善，解决了该制度在婚姻法时代适用情形过窄的问题。但在司法实践中仍存在一些争议问题需要进一步澄清，通过司法解释、案例制度等不断修正，以更好地追究破坏婚姻关系过错方的责任，为《中华人民共和国民法典》第一千零九十一条的适用积累审判经验。本案就是一起登记离婚后无过错方提出离婚损害赔偿之诉的二审改判案件，争议焦点在于双方在民法典实施前登记离婚，一年后女方知晓男方存在婚内出轨与他人生子的行为，能否适用《中华人民共和国民法典》的规定主张离婚损害赔偿。涉及离婚损害赔偿制度中重大过错的认定标准、提出离婚损害赔偿的时间要求等法律适用问题。笔者认为，解决该争议焦点的关键在于厘清以下两个问题。

第一，我国离婚损害赔偿制度的立法沿革。

我国先后于1950年、1980年制定并修改了原《中华人民共和国婚姻法》，但均未涉及离婚损害赔偿制度。1993年，《最高人民法院关于人民法院审理离婚案件处理财产分割问题的若干具体意见》（已失效）规定了“照顾无过错方”原则，为离婚损害赔偿制度奠定了基础。但其主要是从尊重人权抑或从人道主义的角度而延伸出来的，并非站在法律上应负责任的立场来保护受害方的利益。[①] 直至2001年修正的原《中华人民共和国婚姻法》对离婚损害赔偿进行了明确的规定，第一次以法律形式确立了离婚损害赔偿制度，充分体现了当代婚姻家庭立法的公平原则和保护弱势群体利益的原则，是我国司法实践不断发展、逐步与世界各国立法接轨的结果。原《婚姻法司法解释（二）》第二十七条对该制度的具体运用进一步作出规定，明晰了离婚损害赔偿关系的义务主体、适用条件、适用范围、离婚损害赔偿请求权的行使时间、赔偿数额等。但从该制度实施二十年来的实践情况来看，一直在司法适用中支持率不高、作用有限。为了扩大离婚损害赔偿的适用效果，发挥该制度制裁导致婚姻解除过错方的功能，《中华人民共和国民法典》对离婚损害赔偿制度进行了完善和修改，主要体现在两个方面：一是认定标准的变化；二是主张权利的时效限制变化，拓宽了离婚损害赔偿的适用条件。从我国离婚损害赔偿制度的立法发展脉络来看，旨在通过不断完善健全该制度，及时回应新时代发展背景下婚姻家庭司法的需求，对无过错方的合法权益加强保护力度，捍卫受害者的婚姻尊严。

第二，本案应当适用《中华人民共和国民法典》还是原《中华人民共和国婚姻法》的相关法律规定。

本案中，经查，胡某、刘某二人于2019年10月18日在民政局登记离婚，离婚三日后刘某即与他人再婚，并于2020年4月13日生育一子，刘某认可婚内出轨并于再婚后五个月与他人生育子女的事实。但对于刘某应否就此承担损害赔偿责任的问题，双方争议较大，胡某认为刘某存在婚内出轨并与他人生子的行为具有延续性，从维护民事主体权益及弘扬社会主义核心价值观角度出发，

---

① 车兴亮：《离婚损害赔偿制度问题研究》，载《河北农机》2019年第3期。

应当适用《中华人民共和国民法典》的规定，支持其关于离婚损害赔偿的诉求；刘某认为双方在《中华人民共和国民法典》实施前离婚，应当适用原《中华人民共和国婚姻法》及其司法解释的相关规定，胡某提起离婚损害赔偿已经超过登记离婚后一年的期限，不应予以支持。对于该问题，本文作以下分析。

一、关于登记离婚后提出离婚损害赔偿的时间要求

原《中华人民共和国婚姻法》中对办理离婚登记手续后，提出损害赔偿请求的时间限制未作出相关规定，但在原《婚姻法司法解释（二）》第二十七条规定了时间限制，即在婚姻登记机关办理离婚登记手续后一年内提出，过期则不予支持。该“一年”的规定有利于督促权利人及时行使权利，保持社会关系的稳定。但存在以下两个方面的问题：一是我国婚姻法一直将照顾无过错方利益作为离婚夫妻财产分割的原则，离婚损害赔偿作为三大离婚救济制度之一，应当充分体现出这一理念。鉴于司法实践中常常存在无过错方在离婚一年后才得知对方存在符合法律规定的过错情形的情况，如果将起诉请求离婚损害赔偿的期限限制在一年，则不利于无过错方权利的行使，也与离婚损害赔偿诉讼程序中保护无过错方合法权益的宗旨相背离。二是从离婚损害赔偿请求权的性质和构成要件来看，离婚损害赔偿更加侧重婚姻家庭的身份性和伦理性，有别于一般侵权的损害赔偿。离婚损害赔偿请求权的请求权基础是一种独立于违约责任与侵权责任的特殊请求权基础，属于一种特别的侵权责任①。由于原《婚姻法司法解释（二）》规定的一年期间，排除了登记离婚的当事人在一年后行使离婚损害赔偿请求权的权利，作为一项对当事人权利会造成很大影响的规定，在我国民事法律体系中缺乏明确的依据。综合上述各种考量，2021年1月1日施行的《最高人民法院关于适用〈中华人民共和国民法典〉婚姻家庭编的解释（一）》（以下简称《婚姻家庭编司法解释（一）》）第八十九条规定，双方协议离婚的，办理离婚登记后，除已明示放弃权利的外，无过错方提起离婚损害赔偿请求的，人民法院仍应受理。该条删除了原《婚姻法司法解释（二）》

---

① 李永军：《论〈民法典〉婚姻家庭编中损害赔偿的请求权基础》，载《法学家》2022年第6期。

关于“或者在办理离婚登记手续一年后提出”的协议离婚损害赔偿请求权行使情形。由于婚姻家庭编在《中华人民共和国民法典》体系中位于第五部分，根据体系解释的方法，离婚损害赔偿请求权的行使应同样适用《中华人民共和国民法典》诉讼时效的原则规定。无过错方向法院提起诉讼，请求离婚损害赔偿的诉讼时效应为三年，从当事人知道或应当知道原配偶有重大过错行为之日起计算更为合理。本案中，双方于2019年10月18日协议离婚，胡某提出离婚损害赔偿的时间是在二人协议离婚一年后，如果根据原《婚姻法司法解释（二）》）第二十七条的规定，胡某提起损害赔偿的诉讼已超过了一年期限，不应予以支持，一审法院根据该审理思路判决驳回了胡某该项诉讼请求。因此，本案的审理关键在于无过错方提起离婚损害赔偿的时间能否适用民法典及其司法解释的相关规定，不受登记离婚后一年的限制。

二、本案应当适用《中华人民共和国民法典》及《婚姻家庭编司法解释（一）》的相关规定进行处理

首先，在认定离婚损害赔偿时，应该优先适用法律位阶较高的法律。司法解释的效力低于法律，是规范性法律文件、补充性裁判依据。只有在与法律、法律解释、行政法规、地方性法规、自治条例和单行条例这些其他“规范性法律文件”不冲突的情况下才能被援引。[①] 针对《婚姻法司法解释（二）》“办理离婚登记手续一年后提出”的协议离婚损害赔偿请求权行使情形，先后颁布的《中华人民共和国婚姻法》《中华人民共和国民法典》并未明确予以规定，而在《婚姻家庭编司法解释（一）》中针对该“一年”的规定已经明确予以删除。

其次，《最高人民法院关于适用〈中华人民共和国民法典〉时间效力的若干规定》（以下简称《民法典时间效力规定》）第二条规定，《中华人民共和国民法典》施行前的法律事实引起的民事纠纷案件，当时的法律、司法解释有规定，适用当时的法律、司法解释的规定，但是适用民法典的规定更有利于保护民事主体合法权益，更有利于维护社会和经济秩序，更有利于弘扬社会主义

① 苗炎：《论司法解释的性质和效力位阶》，载《中外法学》2023年第2期。

核心价值观的除外。该条款主要是针对旧法有规定而新法改变了旧法规定时如何适用法律的规定，包括“法不溯及既往”原则和有利溯及适用规则。其中，在有利溯及标准的把握上，将更有利于保护民事主体合法权益、更有利于维护社会和经济秩序、更有利于弘扬社会主义核心价值观的“三个更有利于”作为判断有利溯及的标准，并以符合诚实信用、公序良俗和日常生活经验法则的要求为判断合理预期的基准，从而确保法律秩序的稳定。《婚姻家庭编司法解释（一）》中关于协议离婚后提起离婚损害赔偿的条款满足了《民法典时间效力规定》第二条有利溯及中“三个更有利于”的标准。意思自治作为《中华人民共和国民法典》的基本原则之一，在涉及私人事务的婚姻家庭领域尤为重要。而最能体现意思自治的，莫过于民事主体按自己的意思处分权利。离婚损害赔偿请求权作为《中华人民共和国民法典》第一千零九十一条明确赋予夫妻中无过错方的权利，如法院仅以超过登记离婚时间“一年”为由即驳回无过错方的诉讼请求，显然会造成对无过错方权利的不当剥夺，也不符合《中华人民共和国民法典》婚姻家庭编“保护无过错方利益”原则所追求的目的。基于上述分析，本案中，离婚损害赔偿请求权适用《婚姻家庭编司法解释（一）》更符合公序良俗的相关内容，有利于弘扬社会主义核心价值观。胡某在 2022 年年初知晓刘某再婚生子的具体情形，并在当年即提起离婚损害赔偿之诉，符合法律规定，一审法院仅以该请求超过协议离婚一年为由驳回其诉讼请求，处理不当，二审法院予以纠正，是正确的。

最后，《中华人民共和国民法典》第一千零九十一条中关于“其他重大过错”的认定标准。

关于离婚损害赔偿的认定标准问题，2001 年修正的原《中华人民共和国婚姻法》第四十六条规定，有下列情形之一，导致离婚的，无过错方有权请求损害赔偿：(1) 重婚的；(2) 有配偶者与他人同居的；(3) 实施家庭暴力的；(4) 虐待、遗弃家庭成员的。该规定是我国以立法形式首次确立离婚损害赔偿制度，旨在填补受害配偶的损害，通过给予具有经济赔偿和精神慰藉双重作用的抚慰金以抚慰受害方的精神。但由于婚姻家庭的复杂性和特殊性，这种对离婚损害赔偿的法定事由予以限制性列举的方式存在较大局限，审判实践中，法官在面对复杂多变的社会生活中可能出现的以上四种情形之外较为严重的行为，不能根据案情灵活适用法律条文进行扩大化解释。因此，《中华人民共和国民法典》第一千零九十一条考虑到这一实践困境，在原《中华人民共和国婚姻法》第四十六条的基础上对离婚损害赔偿制度予以进一步完善和弥补，采取列举式与概括性规定相结合的立法方式，即在原有四项法定过错之外又增设了“有其他重大过错”这一兜底性规定，扩大了离婚损害赔偿的适用效果，为司法审判留下支持的空间和余地。

如何判断是否符合“有其他重大过错”的情形，结合《中华人民共和国民法典》第一千零九十一条前四项规定的内容，“有其他重大过错”应当是与重婚、与他人同居、家暴、虐待遗弃家庭成员相当的违反忠实、法定、道德义务以及严重损害配偶权益的行为。具体认定标准可从以下两个方面进行考量：一是配偶一方实施的行为违反了基本的婚姻家庭义务及家庭伦理，包括夫妻间的忠实义务、扶养义务，夫妻对未成年子女的抚养、教育、保护义务等，如婚内出轨、婚生子女非亲生等系违背夫妻忠实义务；二是该行为达到了严重伤害夫妻感情、威胁共同生活的程度，超出了无过错一方配偶的容忍限度，并由此导致婚姻破裂的。① 本案中，刘某在婚姻关系存续期间出轨他人并孕育子女，在行为上越过了道德和法律的红线，违背了夫妻忠实义务，其过错程度已经超出了无过错配偶的“容忍”限度，给胡某及其他家庭成员带来了严重的精神伤害，同时加速了婚姻走向终结，属于上述法律规定的“有其他重大过错”情形，胡某作为非过错方，有权通过离婚损害赔偿制度得到相应的补偿和救济。虽然胡某在办理离婚登记手续一年后提出，且离婚事实发生在民法典实施前，但适用《中华人民共和国民法典》的规定明显更有利于保护民事主体的合法权益，更有利于弘扬社会主义核心价值观，对该诉讼请求应适用民法典及相关司法解释的规定进行处理。一审法院对此认定错误，二审法院结合双方在离婚协议中的所作财产的分割处理情况，根据案件实际酌予确定具体赔偿数额，是合理的。

编写人：北京市第三中级人民法院　杨夏　李文

---

① 田韶华、史艳春：《民法典离婚损害赔偿制度法律适用的疑难问题》，载《河北法学》2021 年第 1 期。

（四）撤销婚姻纠纷

12

夫妻一方隐瞒婚前患有重大疾病，另一方享有依法撤销婚姻的权利

——张某诉李某撤销婚姻案

【案件基本信息】

1. 裁判书字号

山东省淄博市周村区人民法院（2022）鲁 0306 民初 2782 号民事判决书

2. 案由：撤销婚姻纠纷

3. 当事人

原告：张某

被告：李某

【基本案情】

张某与李某于 2021 年 6 月经人介绍相识，同年 12 月 29 日双方登记结婚。其间张某给付李某彩礼 51800.00 元，婚后二人未生育子女。2022 年 5 月，张某为李某办理终止妊娠住院手续时发现其有此前诊疗记录，后经查证核实，李某自 2009 年即诊断为“精神分裂症”，2013 年 2 月经某精神卫生中心诊断为“偏执型精神分裂症”，多次住院治疗，需长期药物控制。张某诉至法院，主张因李某在结婚登记前未如实告知其患重大疾病的信息，使其错误地作出了愿意缔

结婚姻关系的意思表示，现要求撤销婚姻。

【案件焦点】

夫妻一方隐瞒婚前患有重大疾病情形下另一方是否享有撤销婚姻权利的正确认定。

【法院裁判要旨】

山东省淄博市周村区人民法院经审理认为：婚姻自由是我国婚姻制度的基本原则，其本质是当事人作出是否缔结婚姻关系的意思表示应是无瑕的，是建立在彼此相互了解信任的基础上，故一方患有重大疾病的，对于另一方当事人而言，可能会影响到其作出结婚的意思表示是否真实完整。因此，一方当事人患有重大疾病的信息，属于足以影响另一方当事人是否愿意缔结婚姻关系而应当知情的基本信息，另一方当事人对其结婚对象是否患有重大疾病当然享有知情权。关于重大疾病的具体范围，《中华人民共和国民法典》（以下简称《民法典》）未作明确规定。《中华人民共和国母婴保健法》规定婚前医学检查疾病所包括的有关精神病，是指精神分裂症、躁狂抑郁型精神病以及其他重型精神病。经婚前医学检查，对有关精神病在发病期内的，医师应当提出医学意见，准备结婚的男女应当暂缓结婚。由此可知，婚前已患有上述疾病的公民暂时不适宜结婚，根据举重以明轻的原则，本案中，李某在办理结婚登记前知晓自身患有精神分裂症，且仍需药物控制，应当视为其患有《民法典》第一千零五十三条规定的重大疾病。李某未在结婚登记前如实告知其病情，既侵犯了张某的知情权，亦违反法律规定，故对张某要求撤销婚姻之诉求，法院予以支持。据此，判决：

撤销张某与李某的婚姻关系并收缴结婚证。

案件宣判后，判决已生效。

【法官后语】

婚前隐瞒重大疾病在《民法典》实施以后成为新增的一项可撤销婚姻关系

的法定事由，婚前重大疾病如实告知也成为婚姻双方在结婚登记前的法定义务。本案主要涉及的就是关于夫妻一方隐瞒婚前其患有疾病的事实，另一方是否享有依法撤销婚姻权利的判定问题。

一、关于“重大疾病”范围的认定

重大疾病通常是指医疗花费巨大且在较长一段时间内严重影响患者及其家庭的正常工作和生活疾病。虽然《民法典》规定了如实告知婚前重大疾病的义务，但是并没有明确规定重大疾病的范围。《中华人民共和国母婴保健法》第八条规定，婚前医学检查包括对下列疾病的检查：(1) 严重遗传性疾病；(2) 指定传染病；(3) 有关精神病。该法第九条、第十条还规定，对于在传染期内的指定传染病或者发病期内的有关精神病，准备结婚的男女双方应当暂缓结婚，对诊断患医学上认为不宜生育的严重遗传性疾病的，经男女双方同意，采取长效避孕措施或者施行结扎手术后不生育的，可以结婚。故，重大疾病的范围可以参照《中华人民共和国母婴保健法》的规定进行认定，严重遗传性疾病主要是指由于遗传因素先天形成，患者全部或者部分丧失自主生活能力，后代再现风险高，医学上认为不宜生育的遗传性疾病；指定传染病主要包括艾滋病、淋病以及影响结婚和生育的其他传染病；有关精神病则是指精神分裂症、躁狂抑郁性精神病以及其他重型精神病。总之，认定结婚前已经患有的疾病是否属于重大疾病的范围主要以该疾病是否会对婚后生活造成重大影响以及是否会影响另一方的结婚意愿为标准，要综合考量婚姻双方当事人的实际情况。

二、如何界定“如实告知”

(一) 时间维度上的“如实告知”

按照《民法典》规定，告知义务应当在婚姻登记前履行，若婚前未告知患有重大疾病，可以认定具有隐瞒行为，但如果是在结婚登记后才患上或者确诊重大疾病，且未如实告知的，则不应认定为隐瞒行为，婚姻亦不可撤销。

(二) 程度上的“如实告知”

对于如实告知的理解可以分为两种类型：一种是彻底的不告知；另一种是不充分告知。若确诊患有重大疾病，结婚登记前未告知另一方婚姻当事人，由此而缔结的婚姻是可撤销婚姻。但在实践中会出现患病一方已经履行了告知义务但是告知不充分的情况，如婚前曾经患有某种重大疾病，告知另一方当事人已经痊愈，且婚后能够正常工作、生活，实际上并未痊愈需要依靠药物控制的情况，应该认定为履行了如实告知义务。诸如此类不充分告知的情况，患病一方虽未充分告知，但是应当认定另一方已经知情且自愿与患病一方缔结婚姻。《民法典》规定一方隐瞒婚前患有重大疾病情形下双方缔结的婚姻为可撤销婚姻的目的在于保护婚姻自由以及婚姻双方的知情权，故该类情形应认定为已履行如实告知义务，婚姻不可撤销。

三、关于行使撤销婚姻权利的规定

（一）行使撤销权的期限

根据法律规定，请求撤销婚姻的，应当自知道或者应当知道撤销事由之日起一年内提出，所以，该撤销权的行使期限为一年，且该期限为除斥期间，不适用诉讼时效中止、中断和延长的规定。

（二）行使撤销权的方式

《民法典》第一千零五十三条规定，不如实告知的，另一方可以向人民法院请求撤销婚姻，因此，撤销婚姻只能通过向法院起诉来行使，既不能向仲裁机构申请，亦不能向婚姻登记机关主张。

本案中，李某于2013年2月经某精神卫生中心诊断为“偏执型精神分裂症”，属于重大疾病范围内的有关精神病，应认定为对婚后生活以及另一方的结婚意愿均有重大影响，其与张某在2021年12月29日登记结婚时并未如实告知其患病的事实，未履行如实告知重大疾病的义务。张某2022年5月知晓李某患有重大疾病的事实，于2022年9月向法院起诉撤销婚姻，亦正确地行使了其撤销婚姻的权利，故一审法院判决撤销张某与李某的婚姻并无不当。需要注意的是，该婚姻被撤销后自始无效，双方当事人不再具有夫妻的权利和义务。

编写人：山东省淄博市中级人民法院　荣明潇　杨富元

山东省淄博市周村区人民法院　张蓓

13

可撤销婚姻中“重大疾病”的判定范式

——邓某某诉李某某撤销婚姻案

【案件基本信息】

1. 裁判书字号

重庆市垫江县人民法院（2024）渝0231民初1468号民事判决书

2. 案由：撤销婚姻纠纷

3. 当事人

原告：邓某某

被告：李某某

【基本案情】

2023年1月，邓某某与李某某相识。同年1月17日，双方在民政局登记结婚。2022年9月至11月，李某某曾在某医院住院治疗45天，被诊断为精神障碍。2023年8月，邓某某发现李某某系婚前患有精神疾病，且婚后仍时有发病，便将李某某送回其娘家居住。2023年9月，李某某被送往重庆市精神卫生中心住院治疗，被诊断为精神分裂症。2023年10月，李某某父母向重庆市残疾人联合会申请办理残疾人证，该证载明李某某为精神残疾二级。2024年4月，邓某某以李某某患有重大精神疾病，无法正常交流和生活，且在结婚前李某某及其法定监护人均故意隐瞒患病情况为由诉至法院，要求撤销与李某某的婚姻。

【案件焦点】

李某某所患精神分裂症是否可认定为《中华人民共和国民法典》第一千零五十三条规定的“重大疾病”。

【法院裁判要旨】

重庆市垫江县人民法院经审理认为：本案中，邓某某以李某某患有精神分裂症严重影响共同生活，且婚前未告知患病事实为由，诉请撤销婚姻登记。虽然《中华人民共和国民法典》第一千零五十三条未对重大疾病范围作出明确规定，但《中华人民共和国母婴保健法》已将精神分裂症列为需要进行婚前医学检查的疾病，并提出患有关精神病在发病期的，应当暂缓结婚。同时，结合社会基本认知，精神分裂疾病对患病者自身生活、夫妻共同生活、养育子女等将产生重大不利影响，应当属于婚前须如实告知另一方的重大疾病。李某某在婚前未如实告知患病情况，邓某某作为无过错方在知道该事由后一年内请求撤销婚姻符合法律规定，也符合大众对公平正义、诚信婚姻的良好期待，应予支持。庭审中，邓某某自愿提出当庭补偿李某某 8000 元，审理法院认为该补偿不违反法律规定，且符合社会主义核心价值观，遂予以准许。综上，审理法院判决如下：

撤销邓某某与李某某于 2023 年 1 月 17 日在垫江县民政局的结婚登记。

案件宣判后，判决已生效。

【法官后语】

本案系人民法院审慎运用《中华人民共和国民法典》第一千零五十三条，稳妥处理涉精神病人员撤销婚姻纠纷的案例。本案对“重大疾病”的概念依法依规依常理作出认定，对后续类案的司法认定和裁判说理具有参考意义。

一、涉重大疾病婚姻可撤销的价值衡量

如何从保护婚姻双方对于婚前重大疾病知情权出发，赋予双方更多自主权。其一，配偶知情权与个体独立性的价值衡量。婚姻是双方基于现实感情与未来愿景的结合，告知配偶自身情况是履行夫妻忠实诚信义务的体现。但疾病具有隐蔽性和隐私性，且相当多的疾病本身并不会对婚后共同生活造成实质阻碍，如果将所有疾病都纳入告知义务的对象，将影响个人在婚姻关系中的独立性，因此应当将需告知的疾病的范畴限定为“重大疾病”。其二，具体列明与概括定性的立法选择。1950年《中华人民共和国婚姻法》规定“花柳病”“麻风病”等为禁止结婚情形，1980年《中华人民共和国婚姻法》规定“麻风病”为禁止结婚情况，2001年《中华人民共和国婚姻法》并未列举“医学上认为不应当结婚的疾病”。随着现代医学技术的发展和新型疾病的出现，具体列举疾病种类的立法技术不符合法律条文周延性和延续性的要求，立法限定疾病的“重大性”后交由审判机关实践认定的模式成为符合实际的规范路径。其三，立法介入当事人婚姻自主权的进退。婚姻兼具个体性和社会性，个体性是第一性。对个体婚姻自主的尊重，不应局限于形式上自主登记签字，更应注重个体自主选择配偶、自主选择人生的实质性的自主。若患病方未在婚前如实告知疾病，未患病方婚后仍愿意与患病方同甘共苦，没有理由罔顾个人意愿径行认定婚姻无效。

二、重大疾病的“三方面两维度”判定范式

医疗技术在进步，在不同的历史时代，影响婚姻生活的重大疾病可能是完全不同的。《中华人民共和国民法典》第一千零五十三条未明确重大疾病是哪些疾病，或者某种疾病是不是重大疾病，为人民法院的实践认定留下空间。本案基于缔结婚姻的根本目的，参照《中华人民共和国母婴保健法》的有关规定和社会大众普遍认知，提出了“三方面两维度”的重大疾病判定范式，即分析疾病对患病一方自身健康、夫妻共同生活、子女养育培养三方面的不利影响，以及前述不利影响的现实强度与时间跨度。

一是对患病一方自身健康的影响。生命健康权是其他一切民事权利的基础，没有生命健康，便谈不上婚姻美满。人民法院判断某种疾病是否属于“重大疾病”时，应当首先考虑双方结婚、共同生活是否会加重患病一方的病情，是否会对患病一方的自身健康造成不利影响。

二是对夫妻共同生活的影响。婚姻是爱情的结晶，也是夫妻共同生活的组织形式。可以说，缔结婚姻的根本目的便在于双方相互帮助、相互陪伴、相互扶持，共同为个人、家庭和社会提供正向价值。如果因一方患有疾病，如严重的传染性疾病、精神类疾病，导致夫妻双方的结合并不能给共同生活带来正面影响，反而会对未患病一方造成较大伤害或使得家庭举步维艰，对此类疾病应认定为“重大疾病”。

三是对子女养育培养的影响。结婚组成家庭是生育抚养子女的主要方式，疾病对子女成长发展的影响也应当纳入考虑。对未成年人身体健康、心理健康具有显著、不可逆的不良影响的疾病，应当认定为“重大疾病”。但在疾病对未成年人负面影响是不确定性的、短期性的、可逆性的时，应结合前两个方面的影响综合判定是否构成“重大疾病”。

四是影响的现实强度和时间跨度。事物是发展的，疾病对婚姻的影响也会因病情、时间而改变。认定是否构成“重大疾病”亦不能只考虑方面，不考虑程度。若病情长期处于平稳可控期或者病情严重的情况并不会长期持续，应当降低对该疾病不利影响的评价。

编写人：重庆市垫江县人民法院　汪波　潘枝峰　谭小红

（五）同居关系纠纷

14

通谋虚伪离婚后同居期间共有财产的界定

——黄某某诉叶某同居关系析产案

【案件基本信息】

1. 裁判书字号

江西省赣州市中级人民法院（2023）赣07民终6130号民事判决书

2. 案由：同居关系析产纠纷

3. 当事人

原告（被上诉人）：黄某某

被告（上诉人）：叶某

【基本案情】

原、被告双方均系离异后再婚。2010年7月，原告黄某某与前妻离婚，婚姻关系存续期间生育一子黄某乙，离婚后黄某乙由原告黄某某抚养。原告黄某某和其父母、儿子黄某乙共同成功申请了一套公租房；被告叶某于2009年与前夫离婚，婚姻关系存续期间没有生育小孩。双方各自离异后，经朋友介绍认识并于2013年5月13日登记结婚，双方婚后共同居住在公租房，2013年11月28日生育一子黄某丙。2017年12月，原告黄某某和被告叶某及其父亲因小孩上学需要，三人共同商量购买商品房事宜。为取得购房资格，同时保住公租房，原、被告于2018年1月9日签订《离婚协议书》并到民政局办理离婚登记，《离婚协议书》约定：（1）双方因性格不合，自愿离婚；（2）婚生子黄某丙由女方抚养，抚养费（生活费、教育费、医疗费）双方各自承担50%；（3）婚姻关系存续期间无财产分割、无债权债务。

协议离婚后，被告叶某于2018年1月签订房屋买卖合同，购买了案涉商品房（总价64万元左右，首付款19万多元、按揭贷款42万元）。2018年1月4日，原告黄某某向被告叶某支付了购房款19.5万元，此后双方经济往来频繁。被告叶某于2018年2月22日取得不动产权证书，权利人为被告叶某一人所有。此后，双方和小孩陆续在公租房以及新购买的商品房共同生活居住。2022年8月9日双方对案涉商品房产进行协商，并拟定收条："今收到2018年1月9日为购买房产以转移孩子户籍为目的让孩子接受更好的教育而办理的离婚登记，房子当初写在叶某名下，孩子迁入叶某名下户籍等待入学，现感情破裂无法复合无法共同生活，我黄某某于2022年8月9日退出房产不再回去居住。经双方协商叶某得到房产的使用权和所有权，并支付给黄某某25万元整，从此以后我黄某某不再与叶某有任何感情经济纠纷。"被告叶某当天向原告黄某某支付了现金25万元，并在收条上签字。次日，原告搬离案涉商品房。之后原告发现被告隐瞒其中奖事宜，遂起诉至法院。

另查明：(1) 原、被告离婚后共同生活期间，双方存在日常微信聊天、电话通话。(2) 原、被告离婚后共同生活期间，双方经济往来频繁。双方共同经营广告业务且未进行结算。双方共同归还了案涉商品房部分贷款。被告叶某收取了原告黄某某父亲黄某1在另一小区车库的租金，用于了家庭开支。(3) 2022年5月10日，被告叶某花费2元购买了1注福利彩票，中奖等级为选十中十。2022年5月12日该中心向被告叶某支付税后奖金4000000元。2023年3月24日，福利彩票发行中心出具证明，证明上述事实。

【案件焦点】

原、被告离婚后，同居期间的共同财产应如何界定。

【法院裁判要旨】

江西省赣州市章贡区人民法院经审理认为：原告黄某某和被告叶某于2019年1月协议离婚后，一直未办理复婚手续，双方共同生活至2022年8月。该期间属于同居关系。根据原告提交的聊天记录，可以证实在协议离婚前双方并无感情纠纷，仅为了家庭利益购置公园壹号房产。离婚时，双方并未对夫妻关系存续的夫妻共同财产进行分割处理；离婚后，原、被告双方继续共同生活，双方经济往来频繁，并共同经营了广告业务。双方在共同生活期间，亦未对财产归属达成书面协议。因此，对被告叶某关于双方同居期间经济没有混同的抗辩，本院不予采信。同居生活期间双方共同所得的收入和购置的财产，按一般共有财产处理；同居期间为共同生产、生活而形成的债权、债务，可按共同债权、债务处理。即原告黄某某和被告叶某对同居期间财产分配有书面协议，则按协议处理；没有协议，同居期间的财产按一般共有财产的原则处理。

关于收条是否属于双方对财产归属达成书面协议。庭审中，原、被告均认可2022年8月9日被告叶某补偿原告黄某某25万元后，双方均无其他共同财产需要分割。此时被告叶某对原告黄某某隐瞒中奖500万元（税前）的事实，仅告知中奖50万元。原告黄某某基于该错误的信息签署了收条。因此，该收条不能作为分割双方同居期间财产的依据。被告叶某庭审中陈述2022年8月9日和原告对案涉房屋进行了结算并支付给原告25万元，被告享有案涉房产的所有权，并要求在收条上添加“从此以后我黄某某不再与叶某有任何感情经济纠纷”。故，该收条实际系双方对案涉房屋房产首付款、支付按揭贷款等进行的结算，不能作为其他同居期间财产的结算。

2022年5月10日，被告叶某出资2元购买了1注福利彩票中奖500万元（税后400万元）。因双方经济混同，被告叶某出资的2元，无法区分是来自被告叶某个人财产，还是来自原告黄某某个人财产，抑或来自共同财产。因此，对该笔奖金500万元（税后400万元），应当视为原、被告等额享有，即原告黄某某享有200万元，被告叶某享有200万元。因该奖金实际由被告叶某领取，因此应当由被告叶某向原告黄某某支付200万元。被告叶某已经向原告黄某某支付的25万元系对案涉房产的分割补偿款项，与奖金无关，无须进行核减。原、被告均系离异后再婚组建的家庭。综观原、被告婚姻关系存续期间和离婚后同居期间，原告黄某某对家庭倾力付出、悉心照顾，与被告叶某共渡难关，“有难同当”。但被告叶某却隐瞒中奖事实，对意外之财无法做到“有福同享”，有悖诚信和公序良俗原则。江西省赣州市章贡区人民法院判决：

由被告叶某向原告黄某某支付福利彩票奖金200万元。

被告叶某不服一审判决，提起上诉。

江西省赣州市中级人民法院判决：

驳回上诉，维持原判。

【法官后语】

随着社会和经济的不断发展，原有的婚姻家庭关系也随着人们思想观念的变化而发生了一定改变，随之产生的还有为获得某种利益而实施的虚假离婚行为，此类行为不仅有违社会风尚，而且影响正常的婚姻家庭秩序，由此产生的法律后果不可忽视。司法机关在认定和处理通谋虚伪离婚的相关案件时，应坚持身份关系与财产关系区分、动机与内容区分的思路，既要充分考虑当事人的意思自治，以免公权力的过多介入，同时也要尽力避免这一行为对社会道德和法律法规的冲击，充分考虑立法精神作出司法裁判。

一、通谋虚伪离婚行为的婚姻效力分析

通谋虚伪离婚行为，实践中通常叫作“假离婚”，即夫妻双方为达成某种目的，暂时解除法律上的婚姻关系，但不解除事实上的婚姻状态，待目的达成后又约定复婚的行为。由于通过“假离婚”行为可以达到规避限购政策、给孩子上户口、避税和逃避债务等目的，所以该现象在现今社会生活中屡见不鲜。

根据通说，意思表示瑕疵，一般区分为意思表示不自由、意思与表示不一致。《中华人民共和国民法典》第一百四十六条规定行为人与相对人以虚假的意思表示实施的民事法律行为无效。通谋虚伪表示需要具备三个要件：“意思表示存在”“表示与真意不符”“相对人间通谋”①。在通谋虚伪表示行为中，表意人和相对人虽具有合意的外观，但实质上均排斥结果的发生。通谋虚伪离婚是夫妻双方在离婚过程中，意思表示存在通谋，即通谋虚伪表示行为在身份法律关系中的适用。

就婚姻解除行为效力而言，通谋虚伪离婚行为由于当事人内心的动机不同，内心的真实意思表示时常与其外在表现不大相同，甚至呈现截然相反的状态，在分析法律行为效力时，不需要探求内心动机。就婚姻解除申请离婚登记而言，夫妻双方出于自愿对离婚登记行为达成合意，均认可离婚效果，内心意思与其追求法律行为产生的效果意思是一致的，只是离婚的原因与通常因感情破裂而离婚的动机不同，事实婚姻关系也仍然存续。至于为了达成某种目的，约定于之后再行复婚等，这属于该法律行为的动机，并不影响解除婚姻关系这一身份法律行为的效力。

二、通谋虚伪离婚后同居财产混同下共有财产的界定

从区分共有性质的形式逻辑来看，是否具有清晰份额是判断的关键。当双方财产混同时，意味着无法明确双方的出资比例。财产混同的背后体现的是双方的亲密程度，财产混同的程度不同，双方的亲密程度也不同。通谋虚伪离婚

---

① 王泽鉴：《民法总则》，北京大学出版社2009年版，第338~339页。

后的同居关系虽不具有婚姻关系那种身份和财产上的一体性，但双方在物质生活与精神生活上的紧密性和依赖性达到了和一般两性关系明显区分的程度，紧密性和依赖性的程度亦达到了婚姻关系的程度。因此，依靠一般财产法逻辑简单地将非婚同居期间财产混同引发的共有解释为按份共有，与情侣双方受亲密关系实践逻辑影响下产生的财产实践逻辑并不相符，换言之，这种推定并不符合双方的行为本意。因此，在面对通谋虚伪离婚后同居期间所产生的财产混同现象，应推定为共有财产。

本案首先根据《中华人民共和国民法典》第三百零八条规定，共有人对共有的不动产或者动产没有约定为按份共有或者共同共有，或者约定不明确的，除共有人具有家庭关系等外，视为按份共有。当发生纠纷时，双方就共有财产属于按份共有还是共同共有多数是处于约定不明的状态，再加上非婚同居关系并非家庭关系，故推定为按份共有；然后，基于双方在同居期间发生财产混同，无法查明双方的出资比例，故推定双方等额共有。

三、通谋虚伪离婚后同居期间共有财产分割规则

通谋虚伪离婚后同居期间共有财产的认定，应从财产形成的时间和财产的来源两个维度综合认定。首先，从时间维度看，同居共有财产必须形成于同居期间，共同生活是同居产生内部经济交流的基础和目的。互相非为合法配偶的同居男女原本是在财产上彼此独立，互不干涉，但在共同生活的过程中，为了实现生活互助、提高生活质量，才形成了共有财产。所以时间条件是确定非婚同居共有财产的必要因素。但是，时间条件仅仅是认定共有财产的前提和基础，不能作为唯一依据，同居期间形成的财产并不都为双方共同分享。其次，从来源维度看，同居共有财产应来自双方实际出资或由双方共同收益。根据共有理论，双方共同出资购买之物理所当然为双方共有。但是此“共同出资”必须是双方当事人以直接的金钱等财产出资，单纯的劳动力投入不能算作出资，除非当事人另有约定。最后，还应当排除专属于一方的个人财产。专属于一方的财产包括身份利益财产和对方未参与的个人财产劳动、投资收益。前者为遗产、遗赠、知识产权收益等；后者为工资、奖金等。至于这些个人财产交由同居的

对方使用或存于对方账户的情况属于赠与行为，亦不应作为共有财产予以分割。

本案中，关于被告出资2元购买的福利彩票中奖500万元是否属于共有财产。法院认为，因双方经济混同，被告出资的2元，无法区分是来自被告叶某个人财产，还是来自原告个人财产，抑或来自共同财产。因此，对该笔奖金500万元（税后400万元），应当视为原、被告等额享有，即原告享有200万元，被告享有200万元。因该奖金实际由被告领取，因此应当由被告向原告支付200万元。

编写人：江西省赣州市章贡区人民法院　张斌　李晓霞

15

重婚导致婚姻无效后财产的权属认定和析产分割

——朱某诉秦某同居关系析产案

【案件基本信息】

1. 裁判书字号

北京市第二中级人民法院（2023）京02民终1312号民事判决书

2. 案由：同居关系析产纠纷

3. 当事人

原告（上诉人）：朱某

被告（上诉人）：秦某

第三人（上诉人）：许某

【基本案情】

1985年，秦某与许某举办婚礼并以夫妻名义共同生活，先后育有二女一子。2019年，秦某与许某补领结婚证，记载双方结婚登记日期为1987年12月3日。1996年，秦某与朱某相识后在北京共同生活，二人育有一子。2015年，朱某与秦某补领结婚证，载明双方结婚登记日期为 1996 年 5 月 28 日。2019 年 1 月 8 日，北京市丰台区人民法院判决秦某与朱某的婚姻无效。2019 年 9 月 2 日，北京市海淀区人民法院判决秦某构成重婚罪。本案中，朱某以同居关系析产纠纷提起诉讼，要求分割其与秦某同居期间取得的财产，主要包括案涉四套房屋及两辆汽车。

【案件焦点】

涉案财产的权属认定及分割方式。

【法院裁判要旨】

北京市丰台区人民法院经审理认为：首先，关于诉争财产权属。朱某与秦某系无效婚姻，秦某与许某系合法婚姻，故朱某在分割同居关系存续期间形成的共有财产时不应侵害许某的合法权益，对朱某主张涉案财产为朱某与秦某共有的主张，不予认定。其次，秦某在与许某婚姻关系存续期间购置的财产，许某均为共有人。依据当事人陈述可知涉案四套房屋以及二辆车均为朱某与秦某同居期间，同时也是秦某与许某婚姻关系存续期间购置，应为三人共同共有。关于财产分割方式。首先，既然朱某与秦某之间并不存在婚姻关系，故分割时不能按照离婚时的财产分割原则予以处理，需要更多地从对共同购置的财产的贡献程度予以衡量。此处的贡献程度既包括出资情况，亦应当考虑家务劳动等其他具有经济价值的投入等情形。其次，一方面秦某对导致婚姻无效负有过错，朱某对此并无过错，另一方面朱某对无效婚姻持放任状态。再次，虽然朱某与秦某约定各享有 201 号房屋 50%份额，但上述约定显然损害了许某的合法权益，应属无效，不应当视为朱某与秦某就房屋分割的约定。最后，综合考虑上述房屋、车辆当前使用等情况，使得物尽其用。综合上述因素并结合本案其他情节，法院酌情对房屋及车辆予以分割。北京市丰台区人民法院判决如下：

一、确认登记在朱某名下的位于北京市丰台区某 903 号房屋归朱某所有；

二、确认登记在朱某、秦某名下的位于北京市丰台区某 201 号房屋归秦某、许某共同所有，朱某协助秦某、许某办理位于北京市丰台区某 201 号房屋的转移登记手续；

三、确认登记在秦某名下 303 号房屋归秦某、许某共同所有；

四、确认登记在秦某名下 9B1 号房屋归秦某、许某共同所有；

五、朱某于判决生效之日起十日内给付秦某、许某房屋折价款 4239840 元；

六、秦某于判决生效之日起十日内给付朱某房屋折价款 4235580 元；

七、确认登记在朱某名下车牌号为京 H××××0 的车辆归朱某所有，朱某于判决生效之日起十日内给付秦某、许某车辆折价款 41600 元；

八、确认登记在秦某名下车牌号为京 N××××5 的车辆归秦某、许某共同所有，秦某于判决生效之日起十日内给付朱某车辆折价款 41480 元；

九、驳回朱某的其他诉讼请求；

十、朱某于判决生效之日起十日内给付秦某抚养秦某乙的费用 137611.81 元；

十一、驳回秦某的其他诉讼请求；

十二、驳回许某的诉讼请求。

一审宣判后，朱某、秦某、许某提起上诉。

北京市第二中级人民法院经审理认为：首先，关于涉案财产属于个人财产还是共同财产。本案系婚姻无效后引发的同居关系析产纠纷，对双方同居期间所得财产归属的认定上，既要与合法婚姻关系中夫妻共同财产的处理相区别，又不同于一般未婚同居关系中的财产处理。就本案而言，根据待处理财产的类别，应当认为，关于涉案四套房屋以及车牌号为京 H××××0、京 N××××5 的车辆。一方面，上述财产均购置于朱某与秦某同居关系期间，部分财产系双方共同签订合同购置，另有部分财产虽由一方签订合同，但结合庭审询问及购置用途等，亦属于共同购置，故上述财产均应认定为朱某与秦某共同共有。秦某主张上述财产购置款来源于其个人收入，应属其个人财产，依据不足，不予支持；另一方面，朱某要求分割与秦某同居期间的财产时，不得侵害作为合法婚姻当事人的许某的财产权益。案涉四套房屋及二辆车均为朱某与秦某同居期间，同时也在秦某与许某婚姻关系存续期间购买，许某主张对上述财产的所有权于法有据，一审法院认定上述财产应为其三人共同共有并无不妥。朱某主张上述财产为其与秦某双方共有，侵害了许某的合法权益，不予支持。

其次，关于财产分配方式。案涉四套房屋以及二辆车为共同共有，上述财产应在本案中分割处理。第一，秦某与朱某的婚姻因构成重婚而自始无效，故分割财产时不能遵循夫妻离婚时的财产分割原则处理，而应按照无效婚姻财产处理原则处理；第二，朱某与秦某同居生活多年且育有子女，在确定对财产的贡献时，不仅要考察出资情况等直接经济投入，与共居期间投入劳务具有一定连带性，亦应考虑共居劳动所创造的价值；第三，秦某系导致其与朱某婚姻无效的过错方，朱某对婚姻无效的相关后果持放任态度；第四，许某作为合法婚姻一方，在分配朱某与秦某同居关系期间财产时，不得侵犯许某的合法财产权益。朱某和秦某关于各自享有 201 号房屋 50%份额的约定侵犯了许某的合法权益，该约定应属无效，即该约定不影响本案对该房屋的处理分配。综合以上因素，一审法院结合房屋及车辆的使用情况，本着最大化发挥物权效用原则，对上述房屋、车辆的分割处理并无不当，予以确认。

北京市第二中级人民法院依照《中华人民共和国民事诉讼法》第一百七十七条第一款第一项之规定，作出如下判决：

驳回上诉，维持原判。

【法官后语】

当事人之间因重婚导致婚姻无效引发的财产纠纷，实践中并不鲜见。该类案件相较其他同居关系析产案件有其特殊性和复杂性，其直观体现为同居双方与合法配偶方的“三角”利益冲突，耦合交织了“夫妻共有”和“同居共有”两种财产共有关系，合法配偶方以第三人身份参与诉讼的，还需在一个案件中对三方财产权益作出一体处理分配。对于婚姻无效引发的同居关系析产案件，包含确权和析产两层法律关系。在处理思路上，由于用以析产的范围一般应限于同居双方的共同财产，因此应首先明确该共同财产是否亦为合法配偶一方共有；其次按照何种原则对共有财产在合法配偶一方与同居双方之间析产分配。实践中，对于重婚导致婚姻无效后财产的权属认定和析产分割常常出现争议。作为司法裁判者，应明确审理思路，妥当适用法律，申明价值立场，以平衡三方当事人之间的权益冲突，公平合理解决因重婚同居引发的财产纷争。

一、合法配偶方与同居双方形成共同共有的实证考察与价值分析

对于无效婚姻中的共有财产，若同居一方在此期间存在合法婚姻的，则合法婚姻方基于夫妻共同财产制亦共有该财产，上述两个共有关系能否形成三方共有①，存在争议。有观点从司法解释角度对《最高人民法院关于适用〈中华人民共和国民法典〉婚姻家庭编的解释（一）》第二十二条质疑，认为无效婚姻当事人同居期间所得按共同共有处理将导致一方所得的财产，既与其同居者共有，又与其合法配偶共有。无论在理论上还是实践中，都不应因法律的规定形成和存在这种利益完全对立的三方当事人财产共同共有的局面。② 对此，笔者认为，重婚同居的双方与合法婚姻配偶一方共有财产可从以下三个方面证成。

（一）“三方结合”下的法律事实

共同共有，指依法律习惯或法律行为或习惯，成一共同关系之数人，基于其共同关系，而享有一物之所有权。③ 重婚导致婚姻无效后的财产共有并非基于夫妻共有财产和同居共有财产两种共同关系的简单叠合，④ 而是基于特定情形下“三方结合”的客观法律事实。首先，婚姻建立的意义，有男女双方相互扶助和养育子女的目的，一般包含有精神上的相亲相爱、物质上的财产共享和自然属性上的两性结合。从这个意义上讲，两性关系并不限于合法婚姻，还涵盖有同居关系和违法婚姻关系。重婚的男女双方具有以夫妻名义共同生活的合意和事实，即使因违反法律规定的结婚要件而不具有婚姻的法律效力，但不可否认，双方已构成具有“事实婚姻”属性的两性结合。其次，重婚系民法上的违法行为，自不待言，但重婚造成了合法婚姻与“事实婚姻”并存的事实状态。这一

① 应予说明的是，无效婚姻中的双方若均另存在合法婚姻，则可能存在四方共有财产的情形，但该情形实践中并不常见，且此时重婚双方均非善意，不涉及保护无过错方的问题，故“三方共有”的情形更为复杂性且更具典型性，本文亦仅分析“三方共有”的问题。

② 罗正环：《论无效婚姻的财产制度》，载《人民司法》2018 年第 13 期。

③ 王泽鉴：《民法物权》（第二版），北京大学出版社 2009 年版，第 253 页。

④ 事实上，基于两种不同法律关系亦可以构成共同共有，如析产继承案件中，被继承人的配偶与被继承人己方子女（前任子女，与现任配偶未形成抚养关系）虽无直接法律关系，但可基于夫妻共有关系与继承关系形成共同共有。

法律事实是对三方主体长期、稳定社会生活的客观呈现。实践中，亦不乏合法配偶一方及重婚双方均知晓彼此而默许或选择维持这种“三方共存”生活现状的情形。此时，该“三方共存”的状态不仅是一种法律事实的客观呈现，亦是各方意思自治的主观结果。

（二）价值冲突下的利益调和

重婚涉及两个婚姻的碰撞与冲突，“三方共有”的权属性质有利于三方利益的平衡与调和。一方面，有利于保护合法配偶的权益。在“三方共有”情形下，合法配偶一方行使权利及于一个完整的物权，而非仅及于重婚配偶一方的“应有部分”。将合法配偶一方纳入共同共有关系，平等享有物权，可以充分保障其对共有财产的知情、使用、收益、处分的权利，从而避免其共有权利被重婚者“家事代理”或被重婚双方恶意串通损害其利益。另一方面，亦有利于维护无效婚姻无过错方的权益。如按照按份共有分割重婚双方同居期间所得的财产，则收入多的一方分得的财产必定比另一方多，而另一方虽然收入少，但在抚育子女、照料老人、协助另一方工作方面付出了大量家务劳动，认定同居第三者共同共有有利于保护无效婚姻的无过错方及妇女、儿童和老年人的合法权益。

（三）财产混同下的路径选择

反对无效婚姻财产“共同共有”的学者主张，为保护合法配偶一方权益，无效婚姻双方只能形成按份共有或适用分别财产制，按照各自的份额分别对共有财产享有权利和承担义务。此种观点在法律逻辑和法理解释上虽然更为顺畅，却忽略了“事实婚姻”下共同生活的紧密性，鉴于重婚同居双方的财产高度混同，若将其理解为“按份共有”难免因份额认定的难度而缺乏可操作性，与实际生活相脱节。认定无效婚姻财产共同共有进而推导出重婚情形下财产的“三方共有”，亦是财产混同状态下契合现实生活的规范路径选择。

二、重婚导致婚姻无效后财产的析产分配

（一）“约定优先”的限制适用

《中华人民共和国民法典》第一千零五十四条规定了无效婚姻财产处理的

“约定优先”原则，旨在无效婚姻领域减少公权力的介入和干预，交由当事人意思自治，以彰显国家对于非婚同居的价值中立立场。但“约定优先”原则在重婚导致的婚姻无效情形中，应予限制适用。盖因对重婚导致的婚姻无效的财产处理，不得侵害合法婚姻当事人的财产权益。如前所述，对于无效婚姻中的共有财产，若同居双方在此期间存在合法婚姻的，应为合法婚姻方与同居双方共同共有。对于共同共有物的处分，需征得共同共有人的全体同意。同居双方之间对于共有财产的约定，实为对共同共有财产的分割，因未征得共有人之一的合法配偶一方同意，该约定无效。本案中，朱某和秦某关于各自享有201号房屋50%份额的约定侵犯了合法婚姻一方许某的权益，许某在本案中对此不予认可，该约定应属无效，故法院依法对该房屋进行处理分配。

（二）分配原则、考量因素、分配方式

1. 分配原则

因重婚导致婚姻无效后的同居析产纠纷，本质系共有物分割之诉。同居双方对共同财产的共有形式为共同共有，因共同共有一般存在于具有家庭关系的特定主体之间，故《中华人民共和国民法典》物权编并未明确共同共有的一般分割原则，而是交由特别法规制。对于因重婚导致婚姻无效的财产分割，应首先适用特别法规范，其次参照适用一般财产法规范。对于无效婚姻的财产处理，《中华人民共和国民法典》婚姻家庭编特别强调了照顾无过错方原则，作为特别法规范，对婚姻无效的“过错情况”应是确定同居双方共有财产分割份额的基本原则。

2. 考量因素

相较分配原则，考量因素在因重婚导致婚姻无效后的同居析产分配上起从属和次要作用。重婚毕竟不等同于合法婚姻，不能完全贯彻婚姻法上男女平等原则进行析产分配，故无效婚姻后的共有财产处理，亦应参照适用财产法规范及共有物分割规则，即把出资贡献作为份额分配的考量因素，但此处的出资贡献亦应考虑其身份法上的特征，即不能完全遵循等价、有偿的原则，应注意对家庭中弱势一方的保护，适当考量家庭分工、家务劳动等因素。

3. 分配方式

在分配方式上，《中华人民共和国民法典》规定的共有物分割方式有实物分割、变价分割、折价补偿三种。① 鉴于该类案件的财产处理牵涉重婚者、重婚配偶以及合法婚姻配偶三方之利益冲突，为了最大限度发挥物的效用及减少后续纠纷，对共有财产的处理，不宜采取实物分割方式，应采用变价分割，折价赔偿等方式处理为宜。②

本案中，法院根据对婚姻无效的过错情况（秦某系导致其与朱某婚姻无效的过错方；朱某对婚姻无效的相关后果持放任态度，不属于无过错方），结合对于共有财产的出资贡献、家庭分工及家务劳动情况（秦某经营两家建筑公司，朱某任公司出纳，秦某对于财产取得的贡献明显高于朱某；二人同居多年且育有子女，朱某在家务劳动方面付出较多）对诉争房屋、车辆的分割处理（经折算后，朱某约占20%份额）公平合理、依据充分。

编写人：北京市第三中级人民法院　李政

16

同居关系期间共同取得的财产分割规则

——蒋某诉冯某同居关系析产案

【案件基本信息】

1. 裁判书字号

安徽省淮南市中级人民法院（2023）皖04民终1883号民事判决书

① 参见《中华人民共和国民法典》第三百零四条。

② 对于重婚的情形，宜以恢复原状作为处理原则，采用各自析分、返还财产、折价补偿等方式进行处理。参见申晨：《论婚姻无效的制度构建》，载《中外法学》2019年第2期。

2. 案由：同居关系析产纠纷

3. 当事人

原告（被上诉人）：蒋某

被告（上诉人）：冯某

【基本案情】

自2017年11月开始，蒋某与冯某建立情侣关系，并共同生活。2019年4月17日，蒋某帮助冯某注册成立某公司，主要经营范围包括但不限于吊车租赁，蒋某在该公司经营期间负责记录流水账、催款、联系会计公司开具业务发票等工作。2022年5月7日，蒋某与冯某因故分手。同年10月19日，蒋某起诉某公司，要求某公司支付其劳动报酬等各项费用，法院认定某公司系蒋某与冯某共同生活期间成立，实际属于双方共同经营，注册地为二人共同生活居住地，因此双方不属于劳动关系，故驳回蒋某的诉讼请求。

另查明，为购置吊车，蒋某银行账户于2019年2月27日支付车辆首付款以及各项费用合计210000元。同年4月24日，车辆登记在蒋某名下，现由冯某实际使用。自2019年6月起至2023年2月止，上述吊车大部分贷款由冯某转至蒋某银行账户后偿还。经鉴定，上述吊车现价值为397612元。

再查明，2021年2月23日，冯某与某置业公司签订商品房买卖合同，购置房产一套，首付款120972元。不动产查档证明显示，该房屋登记在冯某名下，共有信息为单独所有。

蒋某诉至法院主张，对于房产首付款120000元以及吊车按评估价值扣除剩余两个月的贷款，即360000元析产分割，两项合计分得240000元（480000元/2）。冯某称案涉吊车及房屋全部由其个人出资购买，属于个人财产，蒋某无任何出资，无权主张析产。

【案件焦点】

蒋某与冯某同居关系期间共同取得的财产应当如何分割。

【法院裁判要旨】

安徽省淮南市谢家集区人民法院经审理认为：本案中，蒋某与冯某自 2017 年 11 月起建立恋爱关系并共同生活，共同生活期间蒋某帮助冯某成立某公司，双方共同经营该公司。因双方未办理结婚登记，故在双方共同生活、生产经营期间为生产经营所需而购置的、登记在蒋某名下的吊车，以及共同生活期间共同购置、登记在冯某名下的房产，应当根据财产的具体情况，并综合考虑各方出资比例、贡献大小等事实，按照照顾子女、女方和无过错方权益的原则依法予以析产分割。安徽省淮南市谢家集区人民法院判决如下：

一、登记在冯某名下的房产归冯某所有，剩余贷款由冯某偿还；登记在蒋某名下的吊车归冯某所有，剩余贷款由冯某承担；冯某于本判决生效之日起十日内支付蒋某上述财产折价款 100000 元；

二、驳回蒋某的其他全部诉讼请求。

一审宣判后，冯某提起上诉。

安徽省淮南市中级人民法院经审理认为：冯某和蒋某自 2017 年建立情侣关系后共同生活，冯某和蒋某同居时间较长，同居关系稳定，生活联系紧密。根据在卷证据，冯某和蒋某均认可在购买吊车时，蒋某对首付款进行了相应的出资，并以蒋某的名义偿还贷款。同时，购买房产也是在双方同居和共同经营期间，冯某和蒋某对在同居期间取得的财产均有贡献。冯某上诉称案涉吊车和房屋均由其个人出资与蒋某无关，但是冯某未能提供证据证明其观点，其应当承担举证不能的不利后果。一审法院扣除冯某在二人分开后偿还的吊车贷款数额后，酌定冯某支付蒋某 100000 元并无不当。安徽省淮南市中级人民法院依照《中华人民共和国民事诉讼法》第一百七十七条第一款第一项规定，作出如下判决：

驳回上诉，维持原判。

【法官后语】

同居关系是指双方以公开的夫妻名义或者不以夫妻名义但持续、稳定地共同生活。而同居关系析产是指有同居关系的男女当事人，在解除同居关系时，对涉及同居关系存续期间共有财产进行分割。《中华人民共和国民法典》第一千零五十四条以及《最高人民法院关于适用〈中华人民共和国民法典〉婚姻家庭编的解释（一）》第二十二条的规定系对被确认无效或者被撤销的婚姻当事人在同居关系期间所得财产的处理规则，《最高人民法院关于适用〈中华人民共和国民法典〉婚姻家庭编的解释（一）》第三条第二款规定中，也仅就人民法院应当受理当事人因同居期间财产分割或者子女抚养作出了规定，但是对于双方均无配偶的同居关系期间所得的财产分割规则，目前并没有较为明确的法律规定。因此，对于双方均无配偶的同居关系期间所得的财产如何分割，需要厘清以下几个问题。

首先，同居关系存续期间取得的财产不能简单适用法定共同所有制进行分割。因蒋某与冯某系同居关系，这与夫妻关系存在显著区别，夫妻关系系法律直接规定赋予共有权的特殊身份关系。因此，双方不具有配偶的身份关系，不能如同对合法婚姻的保护予以处理。故，对于同居期间取得的财产，在双方无特别约定的情况下，不能简单适用法定共同所有制进行分割。

其次，同居析产的对象应系双方共同取得的财产。笔者通过检索并总结多份民事判决的观点，对于“共同取得”必须同时具备两个条件：一是双方共同生活，这是形成共有关系的基础；二是双方共同劳动、经营或者管理。这是产生共有关系的前提条件，只有同时具备这两个条件，才能构成共同所得，否则应视为个人所得。对于双方均无配偶的同居关系析产纠纷案件中，同居关系生活期间取得的财产应以双方共同取得的收入和购置的财产为限，如双方共同出资购置的财产或者共同生产、经营、投资的收益以及其他已经混同无法区分的财产。本案中，蒋某与冯某同居期间成立某公司，共同生产、经营，蒋某主张对同居期间以共同生产、经营所得购置的吊车以及房产进行析产分割，法院对此予以认可。虽然冯某称案涉吊车和房屋均由其个人出资与蒋某无关，但是并未提供证据证明其观点，其应当承担举证不能的不利后果。

最后，对共同取得的财产析产分割时，还应当根据财产的具体情况，并综合考虑各方出资比例、贡献大小等事实，按照照顾子女、女方和无过错方权益的原则进行分割。本案中，蒋某和冯某均认可在购买吊车时，蒋某对首付款进行了相应的出资，并以蒋某的名义偿还贷款，购买房产也是在双方同居和共同经营期间，冯某和蒋某对在同居期间取得的财产均有贡献。因此，法院扣除冯某在二人分开后偿还的吊车贷款数额后，酌定冯某支付蒋某财产折价款100000元，数额上较为合理。

编写人：安徽省淮南市谢家集区人民法院　黄乐

（六）抚养纠纷

17

夫妻双方离婚后婚生子女抚养费用负担的考量

——章某甲诉吴某某抚养费案

【案件基本信息】

1. 裁判书字号

福建省永春县人民法院（2022）闽0525民初4925号民事判决书

2. 案由：抚养费纠纷

3. 当事人

原告：章某甲

被告：吴某某

【基本案情】

章某甲与吴某某于2014年2月登记结婚，8月生育一子章某乙，2016年2月生育一女章某丙。章某乙于2019年3月经某医院确诊为黏多糖病，并于2021年8月由福建省残疾人联合会发放残疾人证，现为智力一级残疾，生活无法自理，无法走路，基本都是坐在儿童轮椅上，需要全程护理。现由章某甲家人照看。章某丙智力正常，现随吴某某共同生活。章某甲曾于2022年1月5日起诉离婚，福建省永春县人民法院于2022年1月27日判决不准双方离婚。判决不准离婚后，双方未能和好，夫妻感情确已破裂，章某甲提起本案诉讼，请求：（1）判决准予章某甲与吴某某离婚；（2）判令婚生子章某乙由章某甲抚养，吴某某支付婚生子章某乙抚养费830.75元/月及护理费6507元/月，上述费用自2019年8月开始计算，暂计算至婚生子章某乙满18周岁止；（3）判令婚生女章某丙由章某甲抚养，吴某某支付抚养费830.75元/月计至婚生女章某丙满18周岁止等。

吴某某同意离婚，要求章某丙由吴某某抚养，章某乙由章某甲抚养，但因吴某某已抚养章某丙，故无须向章某甲另行支付章某乙抚养费。章某甲主张的护理费并未实际发生，应当在实际发生后再另行主张。吴某某在庭审中表示，其愿意每月另行支付800元费用。

章某甲自称系某派出所辅警，月收入3000多元。吴某某自称系晋江市某鞋厂车工，月收入3000多元。

【案件焦点】

夫妻双方离婚后，婚生子女抚养费用应如何负担。

【法院裁判要旨】

福建省永春县人民法院经审理认为：章某丙现跟随吴某某共同生活，由吴某某照顾、教育更为方便、有利，因此由吴某某抚养更为适宜，吴某某认为章某丙抚养费由其自行负担，可予以准许。章某乙现随章某甲共同生活，章某乙日常生活的照料多数情况下由章某甲的家人代劳，如果轻易改变其生活居住环境，必将对其产生不利影响，因此，章某乙由章某甲抚养更为适宜。但是章某乙为智力一级残疾，生活无法自理，抚养照顾方面势必会与健康子女不同。吴某某在庭审中表示，其愿意每月另行支付800元费用。综合考虑双方的负担能力、当地生活水平、子女需要等多方面情况，酌定吴某某每月支付章某乙的抚养费1300元暂计算至章某乙年满十八周岁止。

福建省永春县人民法院根据《中华人民共和国民法典》第一千零七十九条、第一千零八十四条、第一千零八十五条，《中华人民共和国民事诉讼法》第五十四条规定，作出如下判决：

一、准予章某甲与吴某某离婚；

二、未成年女儿章某丙由吴某某抚养，抚养费由吴某某自行负担；

三、未成年儿子章某乙由章某甲抚养，吴某某应自本判决生效之日起于每月20日前向章某甲支付章某乙的抚养费1300元，暂计算至章某乙年满十八周岁止；

四、驳回章某甲的其他诉讼请求。

案件宣判后，判决已生效。

【法官后语】

一、确定抚养费负担的基本原则

关于离婚后子女抚养费的负担问题，《最高人民法院关于适用〈中华人民共和国民法典〉婚姻家庭编的解释（一）》（以下简称《民法典婚姻家庭编解释一》）第四十九条作出规定："抚养费的数额，可以根据子女的实际需要、父母双方的负担能力和当地的实际生活水平确定。有固定收入的，抚养费一般可以按其月总收入的百分之二十至三十的比例给付。负担两个以上子女抚养费的，比例可以适当提高，但一般不得超过月总收入的百分之五十。无固定收入的，抚养费的数额可以依据当年总收入或者同行业平均收入，参照上述比例确定。有特殊情况的，可以适当提高或者降低上述比例。"根据上述司法解释的规定，人民法院在确定抚养费数额时，应根据"子女的实际需要、父母双方的负担能力和当地的实际生活水平"这三方面因素予以综合考量。

（1）子女的实际需要。这是首要考量因素，是"儿童最大利益原则"的体现，主要是指支付给子女的抚养费（含生活费、教育费、医疗费等必要的费用），要根据子女实际支出情况，以维持其衣、食、住、行、学、医等的正常需求为主。（2）父母双方的负担能力。抚养费的支付应符合父母的客观支付能力。如果父母的生活条件较差，所能负担子女抚养费的上限已经低于当地生活水平，不宜强行要求负担超过其支付能力的抚养费。反之，如果父母的经济条件较好，可以适当提高负担子女抚养费上限。(3) 当地的实际生活水平。这项原则与“子女的实际需要”和“父母双方的负担能力”均密切相关。当地实际生活水平较高，既意味着维持子女衣、食、住、行、学、医等需求的花费较高，也意味着父母负担生活、消费和子女抚养的成本较高。反之亦然。

司法实践中，如果父母双方经济负担能力相近，一人抚养一个未成年子女的，一般仅需要由抚养方自行负担抚养费。但在本案中，因章某乙为智力一级残疾，生活无法自理，需要全程看护，抚养照顾方面势必与健康子女不同。因此，本案中，在吴某某自行负担章某丙抚养费的情况下，法院仍判决吴某某支付章某乙的抚养费用，这是充分考虑了“子女的实际需要”情形。

本案以2021年福建省私营单位就业人员年平均工资62433元（月工资5203元）作为抚养义务人的收入标准，也充分考虑了“父母双方的负担能力”和“当地的实际生活水平”等因素。

二、确定抚养费负担比例的标准

根据《民法典婚姻家庭编解释一》第四十九条第二款规定，抚养费比例一般采用了以下标准：(1) 有固定收入的。抚养费一般可以按其月总收入的20%～30%的比例给付。负担两个以上子女抚养费的，比例可以适当提高，但一般不得超过月总收入的50%。(2) 无固定收入。抚养费的数额可以依据当年总收入或者同行业平均收入，参照上述比例确定。

具体到本案中，因抚养义务人吴某某当前在福建省晋江市某鞋厂打工，生活收入来源并不十分固定，应按照“同行业平均收入”来确定抚养义务人的收入标准，即2021年福建省私营单位就业人员年平均工资为62433元（月工资为5203元）。法院判决吴某某按照月总收入的25%负担抚养费用，即每月支付章某乙抚养费1300元。

三、调整抚养费负担比例的“特殊情况”

根据《民法典婚姻家庭编解释一》第四十九条第四款的规定：“有特殊情况

的，可以适当提高或者降低上述比例。”这里的“特殊情况”，同样是从“子女的实际需要、父母双方的负担能力和当地的实际生活水平”等方面予以考量。

司法实践中，对于子女患病、伤残或者其他实际需要等情况需要大额支出的，按照《民法典婚姻家庭编解释一》第四十九条第二款、第三款确定的比例支付难以维持子女正常生活需要的，可以适当提高负担比例。同时，当抚养义务人一方收入畸高或者畸低时，人民法院可综合当事人的负担能力、当地实际生活水平及子女实际需要，对抚养费数额作出相应调整。本案中，章某乙为智力一级残疾，生活无法自理，需要全程护理，相应支出数额较高。因此，考虑章某乙的实际需要，可以适当提高吴某某对章某乙的抚养费负担比例。

编写人：福建省永春县人民法院　曾琼婷　吴志文

18

婚内分居期间继子女抚养费的给付原则及具体处理

——申某某诉陈某某抚养费案

【案件基本信息】

1. 裁判书字号

上海市第一中级人民法院（2023）沪01民终10973号民事裁定书

2. 案由：抚养费纠纷

3. 当事人

原告（被上诉人）：申某某

被告（上诉人）：陈某某

【基本案情】

原告申某某出生于2008年8月27日，其母蔡某与被告陈某某于2012年3月

5日登记结婚，并于2012年10月18日生育一子。婚后，原告申某某一直随母亲蔡某与被告陈某某共同生活。自2021年8月起，因感情不和，原告法定代理人蔡某与被告正式分居，2021年10月8日被告向法院提起离婚诉讼，后被判决驳回。原告认为，被告以长期在外地工作等为由，从2021年8月起拒不承担抚养义务，原告及弟弟由蔡某独自抚养，难以负担抚养费，要求被告支付原告的抚养费。

又查明，原告法定代理人蔡某与其生父于2008年8月6日经法院调解离婚，并约定，双方有一预产期为2008年8月27日的孩子（原告申某某），孩子出生后随原告法定代理人蔡某共同生活，申某某生父一次性支付蔡某子女抚养费500000元。

另查明，原告申某某现于某学校初中三年级在读，另在外有参加课外补习班等。被告陈某某于2020年6月至2021年6月共分十四笔转账给原告法定代理人蔡某共计200200元（其中十一笔15000元；10000元、20000元和5200元各一笔）。原告法定代理人蔡某现就职于某体育运动公司，年收入约5万元；被告于2018年5月至2021年7月在某酒店担任业主代表，因个人原因于2021年7月6日办理离职手续，2021年工资薪金等收入合计444200余元，2022年度从某实业公司等单位获得的工资薪金等收入合计120800余元，目前无任职受雇信息。

【案件焦点】

1. 原告申某某与被告陈某某之间是否形成了继父女之间的抚养与被抚养关系；2. 被告是否应承担分居期间原告的抚养费。

【法院裁判要旨】

上海市浦东新区人民法院经审理认为：第一，关于原告申某某与被告陈某某之间是否形成了继父女之间的抚养与被抚养关系的问题。抚养，意为抚育与教养，继父母和继子女关系源于姻亲关系的建立，其“抚养教育关系”的形成既需继子女为未成年人事实外，亦需从经济上的供养、生活中的照顾及精神上的关爱等方面进行考量。本案中，原告的法定代理人蔡某与被告结婚时，原告年仅3周岁，后即随蔡某及被告共同生活近十年。其间，被告虽因工作原因与家庭成员聚少离多，但也通过承担家庭生活费用、参与家庭旅行等方式，客观上已对原告的生活、教育和成长付出了努力，双方沟通时以父女相称，主观上亦已认可彼此的家庭成员身份。据此，原、被告之间业已形成具有抚养教育的继父女关系。

第二，关于被告陈某某是否应承担分居期间原告申某某的抚养费的问题。首先，具有抚养教育的继父女关系不可以随意解除。在形成姻亲关系之初，继父母对继子女的事实抚养主要出于自愿，但构成拟制血亲关系时，已然具备一定的法律意义。换言之，通过抚养教育业已形成的拟制父母子女关系演变成为一种法律义务，其权利义务关系与自然血亲父母子女关系无异，不能自然终止，更不能在婚姻关系存续期间单方解除。同样，考虑到拟制血亲形成的特殊性，可通过双方协议或诉讼方式解除。其次，抚养是独立于赡养之外的法定义务，两者虽然在形式上相互对应，表现为权利义务的一致性，但并不代表这两者可以对价交换。换言之，父母未尽抚养义务不是免除子女赡养义务的法定条件，免除未来子女赡养义务也不是免除当前抚养义务的法定事由。最后，拟制血亲关系的形成并不影响自然血亲亲子关系的存续，两者可以并存。故，即使原告亲生父亲已提前一次性支付过抚养费，但同时有接受继父母抚养的权利，故被告应根据原告实际需求等因素，承担分居期间合理的抚养费用。

本案中，原告申某某的法定代理人蔡某与被告陈某某的婚姻关系虽仍存续，但存在分居状况，在此期间原告随法定代理人共同生活，被告理应共同承担抚养义务。原告所述的大额支出集中在生活费和课外兴趣班，被告对相应费用和安排的必要性、合理性提出了异议。经查原告现就读初中，尚处在九年义务制教育阶段，应以学校教育为重心，父母对子女的教育培养应结合实际，理性安排，避免加重子女负担和自身经济负担。抚养教育子女系父母的法定职责，父母应根据子女实际需要，结合各自抚养能力及当地的实际生活水平慎重决定，相互沟通、合理安排、统筹兼顾，更应量力而行，妥善处理子女抚养问题。作为被告应通过积极的努力克服暂时的困难，为孩子提供更好的经济帮助，尽力为孩子提供良好的抚养条件。故，综合原告生父已经支付的抚养费、原告的实际需要、被告的承担能力和当地的实际生活水平等因素，本院酌定抚养费标准为1000元/月。

综上，依照《中华人民共和国民法典》第一千零六十七条第一款、第一千零七十二条规定，判决如下：

被告陈某某于本判决生效之日起十日内支付原告申某某自2021年8月至2023年4月的抚养费21000元。

宣判后，被告陈某某提起上诉，后在审理过程中撤回上诉。上海市第一中级人民法院裁定：

准予上诉人陈某某撤回上诉。

【法官后语】

本案系一例继子女追索父母婚内分居期间抚养费的新型纠纷。其争议焦点在于：继父陈某某与未成年继女申某某之间是否形成具有抚养教育的继父女关系，以及若已形成，陈某某能否在婚姻关系存续期间通过单方行为解除该关系。近年来，随着婚恋观念的更新及家庭形态的多样，重组家庭日益增多，聚焦于继父母子女间拟制血亲关系形成与解除的纠纷频现。在《中华人民共和国民法典》婚姻家庭编语境下，继父母子女间拟制血亲关系形成与解除条件的认定应采用何种裁判思路、婚内继子女抚养费的支付标准等问题在理论界和司法实务中仍存在较大争议。

一、未成年继子女权益保护之价值评析

继父母子女关系是一种基于姻亲关系而产生的事实抚养关系，由此可能产生的权利义务包括继父母对继子女的抚养、继子女对继父母的赡养以及双方的继承关系。由于《中华人民共和国民法典》中婚姻家庭编与继承编对此的认定并不等同，本文项下讨论的仅为婚姻家庭编中指向的继父母子女关系。

（一）从我国拟制血亲制度的价值转向来看：以“子女本位”为中心

在婚姻家庭编中，继父母子女关系可分为四种类型：一是名分型的纯粹直系姻亲关系的继父母子女关系，双方之间未形成抚养教育关系；二是抚养型的继父母子女关系，双方产生父母子女的权利义务；三是收养型的继父母子女关系，适用收养相关规定；四是不完全收养的继父母子女关系，即继父母对继子女的抚养是时断时续的，或者有中断的，或者是临时性的。[①] 本案涉及第二种类型，即当继父母对未成年或未独立生活的继子女尽了抚养教育义务时，根据法律规定，双为形成拟制血亲关系。

从拟制血亲制度的发展来看，各国对其的立法设置有着强烈的传统文化取向。从比较法来看，欧洲多数国家仅仅将父母子女关系界定为姻亲性质，限缩了继父母的抚养责任。例如，《瑞士民法典》规定，将继父母对继子女的扶养义务看作配偶之间的协助义务，若是亲生父（母）与继（母）父之间的婚姻关系解除了，那么继母（父）的协助义务也随之解除。[②] 而多数亚洲国家更倾向于承认继父母子女之间的实体权利义务关系。例如，韩国民法不仅承认前妻之子与后妻之间的继母子关系，也承认历史遗留的正妻与夫之嫡子之间的嫡母子关系，而且认为他们之间是法定的亲母子关系，相互有继承遗产的权利。[③] 随着社会发展，我国对父母子女关系也从“家族本位”“父母本位”，发展到了“子女本位”，将未成年子女的生存发展需要作为重要考量因素。因此，对比来看，我国立法认可继子女享有拟制血亲及亲生血亲关系的双重法律地位，这也是“最有利于未成年人”原则的贯彻体现，从价值位阶上将未成年人利益最大化放在了首位。

（二）从《中华人民共和国民法典》第一千零七十二条第二款的规范属性来看：实现家庭稳定功能

《中华人民共和国民法典》第一千零七十二条第二款规定，继父或者继母和受其抚养教育的继子女间的权利义务关系，适用本法关于父母子女关系的规定。据此认为，已形成抚养教育关系的继父母子女之间，属于法律上的拟制血亲关系。[④] 而现行立法中对于拟制血亲关系的解除，只针对养父母与养子女之

---

① 房绍坤、于梦瑶：《继父母子女之间继承权释论》，载《法学论坛》2023年第4期。

② 于海涌、赵希璇译：《瑞士民法典》，法律出版社2016年版，第110页。

③ 曾燕波：《英国的子女抚养费法律制度及其启示》，载《政治与法律》2008年第11期。

④ 我国认可拟制血亲说，继子女与继父母之间成立拟制血亲的前提是形成抚养教育关系。参见全国人大常委会法制工作委员会民法室等编著：《〈中华人民共和国民法典〉婚姻家庭编学习读本》，中国民主法制出版社2021年版，第92~93页。

间的收养关系的解除作了明确规定，对继父母子女拟制血亲关系能否解除以及解除条件并未规制，仅在《最高人民法院关于适用〈中华人民共和国民法典〉婚姻家庭编的解释（一）》第五十四条有所涉及，认为继父（母）与生母（父）离婚时，继父（母）不同意继续抚养的，仍应由生母（父）抚养。

最高人民法院民事审判第一庭在《最高人民法院民法典婚姻家庭编司法解释（一）理解与适用》指出，拟制血亲关系可因继父母意思而解除，原则上不能自然解除。据此，在离婚时，明确不同意继续抚养的，可以解除，子女由其生父母抚养。或生父母死亡，在无其他抚养人的情况下，一般不允许解除。① 可以看出，无论是判断拟制血亲关系是否成立，抑或是否解除时，均需聚焦于双方关系的稳定性，折射出婚姻家事法保障家庭和谐稳定的功能属性。

综上，在认定“具有抚养教育的继父母子女关系”的成立及解除标准之时，始终要坚持我国立法原意，贯彻“最有利于未成年人”原则，从子女最佳利益及家庭稳定功能实现的双重价值角度进行考量。

二、继父母子女间拟制血亲关系形成条件的认定标准

（一）“具有抚养教育”事实状态的认定应当结合主客观标准

对于抚养关系形成的认定标准，我国现行法律并没有明确的规定。通说认为，继父母对继子女形成抚养教育关系，必须同时满足以下四个要素：第一，继父母为继子女给付了经济上的抚养费用；第二，继父母和继子女存在共同生活的事实；第三，继父母对继子女持续抚养教育三年以上；第四，继父母主观上愿意抚养继子女。② 实务中，往往结合继父母与未成年继子女共同生活的时间、继父母是否付出必要劳务、是否承担了部分抚育费用、是否有抚养意愿等因素来综合考量。

综上，认定“具有抚养教育”事实状态的成立不宜扩大，需要结合主客观

---

① 参见最高人民法院民事审判第一庭编著：《最高人民法院民法典婚姻家庭编司法解释（一）理解与适用》，人民法院出版社 2021 年版。

② 房绍坤、郑倩：《关于继父母子女之间继承权的合理性思考》，载《社会科学战线》2014 年第 6 期。

标准，即客观上双方具有稳定的共同生活时间、家庭融合度，且继父母承担了经济上及教育上的抚养职责，主观上双方都不排斥形成具有抚养教育的继父母子女关系。本案中，原告的法定代理人蔡某与被告结婚时，原告年仅3周岁，后即随蔡某及被告共同生活近十年，且被告对原告的生活、教育成本进行了承担，双方之间存在“抚养教育”的事实。

（二）判断“受其抚养教育”关系的形成需侧重考察两个“合意”

相较于亲生血亲子女关系，继父母子女关系有其自身的特殊性与复杂性，存在更为复杂的家庭情感及身份认同需求，因此法院在案件审理过程中应主动探知当事人主观真意，重点考察是否形成两个合意：一是继父母与生母父间对继子女的合意抚养意愿；二是继父母与继子女间对家庭融合度认知。本案中，原告在亲生父母离婚后出生，成长至今从未接触过亲生父亲，与继父被告平时以父女相称。被告与原告母亲婚姻关系稳定期间，经常组织家庭出游、为原告准备生日礼物等，可以说双方主观上趋向形成稳定的父女关系之合意，并且互相认可对方的家庭成员身份。

三、继父母子女间拟制血亲关系解除条件的认定标准

（一）赋予当事人一定条件下的解除拟制血亲的权利

经梳理分析，司法实践中主要存在以下三类裁判思路：[①] 一是以解除事由发生时继子女是否成年来划分。若已成年，继父母离婚时或死亡时不能自然解除，参照适用养父母与成年养子女解除收养关系的规定，可以协议解除或诉讼解除[②]；若离婚时未成年，可自然归于终止[③]，但也有法院强调此时还需继父母

① 样本来源：笔者以“继父母子女”“抚养教育”“解除”为关键词，通过中国裁判文书网、法信等对裁判日期在2018年至2023年的案件进行检索，共得到有效结果542个，主要案由为继承纠纷、赡养纠纷、抚养费纠纷等。

② 北京市第一中级人民法院（2022）京01民终2977号民事判决书、北京市第三中级人民法院（2023）京03民终5823号民事判决书，载中国裁判文书网，2025年3月13日访问。

③ 河北省邯郸市永年区人民法院（2022）冀0408民初1306号民事判决书、山东省平邑县人民法院（2021）鲁1326民初7023号民事判决书，载中国裁判文书网，2025年3月13日访问。

作出解除抚养关系的意思表示，否则不能自然解除①。二是以继承实际发生时为节点确定是否形成抚养关系，认可离婚时，继父母子女关系视为消灭。② 三是以当事人主观意愿及客观生活条件为准。解除继父母子女收养关系与否，应当综合考虑双方关系恶化程度、能否共同生活及相关抚养、赡养等实际情况确定。③ 值得注意的是，在认可婚姻关系自然终止的同时，部分法院仅为形成抚养关系的继父母与成年继子女之间的关系保留了一定协商解除或单方主张解除的空间。

从立法原意可知，在形成姻亲关系之初，继父母对继子女的事实抚养主要出于自愿，仅是道德约束，但构成拟制血亲关系时，其权利义务关系与自然血亲父母子女关系无异。换言之，通过抚养教育业已形成的拟制父母子女关系演变成为一种法律义务，具有抚养教育的继父女关系不可以随意解除。但同时考虑拟制血亲的双重属性，赋予一定条件下的解除权利，实现司法的社会效果、法律效果等的有机统一。例如，在离婚继父母明确拒绝的情形下，仍强加抚养义务的话，可能会导致关系恶化下未成年人权益受侵害，也不符合社会公众的一般认知。

（二）宜根据解除事由的发生节点进行类型区分

根据解除事由的发生节点，可将继父母与继子女拟制血亲关系分为四类解除情形：第一，因继父（母）与生母（父）离婚；第二，再婚关系存续期间，生父（母）死亡；第三，再婚关系存续期间，继父（母）与生母（父）或继父（母）与继子女协商解除；第四，再婚关系存续期间，继父（母）主张拒绝继续抚养继子女。笔者认为，对于第一种情况，若离婚时继子女未成年，且离

---

① 上海第二中级人民法院（2017）沪02民终10068号民事判决书、山东省烟台市中级人民法院（2022）鲁06民申149号民事裁定书、山东省烟台市中级人民法院（2021）鲁06民终5635号民事判决书，载中国裁判文书网，2025年3月13日访问。

② 上海市闵行区人民法院（2023）沪0112民初3499号民事判决书，载中国裁判文书网，2025年3月13日访问。

③ 陕西省西安市中级人民法院（2022）陕01民终3187号民事判决书，载中国裁判文书网，2025年3月13日访问。

婚时约定或判决由生父母继续抚养，那么“形成抚养教育的继父母子女关系”自然归于终止；若继子女已成年，考虑到抚养义务与赡养义务的权利义务对等性，除双方协商解除或因关系恶化一方主张解除外，一般不予解除。对于第二种情况，若生父（母）死亡时继子女未成年，为保障未成年人抚养状态及成长环境的稳定性，该拟制血亲关系一般不能自然终止，若未成年继子女生（母）父主张由其抚养，可参照变更抚养关系纠纷的认定规则进行考察，优先考虑继父母与其生父母抚养能力、生活状态、教育环境、与未成年人情感联系度等考察；若继子女已成年，此情形下认定规则同第一种情形。对于第三种情形，若继子女已成年，且为真实意思表示，则可由双方协商，但不宜通过法律文书进行确认；若继子女未成年，其生父母不能代理其处理身份关系的放弃和解除，要重点考察继子女的实际抚养状态，通过家庭教育引导妥善处理此类纠纷，督导监护人履职，避免造成未成年人无根可依、无亲可育的状态。

本案属于在婚姻关系存续期间解除拟制血亲关系的案件，即第四种情形，人民法院不宜认可当事人可在婚姻关系存续期间单方解除拟制血亲关系。理由如下：第一，通过抚养教育业已形成的拟制父母子女关系演变成为一种法律义务，其权利义务关系与自然血亲父母子女关系无异，并且两者可以并存。认可婚姻单方解除权或加剧重组家庭的抚养矛盾，不利于家庭稳定。第二，此情形多发生于其继父（母）与生父（母）感情恶化的阶段，其婚姻状态处于不稳定情形下，可在离婚诉讼或调解过程中一并进行处理。第三，从最有利于未成年人原则出发，保障拟制血亲关系的相对安定性，并赋予一定条件下的解除权利，既符合“崇德向善、尊老爱幼”的中国传统文化，也体现了“和谐”“法治”“友善”的社会主义核心价值观。

四、分居期间继子女抚养费的参酌因素

《最高人民法院关于适用〈中华人民共和国民法典〉婚姻家庭编的解释（一）》第四十三条规定，婚姻关系存续期间，父母双方或者一方拒不履行抚养子女义务，未成年子女或者不能独立生活的成年子女请求支付抚养费的，人民法院应予支持。离婚并非主张抚养费的充分条件，子女可在父母分居期间要求不直接抚养的父母一方支付抚养费。抚养费的数额一般可以根据子女的实际需要、父母双方的负担能力和当地的实际生活水平确定。值得注意的是，在酌定继子女抚养费支付标准时，除要考量子女实际需要、双方经济能力、当地生活水平等外，还应考虑继子女享有拟制血亲及亲生血亲关系的双重法律地位，在此特殊性基础上，还需考量其生父母的抚养费支付标准，无特别情形下应酌情予以扣除。本案中，考虑到原告正临中考，当前每月实际所需在5000元左右，其亲生父亲曾在十年前一次性支付过50万元的抚养费，结合被告的经济能力水平，最终确定了被告以每月1000元的标准补付分居期间的抚养费。

编写人：上海市浦东新区人民法院　官晔

19

抚养费加速到期的认定及给付方式的考量

——金某1诉金某2抚养费案

【案件基本信息】

1. 裁判书字号

浙江省杭州市中级人民法院（2022）浙01民终10360号民事判决书

2. 案由：抚养费纠纷

3. 当事人

原告（上诉人）：金某1

被告（上诉人）：金某2

【基本案情】

2006年12月4日，刘某与金某2登记结婚，2007年5月27日生育金某1，后因感情不和，双方于2011年4月12日协议离婚，约定：（1）刘某与金某2

自愿离婚；（2）金某 1 由母亲刘某抚养，鉴于此子脑神经发育迟缓，需要长期接受康复治疗，金某 2 预先一次性向女方支付金某 1 抚养费、治疗费等费用合计 10 万元整（其中，2 万元人民币自双方正式离婚之日起一周内立即给付到账，照顾到金某 2 客观经济因素，剩余 8 万元人民币可暂缓支付，待有一定偿还能力时分次偿还，总偿还期限不得超过 15 年，即 2026 年 1 月 1 日前必须全部偿清。其间，金某 2 不得利用任何其他方式隐匿其经济财产状况或者找借口故意拖欠此笔费用，如发现存在故意拖欠行为的话，则金某 2 立即以两倍数额偿清欠款）。自此笔费用全部偿清之日起，金某 2 按月给付抚养费，费用具体数额依据当时金某 2 的经济情况双方协商确定，但不得低于其月总收入的 25%，并于每月 10 日前付清，直至此子年满 18 周岁，并具有独立行为能力为止。（3）儿子户口继续保持跟随金某 2，金某 2 可随时对金某 1 进行探视。离婚协议签订后，金某 2 依约支付了首期 2 万元抚养费，剩余 8 万元抚养费至今未付。离婚后，金某 2 于 2013 年 8 月 30 日被人民法院以职务侵占罪判处有期徒刑四年三个月，其自述服刑期满后无稳定的收入，主要靠房租收入维系生活。2020 年 9 月 16 日，某医院出具金某 1 病危通知单，此后金某 1 入住该院治疗。某医院 2020 年 9 月 21 日出具的住院医疗诊断证明书载明：（1）急性肺炎；（2）脑发育不良；（3）重度营养不良；（4）先天性心脏病，房间隔缺损；（5）脊柱侧弯；（6）胸廓畸形。诊疗意见：患儿于 2020 年 9 月 16 日至 9 月 21 日在该院呼吸内科治疗。司法鉴定中心于 2023 年 8 月 18 日出具司法鉴定意见书，鉴定意见为：依据现有资料和 DNA（脱氧核糖核酸）分析结果，支持金某 2 为金某 1 的生物学父亲。

【案件焦点】

1. 案涉离婚协议约定的抚养费应否加速到期；2. 如果加速到期，抚养费如何给付。

【法院裁判要旨】

浙江省杭州市余杭区人民法院经审理认为：《中华人民共和国民法典》第

一千零八十五条规定，离婚后，子女由一方直接抚养的，另一方应当负担部分或者全部抚养费。负担费用的多少和期限的长短，由双方协议；协议不成的，由人民法院判决。前款规定的协议或者判决，不妨碍子女在必要时向父母任何一方提出超出协议或者判决原定数额的合理要求。据查，金某1父母离婚至今已逾10年，且金某1脑发育不良并伴有多种先天性疾病，2020年9月还曾因病危入某医院住院治疗。如继续严守离婚协议关于抚养费支付时间的约定，不利于金某1的成长。综上，浙江省杭州市余杭区人民法院结合离婚协议约定、金某1实际需要及金某2收入情况，酌情确认截至2025年12月31日，金某2总计应支付金某1抚养费8万元，具体支付方式如下：自本判决生效之日起至2025年11月30日止，每月支付金某1抚养费1500元，剩余抚养费于2025年12月31日前一次性付清。自2026年1月起至金某1独立生活之日止的抚养费，按1500元/月另行计算。金某1关于抚养费的合理主张，法院予以支持，超出部分，法院不予支持。浙江省杭州市余杭区人民法院依照《中华人民共和国民法典》第一千零八十四条、第一千零八十五条，《最高人民法院关于适用〈中华人民共和国民法典〉婚姻家庭编的解释（一）》第五十条、第五十三条、第五十八条以及《中华人民共和国民事诉讼法》第六十四条第一款、第一百四十四条之规定，判决如下：

一、被告金某2总计应支付原告金某1截至2025年12月31日的抚养费8万元；自本判决生效之日起至2025年11月30日止，被告金某2每月支付原告金某1抚养费1500元，于每月月底前付清，剩余抚养费于2025年12月31日前一次性付清；

二、自2026年1月1日起至原告金某2独立生活之日止，被告金某2每月支付原告金司某1抚养费1500元，于每月月底前付清；

三、驳回原告金某1的其他诉讼请求。

一审宣判后，金某1、金某2提起上诉。

浙江省杭州市中级人民法院同一审裁判意见，作出判决如下：

驳回上诉，维持原判。

【法官后语】

父母是未成年子女的法定监护人。因此，离婚后，由父母双方协议确认抚养费负担的多少和期限的长短，是最大限度上保护未成年权益的应有之义，也是意思自治原则在婚姻家事法领域的具体体现。实践中，离婚协议关于抚养费条款通常对未成年子女具有约束力，原则上未成年子女应当按照抚养费条款请求抚养费，但抚养费系未成年子女的基本生存保障，当父母协议约定抚养费支付标准、支付方式、时间不符合最有利于未成年子女的原则时，存在调整的必要。遵循《中华人民共和国民法典》第一千零八十五条的规范目的，司法在何种情形下应当调整协议约定的抚养费，调整方式是否仅限于增加抚养费的金额，本案较为典型。

《中华人民共和国民法典》第一千零八十五条规范的是父母离婚后子女抚养费的负担、调整问题。该条第一款规范的是抚养费的确立方式，第二款规范的是抚养费确立后的调整问题，赋予子女在必要时享有向父母任何一方主张超出原协议约定的抚养费的权利。从文义解释看，该款仅规定未成年子女享有在必要时向父母任何一方主张增加抚养费的权利，该款的规范目的是最大限度上保护未成年子女的权益。在此基础上，《最高人民法院关于适用〈中华人民共和国民法典〉婚姻家庭编的解释（一）》第五十八条具体列明了可以主张增加抚养费的三种情形。抚养费系未成年子女生活最基本的物质生活保障，抚养费缺失将严重影响被抚养未成年人的正常生活。因此，协议离婚中约定的抚养费标准过低或者约定的给付期限过长，都不符合抚养费的保障功能，也不符合最有利于未成年子女的原则，有加以限制和规制的必要。

本案审理中，主要涉及两个问题：一是离婚协议约定的抚养费尚未到期，抚养费应否加速到期；二是如果加速到期，如何给付更有利于保护原告的权益。据查，2011年，原告四周岁时，父母协议离婚，约定抚养费分二期支付，首笔2万元抚养费于离婚后七日内支付，第二笔8万元抚养费在原告年满十八周岁后一次性支付。虽该约定系父母真实意思表示，但金某甲父母离婚至今已逾十年，且金某甲脑发育不良并伴有多种先天性疾病。如继续严守离婚协议关于抚养费支付时间的约定，该合意支付期限已无法满足金某甲的基本生活、就医需要，不利于金某甲的成长。虽然依文义解释，《中华人民共和国民法典》一千零八十五条第二款仅规定了子女在必要时享有向父母任何一方提出超过协议或判决原定抚养费数额的合理要求的权利。根据规范目的，本案可类推适用《中华人民共和国民法典》第一千零八十五条第二款的规定，支持子女在必要时向父母一方主张协议约定的抚养费加速到期。抚养费原则上应当定期给付。一方面，子女的正常日常生活开支并不大，无须抚养义务人一次性给付大额的抚养费，另一方面，抚养费的具体给付方式也要考虑抚养人的给付能力，强行选择一次性给付，可能会加重父母的负担。实践中，最常见的判决是让不直接抚养子女的一方父母按月定期支付抚养费，如此处理兼顾子女的实际生活需要和父母的给付能力，符合社会公众的认知和公平正义的原则，更为可取。是否需要判令一次性给付抚养费，应综合考虑被抚养人的实际生活需要及抚养人的给付能力。就本案而言，被告金某2离婚后，因犯罪刑满释放后并无稳定的工作收入来源，也无大额存款，强行判决一次性给付抚养费，生效判决无法得到有效执行，也不能切实保护未成年子女的利益。

编写人：浙江省杭州市余杭区人民法院　张浩

20

继父母与继子女关系的认定与解除

——韩某1诉韩某变更抚养关系案

【案件基本信息】

1. 裁判书字号

江苏省宿迁市宿豫区人民法院（2023）苏1311民初2689号民事判决书

2. 案由：变更抚养关系纠纷

3. 当事人

原告：韩某1

被告：韩某

【基本案情】

2007年1月18日，韩某（男）与杨某（女）登记结婚。杨某与韩某结婚前与他人生育一子吴某（出生于2004年6月），杨某与韩某登记结婚后，时年2周岁的吴某跟随杨某和韩某共同生活，后韩某和杨某将吴某的姓改为韩姓，取名为韩某1，由韩某与杨某共同抚养照顾。2020年10月20日，杨某因病去世。此后，韩某1与韩某之间的关系慢慢恶化。韩某1于2023年4月诉至法院，要求解除与韩某的继父子关系，韩某同意解除继父子关系，并不要求韩某1补偿抚养费用。

【案件焦点】

韩某与韩某1的继父子关系能否解除。

【法院裁判要旨】

江苏省宿迁市宿豫区人民法院经审理认为：杨某与韩某结婚后，韩某将韩某1抚养成人，韩某1与韩某已形成继父子关系。《中华人民共和国民法典》第一千零七十二条第二款规定："继父或者继母和受其抚养教育的继子女间的权利义务关系，适用本法关于父母子女关系的规定。"据此可知，韩某与韩某1形成抚养关系的继父子关系，并不因韩某1生母死亡而自然解除。《中华人民共和国民法典》第一千一百一十一条第一款，关于养父母与养子女间的权利义务关系，亦规定了适用《中华人民共和国民法典》关于父母子女关系的规定，但第一千一百一十五条规定，养父母与成年养子女可以协议解除或诉讼解除收养关系，按照体系解释，《中华人民共和国民法典》关于继父母子女关系"适用本法关于父母子女关系的规定"应作同样理解，即该规定并未否定可以通过诉讼解除继父母子女关系。《最高人民法院关于适用〈中华人民共和国民法典〉婚姻家庭编的解释（一）》第五十四条，对于再婚父母离婚后，继父母解除与继子女之间权利义务关系作了规定，由此也可以看出，再婚父母离婚后形成抚养关系的继父母子女关系可以解除。在再婚父母一方死亡后，形成抚养关系的继父母与成年继子女之间的关系也应可以解除。由于《中华人民共和国民法典》对于解除继父母与成年继子女关系的条件未作明文规定，因此可参照适用养父母与成年养子女解除收养关系的规定。因此，本案中韩某与韩某1关系恶化，现均不愿维系继父子关系，故韩某1主张解除与韩某之间继父子关系的诉讼请求成立，应当予以支持。

江苏省宿迁市宿豫区人民法院判决如下：

准许解除韩某与韩某1之间的继父子关系。

案件宣判后，判决已生效。

【法官后语】

审理继父母与继子女关系类案件要解决两个问题：一是继父母与继子女之间权利义务关系的认定；二是已经形成抚养教育关系的继父母与继子女之间能否通过诉讼途径解除关系。

一、如何判断继父母与继子女之间的权利义务关系

继父母子女关系是由于子女的生父或者生母再婚而在子女与其生父母再婚配偶之间形成的直系姻亲关系。[①] 继父母和继子女之间在一般情形下是姻亲关系，仅凭生父母再婚这一法律事实，并不必然导致继父母与继子女间产生父母子女间的权利与义务。《中华人民共和国民法典》第一千零七十二条第二款规定，继父或者继母和受其抚养教育的继子女间的权利义务关系，适用本法关于父母子女关系的规定。根据该条规定，继父母与继子女形成了抚养教育关系的，才能形成法律层面的父母子女关系。继父母对继子女形成抚养教育关系之后，有权取得继子女的抚养权，有权要求继子女对其履行赡养义务，同时，继父母与继子女之间相互拥有继承对方财产的权利。反之，如果继父母未能对继子女形成抚

① 参见最高人民法院民法典贯彻实施工作领导小组编著：《中国民法典适用大全·婚姻家庭卷》，人民法院出版社2022年版。

养教育关系，那么双方之间只是姻亲关系，不产生父母子女之间的权利义务关系。

当然，本文所讨论的继父母与继子女关系不包括已经形成收养关系的继父母与继子女关系。《中华人民共和国民法典》第一千一百零三条规定："继父或者继母经继子女的生父母同意，可以收养继子女，并可以不受本法第一千零九十三条第三项、第一千零九十四条第三项、第一千零九十八条和第一千一百条第一款规定的限制。"继父或者继母在继子女的生父母同意的情况下，可以收养继子女。如果继父或者继母办理了收养登记，收养了继子女，则二者之间就转化为养父母子女关系，这时继父母子女之间适用养父母子女关系来处理，不再适用《中华人民共和国民法典》中关于继父母与继子女关系的认定。

《中华人民共和国民法典》第一千零七十二条只明确"受其抚养教育"是判断继父母与继子女之间具有父母子女关系的依据，但对于"抚养教育"的认定条件并未给出具体详细的标准，司法实践中认定不一。虽然对于"受其抚养教育"的理解和掌握，要结合具体案情综合分析，但统一一个基本的认定标准有利于法官对法律关系的认定，从而做出正确的判断。笔者认为，审判实践中可从以下几个方面综合考虑认定继父母与继子女之间是否存在抚养教育关系。

（一）生父母再婚时，继子女为未成年人或虽成年但不具有独立生活能力

继子女需要抚养照顾是形成抚养关系的前提。现实生活中，有的继子女在父或母再婚时已经成年并可独立生活，在法律层面上，继父母对继子女不再具有抚养义务。即使继子女与继父母共同生活，继父母在生活上仍对其照料或资助，也不会形成法律意义上的抚养关系，只能是基于姻亲关系的赠与或帮助。这里有一个问题，对于成年继子女对年老的继父母提供较长时间的生活照料的，能否认定双方之间存在父母子女关系。这个问题归根到底是关于"抚养教育"是单向的还是双向的问题，从民法典表述"受其抚养教育"上看，应是单向的，即只包括继子女受继父母抚养教育的情形，并未规定继父母受继子女扶养照护的情形。[①] 因此，成年继子女在父或母再婚后与继父或母共同生活期间，

---

① 于蒙：《关于继父母继子女法律关系若干问题的探析》，载最高人民法院民事审判第一庭编：《民事审判指导与参考》2023年第1辑（总第93辑），人民法院出版社2023年版。

即使对继父或母长期照顾，也不形成法律上的父母子女关系。此种情况下，根据权利义务相一致原则，《中华人民共和国民法典》第一千一百三十一条规定，对继父母扶养较多的成年继子女享有酌情分得继父母遗产的权利。

（二）继父母对继子女承担了经济上供养、生活上照料、成长中教育的义务

《中华人民共和国民法典》第一千零六十七条第一款规定，父母不履行抚养义务的，未成年子女或者不能独立生活的成年子女，有要求父母给付抚养费的权利。父母承担子女的全部或部分生活费、教育费和医疗费是履行抚养义务的基本要求，是保障子女生存和健康成长的前提。因此，从《中华人民共和国民法典》的立法原意考察，判断继父母是否履行了对继子女的抚养教育义务，首要标准是继父母是否对未成年继子女在经济上进行了供养，具体是指为继子女在生活方面和学习方面提供一定的物质条件，如衣食住行、学校教育费用和医疗费用的支付。但对于继父母是否进行了经济供养还需要进一步考量继父母与亲生父母之间的夫妻财产制类型。当继父母与亲生父母之间适用夫妻共同财产制时，若以夫妻共同财产进行抚养支出，即可以认定继父母对继子女进行了经济供养。

除抚养费的给付外，继父母对未成年继子女生活上的照料也是不容忽视的。相较于经济上的给付，非物质的抚养行为对继父母子女关系的增进更有深远的意义。通过双方的接触、交谈，更能拉近彼此间的距离，尽快熟悉彼此，建立起信任，快速培养感情。而且因再婚家庭中的未成年继子女经历过家庭情况的变化，很有可能变得敏感、内向，更加需要家长的关怀与爱护，更需要继父母在生活方面的照顾、思想上的引导以及心灵上的慰藉。[①] 此外，继父母还要在继子女成长过程中对其进行管教和保护，履行好教育的义务。未成年人是家庭的希望，祖国的未来。认真教育好未成年人是父母的职责所在。继父母应在思想上教育继子女树立正确的人生观、价值观和世界观，培养其传统美德，在学业上积极为继子女提供受教育的条件和机会，并帮助其养成良好的品德。

---

① 顾薛磊、张婷婷：《论我国继父母子女形成抚养关系的认定标准》，载《青少年犯罪问题》2014 年第 4 期。

（三）抚养教育持续较长的时间

继父母与继子女需要通过不断地培养感情才能形成超越血缘的亲情关系，而这一时间必定是一个长期持续的过程。继父母与继子女之间不仅有抚养教育和赡养扶助的义务，同时也有相互继承遗产的权利。如果继父母和继子女仅是短暂地、断断续续地共同生活和抚养行为，则不宜认定形成了事实上的抚养教育关系，否则就会产生继父母和继子女之间权利义务上的不对等，对继父母和继子女的责任承担也会有失公允和偏颇。但对于多长时间合适？有观点认为应该持续三年，有的认为应当持续五年，还有的认为应该持续十年等。① 笔者认为，结合我国婚姻家庭的实际情况，一般情况下，继父母对继子女抚养教育的时间应结合实际情况综合确定，应满足稳定较长时间要求。

（四）双方有形成父母子女关系的意愿

继父母子女间是否成立拟制血亲关系，是否适用法律关于自然血亲父母子女权利义务的规定，应当首先遵从继父母与继子女本人的真实意愿。如果继父或者继母一方明确表示了不愿意与继子女形成抚养教育关系的，应当尊重其意思表示。在这种情况下，即使继父或者继母在客观事实上对未成年或者不能独立生活的继子女提供了经济上的帮助、生活上的照顾，且这种帮助和照顾也持续了很长一段时间，那么也不宜将其认定为形成了抚养教育关系的继父母子女。同样，不仅要赋予继父母选择权，也要尊重继子女的意愿。若不尊重其意见，很有可能在以后的生活中产生对抗情绪，容易引发家庭矛盾，导致家庭成员间关系的恶化，也不利于未成年子女身心健康的发展。双方有无意愿多从继父母与继子女之间的称呼、是否共同生活、有无跟随继父母姓氏、对外交往互动上来判断。

二、继父母与继子女就已经形成的抚养教育关系能否通过诉讼途径解除

关于继父母与继子女间的关系能否解除、如何解除的问题，法律并无规定，实践中，诉请解除的案件并不少，无论是理论界还是实务界对此均有不同的观点。但是对于收养关系，《中华人民共和国民法典》专节规定了解除收养关系

---

① 参见最高人民法院民法典贯彻实施工作领导小组编著：《中国民法典适用大全·婚姻家庭卷》，人民法院出版社2022年版。

可以协议解除，亦可诉讼解除。笔者认为，同为拟制血亲关系，不是自然血亲关系，继父母与继子女之间的关系也应当既可以协议解除也可以诉讼解除。具体可分为以下几种情形。

（一）生父母死亡或生父母和继父母的婚姻关系终止时，能否解除继父母和继子女之间的关系

笔者认为，如果继父母和继子女之间已经因抚养教育的事实形成了拟制血亲关系，那么这种拟制血亲关系并不因生父母的死亡或生父母与继父母婚姻关系的终止而当然解除。无论生父母和继父母的婚姻关系是否存续，但抚养教育的事实已经客观存在，如果仅因婚姻关系的终止直接认定拟制血亲关系自然解除，则不符合权利义务对等的原则。既然不能自然解除，那么能否协议解除或诉讼解除。《最高人民法院关于适用〈中华人民共和国民法典〉婚姻家庭编的解释（一）》第五十四条对此有部分涉及，该条规定："生父与继母离婚或者生母与继父离婚时，对曾受其抚养教育的继子女，继父或者继母不同意继续抚养的，仍应由生父或者生母抚养。"按此规定，在生父与继母或者生母与继父离婚时，若继父或者继母不同意继续抚养继子女的，可以解除继父母子女关系。该条规定在生父与继母或者生母与继父离婚，且继父母与继子女之间形成了拟制血亲关系，继父母不同意继续抚养未成年继子女的，此时，应该尊重继父或者继母的意愿。因为他们之间毕竟没有血缘关系，且拟制血亲关系的存在还涉及今后的遗产继承问题，不应使继父母子女间的权利义务过于失衡。因此，在此情况下，原则上继父母子女关系可以解除，该子女应当由生父母抚养。在因生父或者生母死亡而导致婚姻关系终止，且继父母与继子女间已经形成了拟制血亲关系时，为充分保障未成年子女的利益，尤其是生存利益，原则上，在继子女无其他抚养人的情况下，一般不允许解除继父母子女关系。但如果生父母中的另一方愿意将未成年子女领回，继父母同意的，继父母子女关系可以解除。

（二）继父母与受其抚养教育的成年继子女之间可否解除关系

对于已经形成抚养教育关系的继子女成年后，继父母与继子女关系一般不

允许解除。如果双方经协商一致或者双方关系恶化导致继父母或者继子女诉讼解除继父母子女关系的，可以尊重继父母与成年继子女的真实意愿，若双方均同意解除的，原则上可以解除。[①] 若双方不能就解除达成合意，一方诉请解除的，应否准许？这也是司法实践中争议较大的问题。笔者认为，如果是成年继子女单方提出的，则要谨慎认定，重点考虑对继父母合法利益的保护和将来生活的安置，对于已成年继子女，不能由其自由解除拟制血亲关系。但如果双方关系不断恶化，无法继续维持关系，笔者认为可以解除。但因为在解除之前，继父母对继子女已经进行了一定年限的抚养教育，付出了时间成本和经济成本，且继父母年老后也面临需要照顾的问题。故在解除之后，可以参照关于收养的规定，区分解除的具体原因，有条件地判决继子女补偿继父母在抚养期间支出的抚养费，或者向缺乏劳动能力又缺乏生活来源的继父母支付生活费等。

总之，继父母和继子女之间的关系，法律规定较为原则和概括，但是司法实践中遇到的情形却纷杂多样。在具体案件处理中，不仅要准确理解现有法律和司法解释规定，还要结合具体案情考虑当事人权利义务的平衡，将法理情相结合，兼顾未成年人合法利益保护和老年人合法权利保护，维护平等、和睦、文明的婚姻家庭关系。[②]

本案中，韩某1自2周岁起一直由韩某与杨某共同抚养照顾，在杨某去世后，韩某独自将其抚养长大，韩某1更改了姓氏，跟随韩某的姓氏，两人一直以父子相称，表明双方均有形成父母子女关系的意愿。因此，韩某对韩某1形成了抚养教育关系，现双方关系恶化，均同意解除继父母与继子女关系，且韩某亦明确表示不要求韩某1对其予以补偿，故作出如上判决。

编写人：江苏省宿迁市宿豫区人民法院　孙春梅　姜丽娜

---

① 参见最高人民法院民法典贯彻实施工作领导小组编著：《中国民法典适用大全·婚姻家庭卷》，人民法院出版社2022年版。

② 于蒙编：《关于继父母继子女法律关系若干问题的探析》，载《民事审判指导与参考》2023年第1辑（总第93辑）。

21

轮流抚养制度的司法适用

——沈某诉王甲抚养费案

【案件基本信息】

1. 裁判书字号

湖北省武汉市中级人民法院（2023）鄂01民终13949号民事判决书

2. 案由：抚养费纠纷

3. 当事人

原告（上诉人）：沈某

被告（上诉人）：王甲

【基本案情】

沈某、王甲于2016年经人介绍相识并恋爱，2017年7月28日登记结婚，2020年12月2日生育一子，取名王乙。双方婚前及婚后初期感情尚可，近年来因缺乏沟通，经常为家庭琐事发生争执。沈某曾于2022年1月4日诉至法院要求离婚，法院经审理后认为双方感情并未彻底破裂，判决不准予双方离婚。此后，沈某、王甲一直处于分居状态，夫妻关系并未得到改善，沈某于2022年10月诉至法院并提出如下诉讼请求：（1）判决沈某、王甲离婚；（2）王乙由沈某抚养，王甲每月支付抚养费2100元；（3）依法分割位于武汉市青山区某房屋婚后共同还贷部分；（4）本案的诉讼费由王甲承担。王甲同意离婚，但要求王乙由其抚养，并认为沈某诉称的房屋系王甲父母出资及还贷，不属于夫妻共同财产，不应当进行分割。

另查明，在沈某、王甲分居期间，双方及其父母多次因为争夺王乙的抚养权而发生纠纷，均要求独自抚养，并阻碍对方探望。2022 年 5 月 1 日，双方在某派出所的调解下达成协议一份，约定："在双方的离婚冷静期内，由双方各自带孩子抚养一个月，不得为此发生矛盾和争吵纠纷。从 2022 年 5 月开始，由女方抚养孩子，下个月由男方抚养孩子，至离婚判决为止。"随后，双方一直按照此协议执行，直至沈某再次诉至法院后，王甲拒绝将王乙交由沈某抚养，双方为此多次发生纠纷。庭审中，沈某、王甲均要求直接抚养王乙，并表示双方现均同父母一起生活，各自父母均愿意协助抚养孩子。

王甲婚前于 2016 年按揭购买位于武汉市青山区某房屋一套，婚后偿还贷款金额为 118992 元（2017 年 8 月至 2023 年 5 月），双方对上述金额均无异议。沈某在庭审时表示上述房屋婚后还贷部分系夫妻共同财产，要求分割。王甲表示该贷款由其父母负责偿还，不属于夫妻共同财产，不应当分割。

【案件焦点】

双方离婚后，婚生子女抚养方式如何确定。

【法院裁判要旨】

湖北省武汉市青山区人民法院经审理认为：沈某、王甲夫妻感情确已破裂，且双方均同意离婚，法院予以支持。关于王乙的抚养问题，沈某、王甲及双方父母均有强烈抚养王乙的意愿。双方收入水平相差不大，均有父母协助，且双方现居住环境相同，总体对王乙的抚育条件基本相当。综合以上因素，法院认为沈某、王甲轮流直接抚养是最有利于王乙成长的抚养方式。另，对抚养费、探望权及诉争财产等结合案件事实进行了处理。湖北省武汉市青山区人民法院判决如下：

一、准予沈某与王甲离婚；

二、王乙由沈某、王甲轮流直接抚养，抚养期间为三个月，从 2023 年 7 月 1 日起开始执行，首先由沈某抚养，2023 年 10 月 1 日换由王甲抚养，以此类推；

三、在王乙由沈某、王甲轮流直接抚养期间，双方暂不需要支付生活费，教育费、医疗费由沈某、王甲各负担一半，至王乙独立生活时止；

四、在王乙由沈某、王甲轮流直接抚养期间，不直接抚养的一方每月可探望王乙两次，具体探望的时间和方式为：每个月的第一、三周的周五晚上 6 点至对方家中接王乙，周日晚上 6 点将王乙送至对方家中；

五、位于武汉市青山区某房屋一套归王甲所有，王甲于判决生效之日起十五日内向沈某支付经济补偿金 59496 元；

六、双方无其他共同财产、共同债权债务分割。

沈某、王甲均不服一审判决，提出上诉。

湖北省武汉市中级人民法院经审理认为：《最高人民法院关于适用〈中华人民共和国民法典〉婚姻家庭编的解释（一）》第四十八条中规定的双方协议轮流抚养的本质是双方意思表示一致。本案中，沈某、王甲均主张直接抚养王乙，在双方不能就轮流抚养协议达成一致且明确表示不同意轮流抚养时，应尊重双方意愿。故，本案不应适用轮流抚养。结合本案实际情况：（1）沈某起诉本案时王乙未满两周岁，至今仍不满三周岁。此年龄段的孩子更需要母亲生活上细致的照料和精神上的呵护。（2）王甲未证明沈某及其家人有不利于孩子成长的情形。（3）王甲的抚养能力较沈某并无明显优势。故法院认为，王乙由沈某抚养符合未成年子女最佳利益原则。另，对抚养费、探望权及财产分割等问题进行了认定。湖北省武汉市中级人民法院作出如下判决：

一、维持湖北省武汉市青山区人民法院（2022）鄂 0107 民初 8333 号民事判决第一、五项；

二、撤销湖北省武汉市青山区人民法院（2022）鄂 0107 民初 8333 号民事判决第二、三、四、六项；

三、王乙由沈某直接抚养至十八周岁止，王甲自本判决生效之日次月起每月 20 号之前给付子女抚养费 1500 元至王乙年满十八周岁止；

四、王甲享有对王乙的探视权，可于本判决生效之日起每周末探视一次，沈某予以协助。具体探望时间和方式为：每周周六早上 9 点至对方家中接王乙，周六晚上 9 点将王乙送至对方家中；

五、驳回沈某的其他诉讼请求。

【法官后语】

夫妻双方离婚产生的后果之一是未成年子女不能与父母双方同时生活，虽然根据《中华人民共和国民法典》的规定，父母与子女之间的关系，不因父母离婚而消除。离婚后，子女无论由父或母直接抚养，仍是父母双方的子女，父母对于子女仍有抚养、教育、保护的权利和义务。但现实生活中，多数父母出于对子女感情等因素在离婚时均希望由己方直接抚养，对方支付抚养费，有的甚至为争夺抚养权大打出手、作出极端行为。这也是在离婚纠纷中，未成年子女的抚养权分配往往成为当事人双方主要争议焦点的原因。而轮流抚养制度不仅给离婚双方多了一种选择，使双方均享有直接抚养子女的机会，还减少了双方矛盾、有利于社会稳定，更能使子女得到完整的父爱和母爱、有益于保障子女的身心健康和物质生活。另外，因轮流抚养较一方直接抚养要复杂得多，具有多重不确定因素，高度依赖于双方当事人自行协调、配合能力，否则将导致更多纠纷，产生更多不利于未成年子女健康成长的情形。因此，如何正确适用轮流抚养制度是本案的焦点问题。

根据《最高人民法院关于适用〈中华人民共和国民法典〉婚姻家庭编的解释（一）》第四十八条的规定，在有利于保护子女利益的前提下，父母双方协议轮流直接抚养子女的，人民法院应予支持。该条款包含了两个条件：一是在有利于保护子女利益的前提下；二是父母双方达成一致协议。

轮流抚养的前提是有利于保护子女利益，若父母一方有酗酒、暴力倾向等情形，由其直接抚养明显不利于未成年子女的身心健康和成长。在这种情况下，即使双方协商一致，也不宜适用轮流抚养制度。另外，在轮流抚养过程中，如出现上述司法解释第五十六条规定的与子女共同生活的一方因患有严重疾病或者因伤残无力继续抚养子女等不利于子女健康成长情形的，另一方依然可以另行起诉要求变更抚养权。

轮流抚养协议的本质是双方意思表示一致，这是区别于一方直接抚养的重要特征。一方直接抚养，可以由双方当事人协商、约定，也可以由法院直接根据案件实际情况判决确定，这是因为不同性别、年龄、家庭环境、经济状况等使子女对父或母的要求是不同的，还要面对多种突发、特殊情况，如一方不能按约定时间抚养，重新协商抚养时间等，需要父母双方长期、多次对多种情况进行协商处理，对双方自行协调、配合能力要求较高。因此，我国目前对轮流抚养仅允许父母双方协议约定，由父母双方自愿达成，人民法院在此应扮演消极批准者的角色而不应给予过多干涉，更不能主动、径行适用。

另外，还需注意的是适用轮流抚养的子女年龄范围。根据《中华人民共和国民法典》第一千零八十四条第三款的规定，离婚后，不满两周岁的子女，以由母亲直接抚养为原则。已满两周岁的子女，父母双方对抚养问题协议不成的，由人民法院根据双方的具体情况，按照最有利于未成年子女的原则判决。子女已满八周岁的，应当尊重其真实意愿。因此，二周岁以下的幼儿，原则上还是由母亲直接抚养；已满八周岁的未成年子女，应征求其本人意见，由其本人选择。对于子女年龄在二周岁以上，八周岁以下的，原则上可由父母双方直接协议轮流抚养。

编写人：湖北省武汉市中级人民法院　张欣

22

无直接抚养权一方拒不履行生效判决，不能以形成实际抚养事实为由免除支付抚养费义务

——林某1诉林某2抚养费案

【案件基本信息】

1. 裁判书字号

北京市第一中级人民法院（2023）京01民终6282号民事判决书

2. 案由：抚养费纠纷

3. 当事人

原告（上诉人）：林某1

被告（上诉人）：林某2

【基本案情】

林某1与蔡某原系夫妻关系，2012年3月30日登记结婚，2016年9月13日生育一子林某2。2017年3月蔡某起诉要求离婚，北京市昌平区人民法院判决驳回蔡某的全部诉讼请求。2017年5月12日，蔡某与林某1分居，林某2随蔡某一起生活。2018年年初蔡某再次起诉要求离婚，2019年1月25日林某1之父将林某2从蔡某处强行接走。2019年6月27日昌平法院判决蔡某与林某1离婚；婚生子林某2由蔡某抚养，林某1每月给付抚养费7000元，自判决生效后的当月起支付至林某2年满十八周岁时止等。林某1不服该判决提起上诉，二审判决维持原判。后，林某2仍然随林某1生活，蔡某申请法院强制执行，要求将林某2交由其抚养，林某1于2022年2月24日在昌平法院执行局将林某2交给蔡某抚养。

林某1主张应免除2019年10月至2022年2月应当支付的抚养费，称该期间林某2由其或者由其委托父母抚养。林某2认可真实性，但不认可关联性和证明目的，称林某1拒不履行生效判决，经执行法官多次联系拒绝将其送交蔡某，且为了藏匿，不顾其身心健康辗转多地生活，未尽到抚养责任，不同意免除抚养费，并提交了林某1失信被执行人信息。

【案件焦点】

林某1经生效判决确定无直接抚养权，但其拒不履行生效判决强行带走、长期藏匿林某2，能否以形成实际抚养事实为由免除期间抚养费支付义务。

【法院裁判要旨】

北京市海淀区人民法院经审理认为：父母对未成年子女负有抚养、教育和保护的义务；父母不履行抚养义务的，未成年子女有要求父母给付抚养费的权利。离婚后，子女由一方直接抚养的，另一方应当负担部分或者全部抚养费。据此，抚养费系非直接抚养人应当负担的未成年子女的生活费、教育费、医疗费等必要生活支出，虽然法院在离婚诉讼中判决林某 1 每月给付林某 2 抚养费 7000 元，但 2019 年 9 月 18 日至 2022 年 2 月 24 日林某 2 实际由林某 1 抚养，或者由林某 1 的父母协助抚养，林某 1 事实上履行了抚养义务，故无须向林某 2 支付上述期间的抚养费。北京市海淀区人民法院判决：

一、林某 1 无须支付林某 2 2019 年 10 月至 2022 年 2 月的抚养费；

二、驳回林某 1 的其他诉讼请求。

一审宣判后，林某 1、林某 2 提起上诉。

北京市第一中级人民法院经审理认为：父母与子女间的关系，不因父母离婚而消除。离婚后，子女由一方直接抚养的，另一方应当负担部分或者全部抚养费。负担费用的多少和期限的长短，由双方协议；协议不成的，由人民法院判决。前款规定的协议或者判决，不妨碍子女在必要时向父母任何一方提出超过协议或者判决原定数额的合理要求。

根据在案生效判决，林某 1 与蔡某离婚后，林某 2 应由蔡某抚养，林某 1 每月给付抚养费 7000 元。上述判决作出后，林某 1 未主动履行判决确定的义务，经法院强制执行后，林某 1 才将林某 2 交由蔡某抚养。林某 1 称 2019 年 10 月至 2022 年 2 月林某 2 由其或者由其委托父母抚养，故要求免除此期间其应当支付的抚养费。对此本院认为，按时履行生效法律文书确定的义务，是每个公民应尽的义务。林某 1 不主动履行生效判决的行为损害了司法的权威性，不值得提倡。因其该行为导致林某 2 无法按期得到经法院确认的直接抚养人的抚养教育，亦不利于依法保障未成年人的合法权益。故此，林某 1 不能因自身不履行生效判决的行为而主张免除其法定义务，因该行为导致的抚养林某 2 的实际费用支出，亦不能与生效判决确定的抚养费相互折抵。林某 1 的该项诉讼请求，法律依据不足，原审判决对此处理不当，本院予以改判。林某 2 的此项上诉请求理由成立，法院予以支持。

北京市第一中级人民法院依照《中华人民共和国民事诉讼法》第一百七十

七条第一款第二项之规定，作出如下判决：

一、撤销北京市海淀区人民法院（2022）京 0108 民初 53576 号民事判决；

二、驳回林某 1 的全部诉讼请求。

【法官后语】

因离婚案件引发的子女抚养权纠纷，一直以来都是婚姻家事案件审理中的焦点问题之一。在本案中，经法院生效判决确定林某 2 由蔡某直接抚养，但林某 1 作为非直接抚养一方拒不履行生效判决，并通过强行带走、躲避执行等方式形成实际抚养事实。对于本案中林某 1 以违法行为所形成的实际抚养事实为由，主张免除期间应支付抚养费的审查，不仅关涉司法既判力、“实际抚养”的合法性、未成年人利益最大化原则的认定与考量，也关系到案件裁判效果和价值导向。其中，应当注意以下几点。

一、现行法律中关于抚养费的规定

根据《中华人民共和国民法典》第一千零八十五条规定，离婚后，子女由一方直接抚养的，另一方应当负担部分或者全部抚养费。负担费用的多少和期限的长短，由双方协议；协议不成的，由人民法院判决。前款规定的协议或者判决，不妨碍子女在必要时向父母任何一方提出超过协议或者判决原定数额的合理要求。上述条款表明，我国以父母对子女共同抚养义务为原则。首先，离婚后未直接抚养子女的一方不能免除其抚养责任，而该责任的履行在于通过支付抚养费的形式。其次，抚养费的负担方式和数额，体现了当事人意思自治原则，由双方协议优先，协议不成则由法院判决。同时上述条款也表明在抚养费制度的设置中，我国亦采取了权利义务分离原则。就本案而言，林某 1 和蔡某对于林某 2 抚养问题协商不一致，后经由法院生效判决确定由蔡某直接抚养林某 2，林某 1 则支付相应的抚养费。此外，现行法律规定中所明确“实际抚养”的例外情形，亦主要是指在直接抚养一方失踪、被宣告死亡等极端情况下，未直接抚养一方因客观原因实际照料子女的。针对此种情形，亦可参照《中华人民共和国民法典》第三十一条所规定的“临时监护人”制度主张必要费用补偿，但程序上亦需另行通过诉讼确认。

二、拒不履行生效判决所致“实际抚养事实”的评价

根据《最高人民法院关于适用〈中华人民共和国民事诉讼法〉的解释》第二百四十七条第一款规定：“当事人就已经提起诉讼的事项在诉讼过程中或者裁判生效后再次起诉，同时符合下列条件的，构成重复起诉：（一）后诉与前诉的当事人相同；（二）后诉与前诉的诉讼标的相同；（三）后诉与前诉的诉讼请求相同，或者后诉的诉讼请求实质上否定前诉裁判结果。”上述条款中明确了“一事不再理”原则，同时也体现了生效判决的既判力。就本案而言，在既有生效判决已经认定林某2由蔡某直接抚养的情况下，林某1拒不履行生效判决，并通过躲避执行、强行带走未成年人子女等方式所形成的“实际抚养事实”，属于违法事实状态，法律应当给予否定性评价。此外，根据《中华人民共和国民法典》第一千零八十六条之规定，抚养权的实质是法律赋予的监护资格，其变更应当遵循法定程序。本案中，林某1通过私力强行控制未成年人的行为，侵犯了生效判决所明确的蔡某监护权、林某2的合法权益，因此不能就此形成合法抚养关系。根据生效判决，林某1负有支付抚养费的法定义务，即使存在暂时性的实际照料，亦不能单方抵销其金钱给付义务。而若蔡某存在不履行抚养职责的情形，林某2亦应通过另行起诉主张权利，而非以违法手段“自力救济”。同时，需要指出的是，生效裁决的既判力，在于保障司法的可预测性、社会秩序的稳定性。因此，生效判决不仅阻止当事人就裁判的实体内容再行讼争，同时也禁止人民法院作出与既决事项相矛盾的裁判。

三、儿童利益最大化原则与裁判效果的考量

从我国最有利于未成年人原则发展脉络来看，基本承袭了以未成年人权利为本位理念，出发点和落脚点是最有利于促进、保障与实现未成年人的权利。例如，《中华人民共和国未成年人保护法》第四条、第二十四条之规定，处理涉及未成年人事项，应当给予未成年人特殊、优先保护，尊重未成年人，要适应未成年人身心健康发展的规律和特点，听取未成年人的意见等；法院优先考量未成年人真实意愿及成长需求，认定维持原抚养安排更符合其利益。而在监护制度中对于最有利于未成年人原则更具体。例如，《中华人民共和国民法典》

第三十五条、第三十六条规定，监护人应当按照最有利于被监护人的原则履行监护职责，并且应当按照最有利于被监护人原则指定监护人。由于婚姻家事案件的牵连性、公益性、隐秘性等特点，在裁判中应当综合考量法律规定、道德伦理、具体个案特点，但在涉及未成年人子女利益处分时应当坚持最有利于未成年人原则。同时，在裁判中还应通过释法说理积极引导当事人理性解决家庭纠纷。

编写人：北京市第一中级人民法院　唐达　姚琴

23

探知未成年子女受抚养真实意愿的司法路径

——张某诉关某变更抚养关系案

【案件基本信息】

1. 调解书字号

河北省固安县人民法院（2024）冀1022民初394号民事调解书

2. 案由：变更抚养关系纠纷

3. 当事人

原告：张某

被告：关某

【基本案情】

2017年，张某（男）与关某（女）经法院判决离婚，二人婚生子张小某由母亲直接抚养。离婚后，张小某事实上一直跟随父亲生活、学习。张某与关某双方因夫妻共同财产及婚生子抚养问题，争议不断。张某为给孩子办理学籍，多次要求变更抚养关系。其间，关某在上海某地办理准迁入证明，其认为上海是大城市，孩子随其生活能得到更好的教育，试图通过物质条件的差异说服张某放弃变更主张。但张某认为孩子适应不了突然改变环境，更适宜和自己生活。

2023年年底，因孩子的教育问题激化了双方矛盾。张某诉至法院，请求判令：变更由其直接抚养张小某，关某向其支付2018年至2023年的子女抚养费。

庭审中，鉴于双方争执激烈。为妥善化解矛盾，承办法官在休庭时指导双方及张小某进行了“房树人”绘画心理测验，指导双方倾听孩子自己的意愿。张小某将画命名为“幸福全家福”，并以画为媒介先主动拥抱了父亲，经法官引导后拥抱了母亲。最终，关某接受了张小某更倾向于跟随父亲生活的心理需求，为了孩子的成长，同意变更抚养关系。

【案件焦点】

1. 离婚后，已满八周岁的子女由哪一方直接抚养，应否尊重其真实意愿；2. 如何保证其在不受干扰的情况下发表受抚养意愿，确保客观、真实；3. 综合考量哪些相关因素确定直接抚养方，物质条件是否应当作为重要考量要素。

【法院裁判要旨】

河北省固安县人民法院经审理认为：《中华人民共和国民法典》第一千零八十四条第三款规定，“离婚后，不满两周岁的子女，以由母亲直接抚养为原则。已满两周岁的子女，父母双方对抚养问题协议不成的，由人民法院根据双方的具体情况，按照最有利于未成年子女的原则判决。子女已满八周岁的，应当尊重其真实意愿”。《最高人民法院关于适用〈中华人民共和国民法典〉婚姻家庭编的解释（一）》第五十五条规定，离婚后，父母一方要求变更子女抚养关系的，或者子女要求增加抚养费的，应当另行提起诉讼。第五十六条规定，父母一方要求变更子女抚养关系的，已满八周岁的子女，愿随另一方生活，该方又有抚养能力，人民法院应予支持。

本案原、被告于2017年经法院判决离婚，且婚生子张小某由被告关某直接抚养。现原告请求判令变更由其直接抚养，张小某出生于2013年4月，已满10周岁，就读于哈尔滨市某小学，具备一定的分析、辨别能力。经法院两次征求其意愿，一次自书“意愿书”、一次庭外绘画沟通，均明确表示要随原告生活，故应尊重其本人的真实意愿，予以变更。因母亲关某最终同意变更孩子的抚养权，双方达成和解。

河北省固安县人民法院作出（2024）冀1022民初394号民事调解书：

一、原告张某与被告关某婚生子张小某由原告张某抚养；

二、被告关某每月支付张小某抚养费1500元（自2024年3月起至张小某年满十八周岁止）。给付时间：于每年的12月31日前给付本年度的抚养费；

三、原告放弃其他的诉讼请求。

调解书现已生效。

【法官后语】

为了更好地保护未成年人权益，我国法律制度在抚养权问题上设置了应当尊重八周岁以上未成年子女真实意愿的法律条款①，保障了限制民事行为能力的未成年子女在抚养关系中的表达权、参与权。但在具体司法实践中，如何探知未成年子女真实意愿以及八周岁以上未成年子女的意见能否作为法院判断直接抚养关系的唯一因素，成为困扰法官的难题。笔者以该案例为样本，呈现实践基础和功能定位，并在此基础上分析尊重未成年子女受抚养真实意愿条款的体系化适用路径。

一、尊重未成年子女受抚养真实意愿条款的适用基础

早在1959年，《儿童权利宣言》就提出了“儿童利益最大化原则”，1989年通过的《儿童权利公约》又重申了“儿童利益最大化原则”。在《中华人民共和国民法典》颁布和《中华人民共和国未成年人保护法》修订之后，最有利于未成年人原则成为我国涉未成年人法律体系的贯通性、统领性原则，并结合具体领域对未成年人的身份进行细化，如被监护人、未成年子女、被收养人等。

---

① 《中华人民共和国民法典》第一千零八十四条第三款规定，离婚后，不满两周岁的子女，以由母亲直接抚养为原则。已满两周岁的子女，父母双方对抚养问题协议不成的，由人民法院根据双方的具体情况，按照最有利于未成年子女的原则判决。子女已满八周岁的，应当尊重其真实意愿。

《中华人民共和国民法典》第一千零八十四条第三款确立了父母离婚后对未成年子女抚养问题协商不一致时，法院应当根据双方的具体情况，按照最有利于未成年子女原则判决的规则，体现了《中华人民共和国民法典》高度重视对未成年子女权益予以保护的态度，也奠定了最有利于未成年子女原则在处理抚养关系纠纷中的纲领性地位。也意味着人民法院在对未成年子女抚养问题作出判决时，应当从“父母本位”转向“子女本位”，将未成年子女的权益放在首位，以此保障未成年子女在父母离婚后身心持续健康发展的基础。充分体现了我国对未成年人陈述意见和表达意愿的固有权利的尊重，以及在涉及抚养问题上对未成年人利益最大化原则的纵深贯彻。

二、尊重未成年子女受抚养意愿条款的功能定位

一方面，认定未成年子女在抚养纠纷中的主体地位。虽然《中华人民共和国民法典》规定父母子女之间的关系不因父母离婚而发生变化，但子女依法被抚养的形式与内容因父母婚姻关系的解除而有所变化。直接抚养权归属父或母之判决，注定影响未成年子女的人格塑造、身心成长、财产保护等根本权益。鉴于包含直接抚养权内容判决具有形成效力，具有利害关系的未成年子女也是判决效力的归属主体。依法理，受判决影响的未成年子女应当获得相应的程序保障，以便其对足以影响裁判结果的重要事项有充分陈述或辩论的机会。

另一方面，保障了未成年子女的“意思自治”。在抚养权纠纷中，已满八周岁的未成年子女表达随父或随母共同生活的意愿，是其随父或随母生活的选择决定。该决定既可以是基于已经发生的事实（如长期由父或母陪伴、父或母有家暴情形等）作出的，也可以是对将来受抚养条件（如父母职业、收入、生活环境、品格等）的一种选择。这种选择，体现的是其选择直接抚养义务人的意思表示，其有自我决定由谁抚养更有利于自己的“意思自治权”。

三、构建尊重未成年子女受抚养真实意愿条款的体系化适用路径

首先，选择未成年子女能够理解的方式征询其意见。已满八周岁的未成年子女具有限制民事行为能力，对“抚养”“教育”“探望”等法律术语的理解和认知能力有限，对未来生活、成长环境的判断能力也不足。本案中，法官运

用“绘画心理学”探知未成年子女受抚养的真实意愿，并分析认为“尖尖的屋顶、紧闭的房门表示这个孩子还没有敞开心扉，房子旁边三个人手牵手并且孩子给这幅画命名为‘幸福全家福’说明他内心很渴望有家的温暖”。① 但需要注意的是，运用这一方式需要具备极强的专业知识，因此在具体适用中应谨慎。

其次，尽量保证未成年子女在不受干扰的情况下表达意愿，确保其表意客观、真实，使其不致沦为父母婚姻关系争诉中被决定的客体。已满八周岁的未成年子女的主观意愿往往只是其简单的情感选择，容易受到父母一方不当利诱或威胁的影响。在有些案件中，有的父母一方以纵容孩子玩游戏、不上学等不利于未成年子女身心健康的方式来“贿赂”子女，让其作出有利于自己的非真实意见。法官难以判断和认定未成年人的意愿表达是否真实。此时，人民法院不能只是简单地询问就以尊重未成年子女真实意愿为由作出草率判决，而要对未成年子女受抚养的真实意愿进行充分探知、科学认定以及合理采纳。反观本案，法官认为张小某自父母离异后至本案诉讼中一直同父亲生活，不能完全判断此份意见书的真实性，于是选择在休庭过程中再次通过缓和的方式征询其意愿，并向父母双方开释。不仅保证了未成年子女受抚养意愿的客观真实，也化解了母亲关某多年的心结。

此外，未成年子女受哪一方生活上照顾较多，哪一方更能够提供情感需求、陪伴需求，更尊重其人格尊严，更有利于其身心健康发展等，均应当作为“条件”的考量要素。在以往案例中，确立或者变更抚养关系、抚养费支付、探望权行使，法官更多还是站在成年人视角。在涉儿童直接抚养关系、抚养费及探望权等具体规则中贯彻尊重儿童真实意愿的审判理念，应当以最有利于未成年人原则为核心，强调重视儿童不同成长阶段的动态变化，将儿童不断发展的能力纳入考虑之列。因此，物质条件属于确定一方抚养条件优劣的因素之一，但不应是全部。

编写人：河北省滦州市人民法院　闫馨月

---

① 《凡人小事丨绘画心理学引入审判 圆满化解抚养权争议》，参见“河北高院”微信公众号2024年5月7日，2025年3月24日访问。

（七）赡养纠纷

24

抚养型继父母子女关系形成和解除的审查

——李某1诉李某赡养费案

【案件基本信息】

1. 裁判书字号

湖南省长沙市中级人民法院（2022）湘01民终3081号民事判决书

2. 案由：赡养费纠纷

3. 当事人

原告（上诉人）：李某1

被告（被上诉人）：李某

【基本案情】

1992年11月，李某1与李某母亲登记结婚，双方均系再婚，李某2系李某1再婚前之子，李某及李某3系李某母亲再婚前之女。李某1与李某母亲结婚后，李某户籍迁入李某1所在地，读高一，李某考入大学时，户籍转入学校，毕业后分配到乡政府工作至今。2019年7月，李某1再婚前名下的房屋被征收，获得征收款2484775元。2019年8月6日，经某镇人民调解委员会调解，李某1及李某1之子李某2与李某母亲、李某3、李某4成就李某1与李某母亲离婚相关内容的协议。8月7日，李某1与李某母亲签订离婚协议，约定双方在婚姻存续期间无共同财产，无共同债权债务，各自的日常生活用品归各自所有。李某1向李某母亲支付6万元的房屋征收折迁款，向李某3、李某各支付3万元的房屋征收折迁款。离婚后，李某2负责赡养李某1，并在李某1过世后继承其遗产。李某3、李某不负赡养李某1的义务，并在李某母亲过世后继承其遗产，在李某1过世后不享有继承李某1遗产的权利。李某2不负责赡养李某母亲的义务，在李某母亲过世后不享有继承其遗产的权利。自此之后，李某1自认李某一直未探望过李某1。李某参加工作后，李某1自认仅给过其约1000元人民币。李某自认其读书学费、生活费均系借款，在其工作后由自己偿还，李某1仅给过400元。李某1自认从2015年开始享受社保，现在每月领取2000元。

【案件焦点】

李某1是否有权要求李某给付赡养费。

【法院裁判要旨】

湖南省宁乡市人民法院经审理认为：本案中，认定李某1是否有权要求李某给付赡养费，应当具备三个条件：一是李某1与李某形成长期抚养教育的父母子女关系；二是该关系成立且未解除；三是李某1是否缺乏劳动能力或者生活困难。以下从三个方面分析：（1）继父母和继子女之间本质上是一种姻亲关系。现实生活中，根据父或母再婚时子女的年龄以及是否与继父母共同生活，继父母子女关系一般存在三种情形：第一，父或母再婚时，继子女成年并已独立生活；第二，父或母再婚时，继子女未成年或未独立生活，再婚后，继子女与继父母长期共同生活，继父或继母对其进行了抚养教育；第三，父或母再婚时，继子女未成年或未独立生活，但再婚后，继子女未与继父母共同生活或未受其抚养教育。法院认为，继父母与继子女之间成立拟制血亲关系，需双方之间形成长期抚养教育关系，或者继父母对继子女进行了持续的、较大数额的经济供养。前述第一种、第三种情形，继父母和继子女之间只是姻亲关系，第二种情形，才成立拟制血亲关系，适用《中华人民共和国民法典》关于父母子女关系的规定。本案中，李某1与李某母亲结婚时，李某已经年满十六周岁，在高中寄宿学习，此后李某考上大学、参加工作，与李某1共同生活时间较短，并未体现出李某1对李某的长期抚养、教育。即现有证据不足以认定李某1、李某形成了拟制血亲关系。未成立拟制血亲关系的继父母与继子女之间为姻亲关系，彼此之间不产生父母子女之间的权利义务，即继子女无须对继父母负担赡养义务，故本案李某无须对李某1负担赡养义务。（2）如果继父母和继子女之间未成立拟制血亲，仅为姻亲关系，那么继母或继父与继子女之间的姻亲关系，因继子女的生母（生父）与继父（继母）的婚姻关系终止而解除。本案中，李某1与李某生母离婚后，协议明确约定李某不负赡养李某1的义务，在李某1过世后不享有继承李某1遗产的权利。可以看出，双方对于拟制血亲的明确否定。（3）李某1是否缺乏劳动能力或者生活困难。本案中，李某1有固定生活来源，且享有社保，不构成生活困难。李某1向李某主张承担赡养义务缺乏事实与法律依据。当然，如果李某自愿照顾看护日渐年长的李某1，那也系其出于道德层面的尊老爱幼，但不是其法定义务。综上，李某1的诉讼请求不能成立。湖南省宁乡市人民法院判决：

驳回李某1的全部诉讼请求。

一审宣判后，李某1提起上诉。

湖南省长沙市中级人民法院判决：驳回上诉，维持原判。

【法官后语】

根据《中华人民共和国民法典》第一千零七十二条[①]的规定，受继父或者继母抚养教育的继父母与继子女，继子女被赋予与亲生子女同等的法律地位。继父母与继子女之间在何种情况下构成抚养教育关系，即拟制血亲关系，以及继父母子女关系能否解除等，我国法律尚没有给出具体的判断标准。本案即为一起涉及该类纠纷的案例，本案裁判坚持未成年人利益最大化和老年人权益保

---

① 《中华人民共和国民法典》第一千零七十二条规定，继父母与继子女间，不得虐待或者歧视。继父或者继母和受其抚养教育的继子女间的权利义务关系，适用本法关于父母子女关系的规定。

护原则，尊重各方的意思自治，结合司法实践，梳理具体问题，明确裁判规则，紧紧围绕继父李某1与继女李某是否形成长期抚养教育的继父母子女关系以及该种关系能否被解除等焦点，最终认定继女李某不承担对继父的赡养义务。

一、抚养型继父母子女关系的特征及本案审查的出发点

父母一方死亡或者父母双方离婚后再婚的，子女与生父或生母的再婚配偶所形成的法律上的关系为继父母继子女关系。[①] 对于继父母继子女关系，从我国现实情况出发，学界通说将继子女与继父母的关系分为三种不同类型，分别是：第一类是名分型[②]；第二类是形成抚养关系的抚养型，也称拟制血亲型[③]；第三类是收养型[④]。抚养型继父母子女关系不同于其余两种类型，厘清其间区别，有利于准确把握抚养型继父母子女关系的特征，进而判断本案李某1的诉请是否具有正当性，这也是本案审查的出发点。

家庭的稳定依赖于亲属的稳定。抚养型继父母子女关系的稳定性依赖于继父母继子女双方，其应当像亲属一样，具有高度稳定性，故抚养型继父母子女关系的本质就是稳定的亲属关系的形成，其之所以稳定是因为继父母继子女双方有接纳彼此的共同意愿，形成了彼此较一致的家庭生活相处模式，具体表现有以下特征。

（一）稳定的家庭共同生活模式

当家庭成员形成稳定的共同生活相处模式时，家庭关系才达到稳定的程度。这势必需要家庭成员长时间相处，形成家庭成员交流沟通和生活的一种习惯。

---

① 梁慧星：《中国民法典草案建议稿附理由·亲属编》，法律出版社2013年版，第240页。

② 即未形成事实抚养关系，只在名分上形成家庭关系，也可称为姻亲型或名义型。包含两类情况：一是生父母与继父母缔结婚姻时，继子女成年并已独立生活；二是继子女虽未成年但并未与继父母共同生活或未受其抚养教育。名分型关系并不会在继父母与继子女之间产生任何权利义务，且该姻亲关系会因继子女的生母（生父）与继父（继母）的婚姻关系终止而解除。

③ 顾明：《法学大辞典》，中国政法大学出版社1991年版，第12页。虽然不存在血缘关系但将其拟制为血亲的关系，在法律上赋予其与血亲相同非法律地位，称之为拟制血亲。法条规定体现在《中华人民共和国民法典》第一千零七十二条。

④ 继父或继母经继子女的生父母同意后收养继子女，与该子女共同生活的生父母一方，仍为直系血亲关系，另一方生父母与子女间的权利义务则随之消灭。

习惯形成后，必定会让家庭成员之间产生一种相互依赖，从而促进家庭和亲属关系的稳定。所以现行司法实践中对抚养型继父母子女关系认定时，总要判断该抚养是否具有长期性。

1. 继父母抚养教育继子女要达到一定的年限

对于该期限需要多长，法律尚无明文规定，我国目前学术界也有多种观点。梁慧星教授指出，“苏联《继承法》规定在死亡人生前抚养不少于一年的无劳动能力的人也为法定继承人，对此我们可否进行参照?”[①]《俄罗斯联邦家庭法典》第九十七条规定，如果继父母教育和抚养继子女少于五年，法院有权解除继子女赡养其继父母的义务[②]，可见，俄罗斯并没有保留苏联时期的规定，以一年为共同生活达到稳定的期限，并未被认同。夏吟兰教授称常见的年限标准有二年、三年和五年之说，司法裁判中采二年和三年的居多，但其认为达到拟制血亲的标准应当共同居住达到三年以上。[③] 笔者认为，关于抚养型继父母子女关系形成的时间标准，若设定的共同生活的时间期限较短，双方缺乏充足的时间相处，继父母与继子女之间形成不了亲密的父母子女关系，家庭难以称得上稳定。且抚养型继父母子女关系形成后，继父母与继子女享有相互继承遗产的权利，若只是短暂的抚养，便认定继父母与继子女享有法定继承权，那么会影响生父母或生子女的继承利益。对于未成年继子女而言，可以参考其接受学校教育的时间阶段设置，学前教育、初中和高中均为三年，即三年可以作为一个教育阶段，故设定三年以上为期限，可以理解为继父母继子女之间相伴走过了成长中的一个教育阶段，三年的时长既可以保证拟制血亲关系存在的稳定性，同时通过设置一定时限，反推继父母主动履行抚养教育义务，促进家庭关系的稳定和谐，是较为合理的期限。

① 梁慧星:《中国民法典草案建议稿附理由·侵权行为编·继承编》，法律出版社2004年版，第154页。

② 陈苇:《外国婚姻家庭法比较研究》，群众出版社2006年版，第533页。

③ 夏吟兰、李丹龙:《民法典婚姻家庭编亲属关系通则立法研究》，载《现代法学》2017年第5期。

2. 共同生活为主，支付抚养费为辅

共同生活有物质和非物质的，物质的行为是经济上提供生活费用和教育费用，非物质的行为则指思想上的陪伴，给予生活关怀精神抚慰。[1] 因为未成年继子女缺乏必要的生活能力和经济能力，继父母对继子女履行抚养教育义务中最基本的就是为未成年继子女提供居住场所。双方长时间共同居住在一起，沟通交流与家庭生活具有高度交集性，既可以使继父母更好地关心照料继子女的生活，也可以消除继子女可能产生的焦虑、抵触情绪，在思想层面进行培养教育，这就与血亲关系的家庭生活模式较为相似。共同生活必然在物质上有所体现，抚养费等都是必不可少的，但笔者认为，对于抚养费数额，只要尽到了一般意义上的父母责任，就应该肯定其行为。

(二) 主观上有接纳对方的共同意愿

共同意愿应是双方都有接纳对方的主观意愿，如抚养教育的方式认定与否以及是否愿意形成以继承为目的之父母子女关系都应当尊重当事人的自主选择权。这是因为，抚养型继父母子女关系在产生之初为姻亲关系，与血亲关系形成无须考虑主观因素不同，共同意愿应是继父母继子女关系被拟制为血亲关系应该考虑的因素。

故，本案李某是否应履行赡养义务首要应当考虑李某与李某1之间是否形成抚养型继父母子女关系，基于此再判断李某1诉请李某履行赡养义务是否应当予以支持。

二、否定之否定：李某1诉请所主张的理由及对其理由的三重驳斥

(一) 李某1诉请所主张的理由

1. 李某1抚养继女李某已达到一定的年限

李某1认为李某自1993年至1998年未分配工作，五年没有收入来源，李某1在此期间履行了抚养义务，彼此已形成拟制血亲关系，该关系不因李某1与李某母亲婚姻关系解体而终止，拟制血亲关系仍然存在。

---

① 翟桂范：《试论扶养型继父母继子女关系》，载《许昌师专学报》1997年第3期。

2. 赡养义务为法定义务，不得拒绝履行

《中华人民共和国老年人权益保障法》第十九条第一款规定赡养人不得以放弃继承权或者其他理由，拒绝履行赡养义务。第二十条第一款规定，经老年人同意，赡养人之间可以就履行赡养义务签订协议。赡养协议的内容不得违反法律的规定和老年人的意愿。李某1与李某的母亲虽在签订的离婚协议书中约定李某不负责赡养李某1并放弃继承权，但赡养义务是法定义务，不能通过协议的方式规避赡养义务。

3. 应遵守尊老爱幼的传统美德和立法目的

李某1认为李某拒绝赡养，不利于保护老年人的合法权益，故李某应承担赡养义务。

（二）对李某1诉请所主张的理由的三重驳斥

1. 法律解释角度：不符合抚养型继父母子女关系的形成条件

现行法律并未明确“形成抚养教育关系”的认定标准，但正如上文所述，共同生活是认定抚养型继父母子女关系时考量的决定因素，而按照社会一般常理而言，共同生活即为在共同的住所居住。参考《中华人民共和国民法典》中关于夫妻共同生活的界定，可以推知精神生活也是共同生活的表现形式之一。故，共同生活应既包括在同一住所居住，给予物质生活层面的供给，也应包括在思想层面进行陪伴教育。同时，该共同生活应当注重对抚养关系的长期性和稳定性的衡量，共同生活的持续时间也应认定为抚养型继父母子女关系的构成要件，抚养教育行为只有持续一定时间①，才能形成抚养型继父母子女关系。

本案中，李某1与李某母亲结婚时，李某已经年满十六周岁，在高中寄宿学习，并未与李某1及其母亲在家共同居住，高中毕业后李某考上大学、参加工作，后续李某也未与李某1及其母亲共同生活，李某1也未再尽任何抚育责任。综合考虑李某1的抚养时间、经济与精神抚养的客观实际情况、家庭身份

① 如前文所述，此处持续时间笔者认为应以三年时间为限制，这样既可以突出抚养时间的持续性，也能减少拟制血亲关系确认的障碍。

融合程度、来往紧密度等因素，本案难以认定李某 1 对李某进行了长期抚养教育，不足以认定李某 1 与李某形成了拟制血亲关系。

2. 继父母子女关系的解除尊重当事人的选择权

意思自治原则作为民法的“帝王条款”，其内涵为法律主体根据自己的意愿，自由地、不受干涉地从事相关法律行为，并产生法律关系，承担相应的法律后果。继父母继子女关系的处理也应遵循意思自治原则，给予并尊重当事人的选择权。

在姻亲关系解除后，继父母与继子女明确约定或单方表明不欲产生或继续形成以继承为目的之父母子女关系的，继父母继子女关系终止。本案中，李某 1 与李某之间未成立抚养型继父母子女关系，而是成立姻亲关系，该姻亲关系因李某母亲与继父李某 1 的婚姻关系终止而解除。李某母亲与继父李某 1 在离婚协议书中明确约定，在李某 1 过世后李某不享有继承李某 1 遗产的权利，可见双方也并不同意形成以继承为目的之父母子女关系。

3. 本案不违反公序良俗的要求

公序良俗，是公共秩序和善良风俗的合称，① 也是我国民法的基本原则之一。本案中，李某不承担赡养义务并不违反公序良俗的要求。首先，李某与李某 1 之间无抚养型继父母子女关系，其姻亲关系也早在李某 1 与李某母亲离婚时解除，李某 1 主张李某承担赡养义务缺乏事实与法律依据，也有违权利义务对等原则；其次，李某 1 有固定生活来源，且享有社保，不构成生活困难的情形。综上，李某不承担赡养义务符合社会公众的一般认知。

三、延伸探讨：处理抚养型继父母子女关系等问题应遵循的原则及抚养型继父母子女关系解除的考量因素

（一）处理抚养型继父母子女关系等问题应遵循以未成年利益最大化为原则兼顾保护老年人权益

离婚导致原生家庭的消灭，已给未成年子女带来伤害，而未成年子女之后由于生父（母）的再婚，又生活在重组家庭中。由于没有血缘关系，继父母很

---

① 王利明：《民法》，中国人民大学出版社 2020 年版，第 4 页。

难将继子女视如己出，年幼的继子女也很难接纳陌生的继父母，故继父母继子女关系比较脆弱敏感。

《中华人民共和国未成年人保护法》第四条规定，保护未成年人，应当坚持最有利于未成年人的原则。即在保护未成年人人身权利、财产权利及其他合法权益的过程中，要综合权衡各方面因素，选择最有利于未成年人的方案，采取最有利于未成年人的措施，实现未成年人利益的最大化。该原则与联合国《儿童权利公约》中所确立的儿童“最大利益原则”①的内在精神是一致的。我国作为该公约缔约国之一，应延续和明确该原则，结合继父母继子女关系的特殊性，将保护未成年继子女作为主要任务和主要课题，在处理抚养型继父母子女关系的形成、权利义务内容以及解除等问题上都应坚持最有利于未成年人的原则，并以此作为纲领。在认定抚养型继父母子女关系是否形成上将重点放在未成年继子女的利益保护上。

对老年人权益的保护，体现在如何更好实现对老年人的赡养。抚养型继父母子女关系形成后，继父母对继子女应尽抚养义务，没有和继子女共同生活的生父母一方的义务并不免除，对未成年子女而言，获得双重保障，符合“最有利于未成年人”的原则。在继子女被抚养成年后，根据《中华人民共和国民法典》第一千零六十七条第二款规定②，注重保护继父母的权益，对年老继父母履行与生父母同等义务，实现“老有所养，幼有所依”。

（二）抚养型继父母子女关系解除的考量因素

抚养型继父母子女关系因符合法律规定的条件而成立，相应地也可以因法定情形的出现而解除。《中华人民共和国民法典》中有专门章节规定了法律拟制血亲之一的收养关系的解除，但同样是法律拟制血亲的抚养型继父母子女关

---

① 所谓儿童“最大利益原则”一般是指在与儿童有关的任何一项权利中都要优先保护儿童的利益。这一原则在联合国1989年《儿童权利公约》中正式确立：“关于儿童的一切行动，不论是由公私社会福利机构、法院、行政当局或立法机构执行，均应以儿童的最大利益为一种首要考虑。”

② 《中华人民共和国民法典》第一千零六十七条第二款规定，成年子女不履行赡养义务的，缺乏劳动能力或者生活困难的父母，有要求成年子女给付赡养费的权利。

系的解除，若一方或双方关系恶化，矛盾无法调和时，此种关系能否解除尚没有完备的配套规定。笔者认为，抚养型继父母子女关系解除可参照适用养父母与成年养子女解除收养关系的规定，遵循意思自治原则，给予当事人选择的权利，但抚养型继父母子女关系解除并非仅基于个人意愿的当然解除，还需满足法定程序和条件。当事人要求解除已形成抚养关系的继父母子女关系，不能达成协议的，可以向人民法院起诉，由法院裁决是否准予解除。抚养型继父母子女关系的解除应明确以下规则：其一，生父母与继父母离婚或生父母一方死亡时，抚养型继父母子女关系不能自然解除。若继子女被另一方生父母领回，则抚养型继父母子女关系解除，双方之间的权利义务消灭。其二，若继父母不同意另一方生父母领回抚养的情况时，应该由法院立足“未成年人利益最大化原则”作出调解和判决来确定抚养权归属。其三，被继父母长期抚养并已成年的继子女，若双方关系恶化、无法共同生活的，一方有虐待、歧视另一方时，经一方请求，可以诉讼解除抚养型继父母子女关系。若之后继父母存在生活困难和丧失劳动能力的情形，基于尊老爱幼的美德和权利义务一致性原则，被继父母长期抚养并已成年的继子女依旧应承担赡养义务。

四、结语

血缘并非亲情产生的唯一纽带，漫长岁月的陪伴可弥合无血缘关系双方之间的缝隙，“不是亲人胜似亲人”。只有明确继父母与继子女的权利义务，才能鼓励双方更好地履行责任和义务，构建和谐的继父母子女关系，充分实现继父母与继子女各得其所的善治，促进良好社会风尚的形成。

编写人：湖南省长沙市中级人民法院　易颖　汤英姿

25

形成抚养关系的继子女在父母离婚后履行赡养义务的方式及标准

——徐某诉司某赡养费案

【案件基本信息】

1. 裁判书字号

北京市第一中级人民法院（2023）京01民终4844号民事判决书

2. 案由：赡养费纠纷

3. 当事人

原告（上诉人）：徐某

被告（上诉人）：司某

【基本案情】

徐某与案外人司某甲原系夫妻，双方均系再婚，婚后未生育子女。司某系司某甲之女，徐某与司某甲结婚后，司某曾与二人共同生活。2021年，徐某与司某甲经法院判决离婚。

2017年9月15日，司某甲与司某共同签订《个人无偿赠与不动产登记表》。2017年9月18日，徐某与司某甲、司某共同到不动产登记部门办理了某房屋的转移登记手续，司某于当日取得了某房屋的不动产权证书。2021年，徐某因离婚纠纷将司某甲诉至本院，并向司某甲主张某房屋损害赔偿100万元。法院经审理认为，案涉某房屋属于夫妻共同财产……徐某对赠与司某案涉房屋是知晓和同意的。况且，案涉房屋已于2017年9月办理完转移登记手续，徐某、司某甲对司某的赠与房屋行为已经履行完毕，故徐某要求司某甲支付100

万元损害赔偿金，缺乏事实和法律依据，本院不予支持。

另查明，被拆迁人徐某甲曾与拆迁人某房地产开发公司签订《某村集体土地住宅房屋拆迁货币补偿协议》，协议中约定：乙方现有在册户籍人口1人，被列为拆迁安置人口的人员1人，分别是产权人之父徐某（产权人徐某甲不享受安置）。2015年3月17日，被拆迁人徐某甲与出卖人某房地产开发公司签订《某村回迁安置房认购书》，约定徐某甲认购两套75平方米房屋。

现徐某独自一人在某房屋居住，每月退休工资4900元左右。徐某另有子女徐某甲、徐某乙兄妹二人。徐某称徐某甲、徐某乙二人已尽到赡养义务，每月各支付其赡养费500元，看病及其他事情均由二人处理。徐某称其每月花费5000元雇用保姆照顾自己。2022年6月30日，徐某以赡养费纠纷为由向本院提交起诉状，将司某诉至法院。主张：（1）被告支付原告赡养费2000元/月；（2）被告允许原告在昌平区某室（系原告于2017年赠与被告）居住至死亡。

【案件焦点】

1. 司某与徐某之间是否系形成抚养关系的继父母子女关系；2. 徐某与司某母亲离婚后，司某应采取何种赡养方式；3. 徐某主张的居住权是否有法律依据。

【法院裁判要旨】

北京市昌平区人民法院经审理认为：子女对父母有赡养扶助的义务，子女不履行赡养义务时，无劳动能力的或生活困难的父母，有要求子女给付赡养费的权利。形成抚养关系的继子女，对继父母负有赡养扶助的义务。赡养费的数额应当考虑被赡养人的实际生活需要、双方的收入情况及赡养人的人数等因素确定。徐某与司某甲结婚后，与司某已形成抚养关系，其要求司某履行赡养义务，有事实及法律依据。考虑徐某收入及支出情况，扣除其他两名子女应承担的份额后，本院酌情确定司某每月支付赡养费700元。关于徐某要求某房屋由其独自居住，经查，生效判决认定该房屋原系徐某、司某甲的夫妻共同财产，后双方赠与司某且办理完毕所有权转移登记手续，现房屋由司某享有所有权。因徐某作为被拆迁安置人口，享有相应的拆迁利益，即使徐某自愿放弃拆迁利益，由其子徐某甲认购安置房屋，此种情形徐某亦不属于没有居所的情况。现，司某尚需赡养司某甲，且司某甲与徐某离婚后二人无法共同生活，故对徐某要求独自居住于某房屋的诉讼请求，法院难以支持。北京市昌平区人民法院判决如下：

一、司某自2022年7月起每月向徐某支付赡养费700元，于每月10日前支付；

二、驳回徐某的其他诉讼请求。

一审宣判后，徐某、司某提起上诉。

北京市第一中级人民法院经审理认为：关于赡养费数额问题，司某上诉提出要求赡养费数额降至每月100元，对此本院认为，赡养父母是子女应尽的法定义务，继子女与继父母形成抚养关系的，按父母子女关系处理，继子女有赡养继父母的责任。本案中，司某与徐某已形成抚养关系，司某应履行赡养义务。就赡养费数额，综合考量徐某的收入与支出情况、应承担赡养义务的人数以及司某取得涉案房屋的来源等因素，一审法院酌定赡养费数额为每月700元，经审查并无不当之处，法院予以确认。故，本院对司某的上诉请求不予支持。关于徐某主张在涉案房屋居住至其死亡是否予以支持问题，涉案房屋现登记在司某名下，且徐某在庭审中亦认可其一直居住在该房屋内。法院认为，根据法律规定赡养人应当履行对老年人经济上供养、生活上照料和精神上慰藉的义务。考虑到徐某自愿放弃其拆迁利益，由其子徐某甲认购安置房屋以及徐某长期客观的居住情况等因素，且在赡养法律关系中，被赡养人可以通过选择上述法定赡养方式解决其赡养问题，且赡养法律关系亦并非设立居住权的法定方式之一，故结合上述分析，法院对徐某的上诉请求不予支持。北京市第一中级人民法院作出判决：

驳回上诉，维持原判。

【法官后语】

在社会经济快速发展，多元化思潮并存的大环境下，传统的婚姻家庭观念受到冲击，再婚家庭数量的增加，使得继父母子女之间的权利义务关系成为婚姻家庭纠纷中的新争点。继父母子女关系系后天形成，相互的权利义务内容既包括纲常伦理、公序良俗的要义，也涵盖现代契约精神，具有复合性，其本质为姻亲关系，根据法律规定，可向拟制直系血亲关系转化。转化后的权利义务具有对应性，表现为抚养—赡养、赡养—继承等，但非对价关系，法律调整的价值取向重在保障儿童和老人的合法权益，促进社会和谐稳定。

一、继父母子女形成抚养关系的认定标准

《中华人民共和国民法典》第一千零七十二条规定，继父母与继子女间，不得虐待或者歧视。继父或者继母和受其抚养教育的继子女间的权利义务关系，适用本法关于父母子女关系的规定。对于继父母子女之间是否形成抚养关系可从以下四个方面进行考量。

1. 继父母与继子女共同生活。只有与直接抚养未成年子女的生母或生父结婚并在一起生活的继父或继母，才可能与未成年继子女形成抚养关系。

2. 继父母对继子女的抚养教育应当持续一定时间，通常情况下应达到三年以上。只有达到一定时间的接触和磨合，才能形成稳定的情感依赖和心理依托。

3. 继父母对抚养教育继子女具有主观意愿，除经济上的支持外，还应表现在生活上及精神上予以支持、照顾、教育和保护。

4. 应当尊重未成年继子女的意愿，尤其是有一定认知和辨别能力的未成年子女的意愿和意见。

本案中，原告与被告生母再婚时，被告未满十周岁，且一直与原告共同生活，原告对被告提供了经济上的支持和生活上的照顾，同时，原告将其与被告生母的共同所有的房屋赠与被告的行为，能够体现出原告对被告的关爱和付出，可以看出原、被告在长期的共同生活中，形成了继父母子女关系的情感依赖，应当认定双方系形成抚养关系的继父母子女关系。

二、赡养方式应根据实际情况灵活选择

《中华人民共和国老年人权益保障法》第十四条规定，赡养人应当履行对老年人经济上供养、生活上照料和精神上慰藉的义务。尊老、敬老、爱老是中华民族的传统美德，更是新时代构建和谐社会的要求，也是每一位公民义不容辞的责任。需要指出的是，子女的赡养义务，不仅是经济上的供养，还包含生活上的照料及精神上的慰藉等义务。法律规定赡养义务，是让老年人老有所养，安享晚年。因形成抚养关系的继父母子女关系系拟制血亲，其与亲生父母子女关系相比，缺乏血缘的情感维系，因此在赡养方式的选择上，可以根据被赡养人和赡养人的实际情况，灵活选择具体的赡养方式。具体可以根据被赡养人的经济来源和身体状况，赡养人的人数和经济收入以及赡养人与被赡养人的情感依赖程度等方面进行考量。

本案中，原告要求被告提供房屋供其居住，在被告生母已经与原告离婚且原告另有两名亲生子女的情形下，原、被告基本已经不具有共同生活的基础，原告仍要求被告提供房屋供其居住，或者强行要求被告对原告提供生活上的照料或精神上的慰藉，显然赡养效果并不理想，对被告而言显然也不合理。因此，要求被告支付原告一定金额的赡养费更为合理。同时，对于赡养费的金额，考虑到原告每月有4900元左右的退休金，原告另有两名亲生子女应对其尽赡养义务，被告应对其生母履行赡养义务和对未成年子女履行抚养义务，以及日常生活所需，酌情确定被告每月向原告支付赡养费700元。庭审中，原告陈述另两名子女每月给付其500元赡养费，考虑到另两名子女另承担了日常照料和看病就医的义务，故被告每月支付的赡养费略高于另两名子女。

三、从公平原则出发平衡赡养义务

继父母子女关系系后天形成，其权利义务具有对应性，表现为抚养—赡养、赡养—继承等，但非对价关系。在继父母有亲生子女的情况下，继子女因与继父母并不存在血缘关联，其与继父母的情感联系缺乏天然性，更多的是通过后天的长期接触、生活、磨合而产生的，共同生活的时间通常不会长于亲生子女，继父母对未成年继子女在情感付出和经济支持上，通常情况下会低于亲生子女，此时要求继子女承担不低于甚至是高于亲生子女的赡养义务，显然对继子女而言是不合理和不公平的。因此，在处理赡养人各自应承担的赡养义务时应从公平原则出发，平衡各方权益和义务。

本案中，原告曾作为被拆迁安置人，享有相应的拆迁利益，包括拆迁补偿款和安置房屋，但其放弃该拆迁利益，由其亲生儿子享有该拆迁利益。在此种情况下，原告要求被告提供房屋供其居住的要求，显然是不合理和不公平的，原告不属于无房居住的情形。虽然原告陈述要求被告提供的房屋系其赠与被告的，但是根据查明的事实，该房屋系原告与被告生母的共同财产，其中有一半份额系被告生母的财产，原告赠与被告的仅是其享有的一半份额。在原被告已经丧失共同居住的基础，原告仍要求被告提供该房屋由其居住，显然是过分加重了被告的赡养义务，在一定程度上也是对被告生母个人财产的侵犯，不符合公平原则的要求。

面对日益复杂的婚姻家庭纠纷，除厘清复杂的法律关系外，还应从情感角度出发，按照公平原则的要求，对双方之间的权利义务进行裁判，既要保证老年人日常生活所需，又要平衡继子女与亲生子女赡养义务的承担，从而弘扬尊老的社会主义核心价值观，维护老年人合法权益。

编写人：北京市昌平区人民法院　宋玉希　柳玉

（八）监护权纠纷

26

成年监护争议中可依法指定数人共同监护

——王某甲申请宣告自然人无民事行为能力和申请指定监护人案

【案件基本信息】

1. 裁判书字号

山东省桓台县人民法院（2023）鲁0321民特7号民事判决书

2. 案由：申请宣告自然人无民事行为能力和申请指定监护人

3. 当事人

申请人：王某甲

被申请人：陈某

【基本案情】

陈某系王某甲和王某乙之母。陈某与其配偶赵某均系再婚，二人结婚时双方子女均已成年。现陈某与赵某已共同生活十余年。陈某因病住院，出院后生活不能自理，其女王某甲向法院申请宣告陈某为无民事行为能力人并指定王某甲为陈某的监护人。

经法院委托进行司法鉴定，陈某被鉴定为无民事行为能力人；陈某所在村委和王某乙等相关单位和人员均证明陈某意识不清，长期卧床，不能自理。关于陈某监护人的指定，其配偶赵某、女儿王某甲和王某乙均要求担任陈某监护人。

【案件焦点】

在成年监护争议中，多个具有监护资格的人均要求担任监护人时，法院应该如何指定监护人。

【法院裁判要旨】

山东省桓台县人民法院经审理认为：根据司法鉴定结论，陈某为无民事行为能力人。故，王某甲申请宣告陈某为无民事行为能力人，事实清楚，证据充分，予以支持。关于被认定为无民事行为能力之后的监护人问题，王某甲一并向法院提出指定监护人申请，为避免当事人诉累，本案一并作出处理。《中华人民共和国民法典》第三十一条第二款规定："居民委员会、村民委员会、民政部门或者人民法院应当尊重被监护人的真实意愿，按照最有利于被监护人的原则在依法具有监护资格的人中指定监护人。"陈某和赵某系再婚，共同生活多年，赵某现年事已高，经常生病住院，生活亦需他人照顾，但在法院多次调查中，均表明愿意做陈某的监护人。王某甲作为陈某之女，在陈某住院及住养老院期间，经常探望并悉心照料，亦愿意做陈某的监护人。王某乙虽亦表示愿意做陈某的监护人，但王某甲在陈某生病后照料相对更多，对陈某的情况更为清楚，经综合考量，赵某、王某甲作为陈某的共同监护人较为适宜，也更有利于保护陈某的合法权益。据此，依照《中华人民共和国民法典》第二十四条第一款、第二十八条、第三十一条、第三十四条、第三十五条、第三十六条，《最高人民法院关于适用〈中华人民共和国民法典〉总则编若干问题的解释》第九条，《中华人民共和国民事诉讼法》第一百九十六条之规定，判决如下：

一、陈某为无民事行为能力人；

二、指定赵某、王某甲为陈某的共同监护人。

【法官后语】

指定监护作为监护争议发生时的解决方式，通过明确监护人，能够及时保障被监护人的合法权益。发生成年监护争议时，被监护人往往存在生理机能退化、身份关系复杂、财产状况交叉等多重特点，因此在司法实践中，对此类监护争议监护人的指定更为审慎，如多个具有监护资格的人均要求担任监护人，法院应尊重被监护人真实的意愿，按照最有利于被监护人的原则进行指定。为防止监护人推诿，及时保障被监护人权益，一般指定一名监护人，如数人共同监护更有利于保障被监护人权益，法院也可指定数人共同监护。本案主要涉及的就是成年监护争议中多个具有监护资格的人均要求担任监护人时的共同监护指定问题。结合本案，对此问题主要可从以下三个方面予以正确把握。

第一，担任监护人应具有监护资格。《中华人民共和国民法典》第二十八条规定，无民事行为能力或者限制民事行为能力的成年人，由下列有监护能力的人按顺序担任监护人：(1) 配偶；(2) 父母、子女；(3) 其他近亲属；(4) 其他愿意担任监护人的个人或者组织，但是须经被监护人住所地的居民委员会、村民委员会或者民政部门同意。本案中，赵某系陈某配偶，王某甲、王某乙均为陈某之女，三人均具有监护资格。

第二，应当尊重被监护人的真实意愿，按照最有利于被监护人的原则指定。

本案中，法院就是在遵循上述原则的基础上，最终指定赵某、王某甲为陈某的共同监护人。对此，司法实践中应具体参考以下因素。

1. 与被监护人生活、情感联系的密切程度。监护作为一种职责，需要监护人照顾被监护人生活、保障被监护人身心健康、维护被监护人财产权益不受侵害等，与被监护人生活密切、感情深厚的个人或组织更为了解被监护人生活需求、财产情况等，指定其作为监护人能为更好履行监护职责奠定良好基础。本案中，赵某与陈某虽系再婚，但相互扶持共同生活多年，建立了较深的感情；王某甲作为女儿，在陈某生病后，悉心照顾，对陈某生活需求较为熟悉；王某乙与王某甲相比，探望陈某较少，故法院认定赵某、王某甲与陈某生活、情感联系上较王某乙更为密切，这是指定赵某、王某甲为陈某共同监护人的重要依据之一。

2. 依法具有监护资格的人的监护顺序。《中华人民共和国民法典》第二十八条规定了无民事行为能力和限制民事行为能力的成年人的法定监护顺序，该顺序主要根据法定监护人与被监护人的亲疏关系、履行监护职责的便利程度以及我国的社会生活习惯来确定，[①] 是指定监护时的考量因素之一。本案中，赵某为陈某配偶，位于法定监护第一顺序；王某甲、王某乙均为陈某之女，位于法定监护第二顺序，法院在指定监护人时，应优先考虑赵某是否能被指定为陈某监护人。

3. 是否有不利于履行监护职责的违法犯罪等情形。通过为行为能力欠缺者设定监护人，一方面对被监护人进行照管，保护其人身财产等权益；另一方面代理被监护人实施民事法律行为，从而避免被监护人因行为能力上的瑕疵而被阻挡在法律交往的大门之外，使被监护人能够为自身利益和发展进行更为充分的社会交往和活动。[②] 如将有不利于履行监护职责的违法犯罪等情形的个人或组织指定为监护人，既有违社会公众的普遍认知，更无法实现设立监护制度的

---

① 贺荣主编：《最高人民法院民法典总则编司法解释理解与适用》，人民法院出版社 2022 年版，第 174 页。

② 贺荣主编：《最高人民法院民法典总则编司法解释理解与适用》，人民法院出版社 2022 年版，第 136~137 页。

初衷，因此，在指定监护人时亦应将此作为考量因素。而本案中，赵某、王某甲、王某乙均不存在不利于履行监护职责的违法犯罪等情形。

4. 依法具有监护资格的人的监护能力、意愿、品行等。首先，监护人履行监护职责，具备监护能力是基础条件。判断是否具备监护能力，如监护人为个人，则应从监护人的行为能力、年龄、身心健康状况、经济条件等多方面因素综合考量；如监护人为组织，则应从资质、信誉和经济等因素综合考量。其次，监护人愿意履行监护职责，关系着监护人能否主动去维护被监护人的合法权益，这是实现监护目的的重要保障。最后，监护人品行端正，更符合大众认知，亦有利于被监护人的权益保护。

本案中，赵某位于法定监护第一顺序，但年事已高，经常生病住院，生活还需他人照顾，监护能力有所降低，在法院多次调查中，赵某均坚持做陈某的监护人，且表示其有经济能力照顾陈某；王某甲位于法定监护第二顺序，在陈某住院及住养老院期间悉心照顾，具备一定的监护能力，亦愿意做陈某的监护人；王某乙愿意做陈某的监护人，但王某甲在陈某生病后照料相对更多，对陈某的情况更为清楚，综合考量三人与陈某生活、情感联系的密切程度、监护顺序、监护能力等因素，法院认定由赵某、王某甲作为陈某的共同监护人更为适宜。

第三，数人共同监护亦符合法律规定。《最高人民法院关于适用〈中华人民共和国民法典〉总则编若干问题的解释》第九条第二款明确规定，人民法院指定监护人的人数一般为一人，由数人共同担任监护人更有利于保护被监护人权益的，也可以是数人。在监护人人数的确定上，一般应以一人为宜，从而避免因监护人人数过多导致相互推诿，如果数人共同监护能更好保护被监护人权益，则可指定数人共同监护。本案之所以指定赵某和王某甲两人为陈某的共同监护人，亦主要基于以下因素：一是考虑到赵某监护能力有所降低，如由赵某一人监护，陈某权益可能不能得到及时有效保护；二是王某甲具备一定的监护能力，且对陈某生病后及住养老院的情况更为了解，如赵某与王某甲共同监护，可更好保护陈某权益；三是王某乙具有监护资格和一定的监护能力，但监护人的人数不宜过多，防止出现因监护意见冲突而不利于陈某权益保护的情形。故，经综合考量，本案指定赵某、王某甲为陈某的共同监护人，从而更有利于陈某权益的保护。

编写人：山东省淄博市中级人民法院　荣明潇

山东省桓台县人民法院　朱晗冰

27

突破未成年人监护顺位的司法考量

——谢某某、毛某某申请变更监护人案

【案件基本信息】

1. 裁判书字号

上海市虹口区人民法院（2023）沪0109民特388号民事判决书

2. 案由：申请变更监护人

3. 当事人

申请人：谢某某、毛某某

被申请人：马某某

【基本案情】

申请人谢某某、毛某某称，被监护人马小某出生于2012年5月9日，其生母为被申请人马某某，生父不详。由于马某某无固定工作，没有稳定的收入来源，无抚养孩子的经济能力，为了让孩子能够健康成长，在马小某出生之后三天，两申请人便将马小某带回家抚养至今。现马小某已经长大，其生母马某某无法履行也不愿意履行监护职责。为最有利于监护马小某的原则，马某某也同意由两申请人担任马小某的监护人。如果法院判令两申请人担任马小某监护人，不需要马某某支付抚养费，马小某的抚养费由两申请人承担。综上，请求法院

撤销马某某对马小某的监护资格；变更谢某某、毛某某为马小某的监护人。

被申请人马某某称，同意两申请人的申请请求，对两申请人陈述的事实均无异议。马小某自出生即由两申请人抚养至今，其愿意不再担任马小某的监护人，由两申请人担任马小某的监护人。

法院查明，被监护人马小某，男，2012 年 5 月 9 日出生，生母马某某现为其监护人，生父不详，无兄、姐。马某某为多重残疾人，听力、言语残疾一级，现住山西省太原市，做临时工。

2012 年 5 月 26 日，马某某书写《关于请求他人领养孩子的申请》一份，2016 年 3 月 17 日，马某某书写《关于本人将孩子送人领养的报告》一份，均表达其因未婚先孕生下一子，无力抚养，愿意将孩子交给谢某某、毛某某夫妇二人领养。

2023 年 3 月 21 日，某路街道某居委会出具《关于马小某情况的说明》一份，载明：马小某出生于 2012 年 5 月 9 日，据相关部门了解其生母为马某某，生父不详，外祖父马某林。据毛某某、谢某某夫妇介绍，马小某生母马某某系聋哑人，因为没有固定工作及稳定的收入来源，缺少抚养孩子的经济能力，马某某在 2012 年 5 月 26 日马小某出生不久，就转送与毛某某、谢某某夫妇实际抚养照顾。十多年来，其生母及外祖父母对马小某不管不顾，拒绝一切联系和往来。马小某于 2019 年 1 月起至今，与毛某某、谢某某夫妇居住于某路某地。其间，毛某某、谢某某夫妇两人尽心地对马小某进行照顾。鉴于毛某某、谢某某夫妇有强烈的收养意愿和一定的经济能力，且马小某本人也有同样意愿。为了有利于未成年人的健康成长以及维护未成年人的合法权益，本居委会认为马小某由毛某某、谢某某夫妇监护较为合适。某路街道某居委会在落款处盖公章和签署日期。

审理中，被监护人马小某到庭陈述，其出生三天就由两申请人开始照顾抚养。马小某在住所地附近小学读书，会说普通话，也会手语，可以与两申请人很好沟通交流。马小某本人希望两申请人担任其监护人。

审理中，经征得双方当事人同意，本院委托上海市阳光社区青少年事务中心选派青少年社工，对涉案各方特别是被监护人马小某的工作、学习和生活状况以及真实意愿进行家事调查。上海市阳光社区青少年事务中心通过走访两申请人和被监护人住处，以及属地居委会、与被申请人采用微信视频沟通、与被监护人进行交流互动等环节，出具了《家事调查报告》一份。《家事调查报告》在被申请人情况部分载明……马某某表示自己对马小某并无感情，也无力抚养，愿意转移马小某监护权给谢某某夫妇。另外，马某某表示其父母也不想要马小某的监护权；《家事调查报告》在调查结果部分载明：家庭环境方面，谢某某夫妇与未成年人马小某共同居住，房屋为毛某某产权房，居住环境整洁，空间布局合理，未成年人有其独立居住空间，互不干扰；抚养能力方面：谢某某退休工资每月7500元左右，毛某某退休工资每月4200元左右。双方均身体健康且有意愿照顾和监护未成年人，经济和精力上都有所保障；亲子关系和互动方面：谢某某夫妇与未成年人马小某能够通过手语无障碍交流，双方情感联结也比较稳定，马小某也认可谢某某夫妇对自己的照料，形容家庭是幸福、温暖的；未成年人教育资源方面：谢某某夫妇……顺利安排马小某进入某小学就读；未成年人本人意愿方面：马小某明确表示未来愿意和申请人夫妇一起居住生活直到成年，并愿意申请人夫妇申请变更为他的监护人，认为申请人夫妇有能力监督保护他；被申请人意愿方面：马某某明确表示自己对马小某并无感情，也无力抚养，愿意转移马小某监护权给谢某某夫妇；申请人曾住地居委、现住地居委均对社工表示申请人夫妇与未成年人马小某亲子关系良好。

【案件焦点】

能否突破未成年人法定监护顺位来确定排位在后的人担任未成年人监护人。

【法院裁判要旨】

上海市虹口区人民法院经审理认为：儿童最大利益原则是国际通行的关于未成年人监护的首要原则。关于未成年人监护人的指定，应秉持自由、平等、公正、法治的社会主义核心价值观，坚持未成年人利益最大化原则，从有利于未成年人身心健康发展以及保障未成年人的合法权益出发，充分尊重未成年人自身意愿，结合案件实际，合法、合情、合理地进行确认。具体到本案而言，主要考虑以下几个方面。

首先，关于监护能力的审查。根据法律规定，父母是未成年子女的监护人，在父母不具备民事主体资格或者丧失监护能力的情况下，才考虑由其他主体按相应范围和顺序担任监护人。监护人监护能力的认定，应当综合考虑监护人的年龄、身心健康状况、经济条件、抚养意愿以及与被监护人在生活上的联系状况等因素确定。本案中，被监护人马小某自出生即生活在上海，其生父不详，生母马某某长期在外地打临时工，不具备履行监护职责的经济条件，且其自马小某出生后即与马小某长期两地分离，感情淡薄，生活联系较少，其亦无对马小某履行监护职责的监护意愿。反观两申请人，根据庭审各方陈述以及《家事调查报告》记载，两申请人身体健康状况良好、经济条件良好，具有强烈的共同担任马小某监护人的意愿，且马小某自出生即与两申请人共同生活，彼此在生活和感情上联系紧密。

其次，关于被监护人的真实意愿。为未成年人指定监护人应当从未成年人利益最大化角度出发，切实保护好未成年人的合法权益，且应当结合未成年人的年龄和智力状况，尊重其真实意愿。本案中，被监护人马小某现已年满十一周岁，经本院询问以及委托青少年社工进行家事调查，马小某多次明确表示希望由两申请人担任其监护人，该真实意愿应当得到法律尊重。

再次，关于未成年人监护人的法定顺序。根据法律规定，未成年人的法定监护具有严格的范围和顺序，前一顺序有监护资格的人无监护能力或者对被监护人明显不利的，人民法院应当尊重被监护人真实意愿以及最有利于被监护人的原则，从后一顺序有监护资格的人中择优确定。本案中，被监护人马小某的母亲无监护能力，其父和祖父母不详，马小某外祖父母与马小某多年来并无联系，无从确定其监护能力，且并无监护意愿。马小某本人无兄、姐，且马小某明确表示愿意两申请人担任其监护人。故，法定顺序在先者并不符合被监护人马小某本人意愿，且并非最有利于被监护人马小某的利益，则应考虑顺序在后者。

最后，关于相关部门的依职权审查。对未成年人的法定监护顺序中，法律规定未成年人所在地的居民委员会、村民委员会或者民政部门有权对“其他愿意担任监护人的个人”进行审查并发表意见，既符合上述单位的工作职责，又可以更好地解决可能出现的监护“空位”问题，体现了对我国未成年人监护制度的健全完善。本案中，被监护人马小某所在地的居委会经审查并向本院出具书面情况说明一份，表态该居委会认为马小某由毛某某、谢某某夫妇监护较为合适。对该意见，本院予以采纳。综上，两申请人担任马小某的监护人最有利于马小某最大利益的实现。对于两申请人要求指定其担任马小某监护人的申请，予以准许。

上海市虹口区人民法院判决如下：

一、撤销被申请人马某某对马小某的监护资格；

二、指定申请人谢某某、毛某某共同为马小某的监护人。

【法官后语】

一、未成年人监护顺位的法律规定

《中华人民共和国民法典》颁布实施后，我国未成年人监护制度体系形成了以未成年人权益保护为基本目标，以儿童最大利益为基本原则，是在强化父母监护的首要责任的基础上，进一步形成的家庭、社会、国家三位一体、有中国特色的未成年人监护制度体系。《中华人民共和国民法典》规定父母对未成年子女负有抚养、教育和保护的义务①，是未成年子女的法定监护人，并对未成年人监护人的资格顺序作出了严格的规定②。

《中华人民共和国民法典》规定“父母是未成年子女的监护人”有其深刻内涵。这一规定在明确父母为子女法定监护人的同时，突出了父母优先于其他具有监护资格主体的首要和当然责任人的地位，充分体现父母监护的重要性和特殊性。父母对未成年子女的权利是国际人权公约、宪法和相关法律规定的基

① 《中华人民共和国民法典》第二十六条第一款规定，父母对未成年子女负有抚养、教育和保护的义务。

② 《中华人民共和国民法典》第二十七条规定，父母是未成年子女的监护人。未成年人的父母已经死亡或者没有监护能力的，由下列有监护能力的人按顺序担任监护人：(1) 祖父母、外祖父母；(2) 兄、姐；(3) 其他愿意担任监护人的个人或者组织，但是须经未成年人住所地的居民委员会、村民委员会或者民政部门同意。

本权利，也是父母必须履行的义务。但是，生活中有些父母出于种种原因，也可能怠于履行应尽的抚养、教育等监护义务，导致未成年人现有的和将来的合法权益受到损害。在这种情况下，应当采取及时止损的措施，尽力保障未成年人的未来预期利益。人民法院根据有关个人或者组织的申请，撤销未成年人父母的监护人资格。

二、未成年人监护人资格的撤销与变更考量

法律和司法对撤销监护人资格的谨慎态度表现为“不得已而为之”，即在父母不具备民事主体资格或者丧失监护能力的情况下，才考虑由其他主体按相应范围和顺序担任监护人。而关于未成年人监护人的指定，应秉持自由、平等、公正、法治的社会主义核心价值观，坚持未成年人利益最大化原则，从有利于未成年人身心健康发展以及保障未成年人的合法权益出发，充分尊重未成年人自身意愿，结合案件实际，为未成年人监护人的确定注入司法温度，彰显司法人文关怀，确保监护效益最大化。一般来说，司法机关对于未成年人监护人资格的撤销与变更考量因素主要有。

首先，对监护人监护能力的审查。监护人监护能力的认定，应当综合考虑监护人的年龄、身心健康状况、经济条件、抚养意愿以及与被监护人在生活上的联系状况等因素确定。回到本案中，被监护人马小某自出生即生活在上海，其生父不详，生母马某某长期在外地打临时工，不具备履行监护职责的经济条件，且其自马小某出生后即与马小某长期两地分离，感情淡薄，生活联系较少，其亦无对马小某履行监护职责的监护意愿。反观两申请人，根据庭审各方陈述以及《家事调查报告》记载，两申请人身体健康状况良好、经济条件良好，具有强烈的共同担任马小某监护人的意愿，且马小某自出生即与两申请人共同生活，彼此在生活和感情上联系紧密。

其次，对被监护人真实意愿的考察。为未成年人指定监护人应当从未成年人利益最大化角度出发，切实保护好未成年人的合法权益，且应当结合未成年人的年龄和智力状况，尊重其真实意愿。本案中，被监护人马小某现已年满十一周岁，已足以清晰、真实表达意愿，法院充分考虑孩子的年龄和鉴别能力，在庭前和庭审中多次询问被监护人本人的真实意愿，经本院询问以及委托青少年社工进行家事调查，马小某多次明确表示希望由两申请人担任其监护人，该真实意愿应当得到法律尊重。

再次，对未成年人监护人法定顺序人选的审查。根据法律规定，未成年人的法定监护具有严格的范围和顺序，前一顺序有监护资格的人无监护能力或者对被监护人明显不利的，人民法院应当尊重被监护人真实意愿以及最有利于被监护人的原则，从后一顺序有监护资格的人中择优确定。本案中，被监护人马小某的母亲无监护能力，其父和祖父母不详，马小某外祖父母与马小某多年来并无联系，无从确定其监护能力，且并无监护意愿。马小某本人无兄、姐，且马小某明确表示愿意两申请人担任其监护人。故，法定顺序在先者并不符合被监护人马小某本人意愿，且并非最有利于被监护人马小某的利益，则应考虑顺序在后者。

最后，对相关部门的依职权审查的考量。对未成年人的法定监护顺序中，法律规定未成年人所在地的居民委员会、村民委员会或者民政部门有权对“其他愿意担任监护人的个人”进行审查并发表意见，既符合上述单位的工作职责，又可以更好地解决可能出现的监护“空位”问题，体现了对我国未成年人监护制度的健全完善。本案中，被监护人马小某所在地的居委会经审查并向本院出具书面情况说明一份，表态该居委会认为马小某由毛某某、谢某某夫妇监护较为合适。对该意见，法院可予以采纳。

另有，青少年社工《家事调查报告》助力。本案审理中，征得双方当事人和被监护人的同意，本院委托青少年社工介入，对涉案各方特别是被监护人马小某的工作、学习和生活状况以及真实意愿进行家事调查。在庭前对监护人的监护能力以及被监护人的日常生活情况进行观察，并向法院出具书面调查报告用于裁判参考。

三、借助智慧法院建设成果，最大限度保障各方权益

本案中，法官注意到双方当事人均为聋哑人，审理前与双方进行沟通，确定庭审时由申请人代理人以及被监护人马小某担任两申请人的翻译，由被申请人的

朋友担任被申请人的手语翻译。同时考虑到双方当事人表达意愿的迫切性，庭审中，法院专门为双方开通了微法庭，线下开庭和线上审理同步进行，在涉及双方申请人人身权益和切身利益的问题时，由双方当事人在微法庭中进行书写确认。

本案的依法妥善处理，彰显法院以维护未成年人利益为先，最大限度保障未成年人身心健康的人文关怀和温暖底色，在同情未成年人成长遭遇的同时，为其提供最大限度的司法保障。

四、护航未成年人成长任重道远

需要指出的是，未成年人监护问题是一个社会问题。如何更好地发挥民政、街道、教育部门、检察机关等各职能部门的作用，如何完善撤销、变更监护人实践操作规范，构筑完善未成年人监护体系，不让未成年人监护留白，仍是各部门需要共同努力的方向。对于司法机关而言，我们仍应继续在涉未成年人诉讼乃至整个未成年人保护大格局中寻找着力点，充分运用未成年人案件综合审理机制、深入推广未成年人保护理念，不断创新未成年人保护举措，全面整合未成年人保护力量，护航未成年人健康成长。

编写人：上海市虹口区人民法院　曹艳梅

28

指定监护人可有条件突破法定监护顺序确保最有利于被监护人原则的实现

——某精神病院申请确定监护人案

【案件基本信息】

1. 裁判书字号

北京市顺义区人民法院（2022）京 0113 民特 18 号民事判决书

2. 案由：申请确定监护人

3. 当事人

申请人：某精神病院

被申请人：刘某甲、刘某乙、刘某丙、郝某

【基本案情】

刘某甲、刘某乙、刘某丙、刘某丁、刘某戊为兄弟姐妹，其父母均已去世。刘某丁目前被诊断为精神分裂症、心脏病等疾病，为限制民事行为能力人，危险行为及危险性描述载明有伤害他人危险。因治疗药品快服用完，需提前外院购买，某精神病院联系刘某甲，但刘某甲未购买外院药物。刘某甲曾送刘某丁入院治疗并签署相关材料。经查，刘某丁与郑某经法院调解离婚，婚内生育一子离婚时一岁半即郝某，由郑某自行抚养，刘某戊的相关信息均无法核实。刘某丁现每月发放病退金、回迁房一套、折迁款80余万元，存折由刘某甲保管并从中支付刘某丁药费、住院费和生活费。

刘某丁本人称自己目前身体状况良好，愿意按照之前的情况，由刘某甲继续做监护人。其与子郝某相互不了解，郝某不适合做其监护人。刘某甲来看望次数较多，退休金同意由刘某甲支配，财产同意由刘某甲处理，同时提出希望刘某甲增加其住院期间的花销。

针对监护能力，刘某甲为顺义区某局工作人员；刘某乙、刘某丙为退休人员，刘某丙本人行动不便、耳背、沟通困难；郝某及母亲郑某患有抑郁症等疾病且没有经济来源不具备监护能力。

【案件焦点】

人民法院指定监护人是否应当严格按照法定监护顺序指定。

【法院裁判要旨】

北京市顺义区人民法院经审理认为：（1）刘某丁的个人意愿。郝某作为刘某丁之子，顺位在刘某丁的其他近亲属之前。但成年人监护制度要尊重本人自我决定权的基本理念。有身心障碍的成年人很可能已经形成了固定的自主意愿和偏好，尽管法定监护顺序的安排已体现了“被监护人最大利益”原则，但因监护人确定后，后续会涉及被监护人的人身、财产等事务安排，应当充分考虑身心障碍者的残余能力，最大限度地尊重其自我意愿，以便在后续监护职责履行时充分维护和尊重成年人就医、生活等需求。本案中，被监护人刘某丁明确表达希望其兄刘某甲作为其监护人，希望由刘某甲继续做其监护人。（2）郝某与刘某丁生活、情感联系缺失。刘某丁与前妻郑某离婚后，二人之子郝某归郑某抚养，自此郝某与刘某丁三十年无联系，也明确表达不同意做刘某丁的监护人。按照最有利于被监护人的原则指定应考虑监护人与被监护人生活、情感联系的密切程度，而现阶段郝某与刘某丁生活、情感联系有缺失，短期难以弥补。在刘某丁与郝某均不同意的情况下，郝某不适宜作为刘某丁的监护人。另外，郝某因抑郁、失眠等症状多次就医，难以认定具有监护能力。（3）刘某甲与被监护人刘某丁生活、情感联系最为密切。刘某丁因精神疾病多年在顺义精神病院收治入院，但部分入院、后期因心脏疾病办理出院转院手续均系刘某甲办理，平时亦是刘某甲探视刘某丁较多。刘某丁愿意刘某甲监护，也愿意刘某甲代为管理其财产。多年来，近亲属间形成由刘某甲监护刘某丁的默契，故保持现状相对而言更有利于刘某丁的后期生活、精神状态等。（4）依法具有监护资格的人的监护能力。综合比较后刘某甲更具有监护能力，也更适宜履行监护职责。

综上，北京市顺义区人民法院根据《中华人民共和国民法典》第二十八条、第三十一条，《最高人民法院关于适用〈中华人民共和国民法典〉总则编若干问题的解释》第九条，《中华人民共和国民事诉讼法》第一百八十五条的规定，判决如下：

指定刘某甲为刘某丁的监护人。

【法官后语】

《中华人民共和国民法典》第二十八条规定，由有监护能力的人按顺序担任监护人。该法定监护顺序能否在指定监护中突破是此类案件中后一顺序近亲属普遍持有的抗辩意见。但通过现代监护立法的新趋势可以看出，监护人的选择可以自行指定、商定、意定，体现了以尊重被监护人真实意愿为前提，也反映出确定监护人并不拘泥于以遵循顺序制度为前提。

一、突破法定监护顺序应遵循必要性原则和衡平原则

实践中，对有身心障碍的成年人的亲属而言，担任其监护人无疑会是一个沉重的负担。而法定监护顺序正是以近亲属为主，根据血缘关系远近、生活联系紧密度以及情感基础等因素进行排序，最大限度以亲情缓解负担感从而保障被监护人生活的稳定。所以突破法定监护顺序的，亦应考虑突破监护顺序的必要性和平衡监护人利益，应以未明显损害其利益为前提，不应明显增加其不合理负担，避免出现“道德要挟”的现象。本案中，郝某系刘某丁之子，虽然在现有“候选人”中顺序位于第一，但郝某与刘某丁之间除生理上的亲缘关系外30年并无任何情感与生活的交集，郝某本人不仅失业同时也患抑郁症，如果机械地按照法定监护顺序指定郝某为监护人，在双方身心均明确排斥彼此的情况下实为不妥，所以应当突破法定监护顺序指定监护人。同时刘某丁自身拥有一定财产，能够负担医疗花费及其他支出，该财产也一直由刘某甲管理为其支付相关费用，刘某甲自身也具有稳定工作和收入，多年承担着事实监护职责，指定刘某甲继续做监护人对其生活造成的影响小，且刘某丁目前在精神病院接受管理，监护职责限于履行支付治疗费及探望，未明显侵害刘某甲的利益或者明显增加其不合理负担。

二、适用最有利于被监护人原则的因素考量

我国成年人监护制度中，监护人被赋予全部或部分代理权，在确定监护人时，应当充分考虑身心障碍者剩余的民事行为能力，最大限度地尊重被监护人的自我意愿，包括其优先选定权和排除权。与被监护人的生活、情感联系关系到监护人与被监护人相互之间的心理接受程度，对后续监护制度的具体落实有重要影响。情感作为家事关系中存在的特殊纽带，虽然不能被法律所强制，但是在指定监护人时应当作为一项重要的考量因素，只有带感情的监护才能让被监护人在老有所养、老有所依的基础上实现日有所盼，否则后续被监护人的合

法权益保障将陷入“走程序”困局。

本案中，被监护人刘某丁能够准确表达自己的意愿，希望继续由刘某甲作为其监护人，同时愿意将自己的财产交由刘某甲管理体现出被监护人刘某丁对刘某甲的极大信任，属于意愿确定；同时刘某甲多年以来事实上照顾、探望被监护人刘某丁，双方之间形成了较之其他人更为紧密的联系。在没有法律的刚性要求下，刘某甲主动履行着与监护人同等的职责，这种自发的善意为刘某丁带来些许生活的期盼与美好，使“最有利于被监护人原则”跃然纸上，属于情感联系的确定。故，另综合监护能力、品行等因素，确定刘某甲作为刘某丁的监护人从法律与事实上均符合“最有利于被监护人原则”。

编写人：北京市顺义区人民法院　张志鹏　涂琳

29

婚姻关系存续期间监护权纠纷案件的处理思路[①]

——张某诉李某、刘某监护权案

【案件基本信息】

1. 裁判书字号

河北省保定市中级人民法院（2022）冀06民终3941号民事判决书

2. 案由：监护权纠纷

3. 当事人

原告（上诉人）：张某

被告（被上诉人）：李某、刘某

---

① 入选最高人民法院指导性案例228号。

【基本案情】

张某（女）与李某系夫妻，婚后在河北省保定市某社区居住。双方于2020年11月生育一女，取名李某某。张某结束产假返岗上班后，孩子由李某的母亲刘某照顾。2021年7月7日，李某、刘某将孩子带回定州市某村，此时李某某尚在哺乳期内。随后张某提起离婚诉讼，诉讼期间双方亲属因孩子的抚养问题发生冲突，后法院于2022年1月22日判决双方不准离婚。由于双方在婚姻关系存续期间已实际分居，李某某一直由李某和刘某抚养，李某对张某探望孩子的要求回应并不积极，致使张某一直未能顺利探望孩子。2022年1月5日，张某以监护权纠纷提起诉讼，请求判令刘某、李某将孩子送回，并由张某依法继续行使对孩子的监护权。

【案件焦点】

1. 婚姻关系存续期间，一方及其亲属擅自接走未成年子女的行为是否妥当；2. 如何妥善处理夫妻双方虽处于婚姻关系存续期间但已实际分居情形下未成年子女的抚养和监护问题。

【法院裁判要旨】

河北省定州市人民法院经审理认为：原、被告尚在婚姻关系存续期间。《中华人民共和国民法典》第一千零五十八条规定，夫妻双方平等享有对未成年子女抚养、教育和保护的权利，共同承担对未成年子女抚养、教育和保护的义务。河北省定州市人民法院依据《中华人民共和国民法典》第一千零五十八条之规定，判决如下：

驳回张某的诉讼请求。

一审宣判后，张某提起上诉。

河北省保定市中级人民法院经审理认为：第一，《中华人民共和国未成年人保护法》第四条规定保护未成年人，应当坚持最有利于未成年人的原则。被上诉人李某、刘某擅自将尚在哺乳期的李某某接走，并拒绝将孩子送回其母亲身边，直接导致不足一周岁的孩子被迫中断母乳、无法得到母亲的呵护，被上诉人未能有效履行保护未成年人身心健康发展的监护人义务。《中华人民共和国妇女权益保障法》第四十九条亦规定张某与李某对婚生女李某某享有法律规定的平等的监护权，一方行使监护权时不应当侵害、阻止另一方行使权利。被上诉人李某擅自藏匿李某某，致使上诉人长期不能探望孩子，是对母亲平等监护权的不当侵害。第二，双方当事人虽在婚姻关系存续期间，但被上诉人李某行使婚生女监护权时不应侵害、阻止上诉人张某的权利，上诉人张某要求被上诉人为一定行为作为诉讼标的，符合民事诉讼法规定的起诉条件。本案中，李某某自出生起直至上诉人张某产假结束一直由其母乳喂养，至诉前未满两周岁，属于低幼龄未成年人。现行法律和司法解释对于婚内监护权的行使虽无明确具体规定，为最大限度保护未成年子女的利益，参照《中华人民共和国民法典》第一千零八十四条“离婚后，不满两周岁的子女，以由母亲直接抚养为原则”的规定，李某某暂由母亲张某直接抚养为宜。

河北省保定市中级人民法院依据《中华人民共和国民法典》第一千零五十八条，《中华人民共和国未成年人保护法》第四条，《中华人民共和国妇女权益保障法》第四十九条，判决如下：

一、撤销河北省定州市人民法院一审民事判决；

二、被上诉人刘某、李某于判决生效后五日内将上诉人张某与被上诉人李某的婚生女李某某送回给上诉人张某，婚生女李某某暂由上诉人张某直接抚养；

三、被上诉人李某每月最少可探望婚生女李某某二次，每次探望时间不少于1小时，可于每月第一个和第三个周六进行探望，上诉人张某对被上诉人李某探望婚生女李某某予以协助配合；在保证婚生女正常生活的前提下，双方也可协商确定或变更探望时间、方式、地点。

【法官后语】

本案是对于婚姻关系存续期间发生的监护权纠纷，以《中华人民共和国未成年人保护法》第四条作为法律依据进行处理的首例案例，入选最高人民法院指导性案例，即指导性案例228号。本案裁判要点指出：在夫妻双方分居期间，一方或者其近亲属擅自带走未成年子女，致使另一方无法与未成年子女相见的，构成对另一方因履行监护职责所产生的权利的侵害。对夫妻双方分居期间的监护权纠纷，人民法院可以参照适用关于离婚后子女抚养的规定，暂时确定未成年子女的抚养事宜，并明确暂时直接抚养未成年子女的一方有协助对方履行监护职责的义务。

一、监护的法律性质辨析

所谓监护，有学者认为，是指对非于亲权照护之下的未成年人以及丧失或部分丧失民事行为能力人的成年人，为其人身、财产权益而设置的民事法律制度。《中华人民共和国民法典》对监护权的内涵、外延，侵犯监护权的法律责任均没有明确规定。《中华人民共和国民法典》采用的是“大监护”的概念，没有区分抚养、亲权、监护，所以在行使权利时会造成混淆。

1. 监护兼具权利和义务双重属性。关于监护的法律属性，理论上存在争议，主要存在监护权利说、监护义务说和监护权利义务一体说。笔者同意监护权利义务一体说，在监护法律关系中，存在监护人、被监护人和其他监护人三方主体。在监护与被监护的内部法律关系中，监护是一种职责和义务，抚养、教育和保护未成年人是父母义不容辞的责任和义务。在监护人与其他人的外部法律关系中，监护是一种权利，监护人履行监护责任产生的一系列权利，其他人不得侵犯。

2. 监护兼具身份权和人格权属性。父母对未成年子女既享有抚养、教育和保护的权利，又负有抚养、教育和保护的义务。在权利层面，是父母基于身份而享有的亲权，在义务层面，是父母作为监护人应当承担的义务。因此，监护人依法履行监护职责产生的权利，主要是因婚姻家庭关系而产生的抚养、教育和保护的权利，上述权利具有鲜明的身份权特征，法律只是笼统规定了上述权利受法律保护，对于侵犯上述权利应当承担的法律责任或法律后果，现行法律并没有作出具体规定，只是规定可以参照适用人格权保护的有关规定。

3. 监护兼具共同性和独立性。立法上只规定了父、母共同监护，没有规定父、母独立行使监护权。共同监护适用于正常的婚姻家庭生活状态，在夫妻分居期间，父、母独立且平等地行使对子女的监护权。明确父母双方各自监护权的界限，对父、母监护权进行独立保护，是对抢夺、藏匿孩子行为的重要救济途径。

二、抢夺、藏匿未成年子女的侵权构成要件分析

1. 抢夺、藏匿未成年子女的行为，需符合侵权责任的一般构成要件。即侵权行为、损害后果、因果关系、主观过错，具体而言：(1) 抢夺、藏匿未成年子女的行为，违反了《中华人民共和国未成年人保护法》第二十四条的禁止性规定，属于违法行为。该行为侵犯了另一方的平等监护权，以及因履行监护职责而产生的抚养、教育和保护等权利。(2) 抢夺、藏匿未成年子女的行为，侵犯了未成年子女被抚养、教育和保护的权利，以及被哺乳、获得母爱等精神利益。(3) 另一方和未成年子女遭受人格权利益损失的后果与抢夺、藏匿未成年子女的行为具有因果关系。(4) 行为人主观上明知抢夺、藏匿的行为，会人为割裂孩子与另一方的亲情关系，为满足自私的情感需求，肆意侵犯他人的合法权益。

2. 抢夺、藏匿未成年子女的行为，在侵权责任的具体认定上具有特殊性。

(1) 在损害后果的认定上具有特殊性。婚内监护权纠纷诉讼，不要求起诉方提供证据证实抢夺孩子一方未抚养保护好孩子为必需，而应该根据《中华人民共和国未成年人保护法》第四条的规定“最有利于未成年人的原则”，确定未成年人的直接抚养人。本案中的未成年人在被父亲和祖母抢走、藏匿期间，虽然身体健康没有受到损害，但突然强行中断母乳、中断与母亲的联系，剥夺了未成年人获得母爱的权利，对其体质的增强、心理和人格发展造成的损害，不可小觑。为最大限度保护未成年子女的利益，李某某暂由母亲张某直接抚养为宜。

(2) 在责任承担方式上具有特殊性。侵权人的责任承担方式，除排除妨碍、停止侵害外，还包括子女返还请求权。《国际儿童诱拐民事方面的公约》确立了儿童返还机制，即任何情况下都必须恢复诱拐发生前的状态，不让违法

一方从中获益。我国虽然尚未加入上述公约，但是在裁判监护权纠纷案件时，可以借鉴上述机制。

(3) 在执行措施上具有特殊性。子女返还请求权属于人身权，不能强制执行未成年子女，只能强制执行侵权人。在执行过程中，应加大调解力度，鼓励侵权人自愿返还子女，穷尽调解手段，方可对侵权人采取训诫、罚款、列入失信被执行人名单等强制措施。为了避免对未成年子女的利益造成不良影响，一般不对侵权人采取拘留、追究拒不执行判决、裁定罪刑事责任等措施。

三、婚内监护权纠纷的法律救济途径辨析

婚内监护权争议由于违背法律原则具有可诉性。婚内监护争议在人民法院具有受诉可能性及必要性需要同时满足两个要件：(1) 夫妻双方间处理婚内监护权具有紧迫性，如本案，或存在婚生子女被强行带走后长期跟随一方生活，导致后续处理抚养权时处于不利地位的现象。(2) 夫妻双方往往需要后续诉讼处理婚姻关系及因婚姻关系衍生的人身及财产关系。

人身安全保护令或人格权行为禁令的目的是制止正在发生的家庭暴力或侵犯人格权的行为，给受害人提供一种高效便捷的救济途径，恢复人格权的圆满状态。一方申请人身安全保护令，要求对方将孩子送回，禁止其在双方分居期间与孩子接触，孩子也失去了另一方的亲情和关爱。离婚诉讼有间隔时间要求，耗时长。而监护权纠纷诉讼，既可以对抚养权纠纷进行处理，又具有相对较短的诉讼周期，有效弥补了人身安全保护令或人格权行为禁令，以及离婚诉讼的不足。

编写人：河北省高级人民法院　徐翠翠

河北省保定市中级人民法院　霍丽芳

（九）探望权纠纷

30

双方各抚养一个子女时，探望权行使的方式的认定

——鲍某甲诉刘某探望权案

【案件基本信息】

1. 裁判书字号

北京市第一中级人民法院（2023）京01民终10971号民事判决书

2. 案由：探望权纠纷

3. 当事人

原告（上诉人）：鲍某甲

被告（上诉人）：刘某

【基本案情】

鲍某甲与刘某于2013年9月29日登记结婚，于2014年9月16日生育一子鲍某乙，于2016年12月25日生育一女鲍某丙。双方自2021年4月开始分居。

双方均一并主张鲍某乙、鲍某丙的抚养权。鲍某乙现与鲍某甲一起居住，鲍某丙现与刘某一起居住。经法院询问，鲍某乙表示如果鲍某甲和刘某离婚，想和鲍某甲一起生活。

双方均同意由二审法院一并处理鲍某乙、鲍某丙的探望权问题。双方明确，若法院最终认定孩子的抚养权一人一个，希望探望时两个孩子在一起。

鲍某甲诉讼请求：（1）依法判决双方离婚；（2）婚生子女鲍某乙、鲍某丙

均由鲍某甲抚养，刘某支付每人每月抚养费 5000 元直至婚生子女十八周岁，一并处理探望权，刘某每两周探望一次，寒暑假一人一半。

【案件焦点】

双方各抚养一个子女时，如何确定探望权行使的方式。

【法院裁判要旨】

北京市海淀区人民法院经审理认为：双方同意离婚，本院予以准许。鲍某乙、鲍某丙现分别与鲍某甲、刘某居住，鲍某乙称愿与鲍某甲一起生活。从有利于孩子身心健康和成长的角度考虑，法院认为鲍某乙、鲍某丙分别由鲍某甲、刘某抚养为宜。

北京市海淀区人民法院判决如下：

综上所述，依照《中华人民共和国民法典》第一千零七十九条、第一千零八十四条，《最高人民法院关于适用〈中华人民共和国民法典〉时间效力的若干规定》第一条之规定，判决如下：

一、鲍某甲与刘某离婚；

二、婚生子鲍某乙由鲍某甲抚养、婚生女鲍某丙由刘某抚养，抚养费双方自行承担；

三、登记在刘某名下的位于某小区×号楼××号房屋归刘某所有，刘某于本判决生效之日起七日内给付鲍某甲补偿款 788000 元；

四、登记在鲍某甲名下的京 AD××××号车辆、京 AF5××××号车辆均归鲍某甲所有，鲍某甲于本判决生效之日起七日内给付刘某补偿款 77050 元；

五、鲍某甲于本判决生效之日起七日内给付刘某 613955 元；

六、驳回鲍某甲和刘某的其他诉讼请求。

一审宣判后，鲍某甲、刘某提起上诉。

北京市第一中级人民法院经审理认为：一审法院判决鲍某乙、鲍某丙分别由鲍某甲、刘某抚养并无不当。按照有利于两个孩子健康成长的要求认定本案探望权行使的原则，北京市第一中级人民法院依据《中华人民共和国民事诉讼法》第一百七十七条第一款第二项规定，作出如下判决：

一、维持北京市海淀区人民法院（2021）京0108民初57585号民事判决第一项；

二、撤销北京市海淀区人民法院（2021）京0108民初57585号民事判决第二项；

三、本判决生效后（鲍某乙十八周岁以前）的开学期间，由双方轮流在每周五放学后，将对方抚养的孩子接至自己住处，周日下午6时前送回，寒暑假期间（以教委公布的寒暑假时间为准）双方的抚养时间各半，但应保证鲍某乙、鲍某丙同时轮流跟随一方过春节（本判决生效后，首次过春节在鲍某甲处）；

四、本判决生效后（鲍某乙年满十八周岁后，鲍某丙年满十八周岁以前）的开学期间由双方轮流在每周五放学后将鲍某丙接至自己住处，周日下午6时前送回刘某处，寒暑假期间双方对鲍某丙的抚养时间各半，但应保证鲍某丙轮流跟随一方过春节（根据本判决第三项确定最后一次鲍某乙、鲍某丙在何处过春节后，下一年鲍某丙在相对方处过春节）。

【法官后语】

一、探望权是亲权的重要组成部分

探望权，又称探视权，是指父母离婚后，不直接抚养子女的一方依法享有对未与之共同生活的子女进行探视、看望、交往的权利。离婚后，不直接抚养子女的一方，只能通过支付抚养费和定期或不定期对子女进行探望的方式，对子女的生活、教育、健康等予以关注，弥补非探望期间对子女陪伴的缺失，增进亲情交流。因此，直接抚养子女一方的抚养权和不直接抚养子女一方的探望权，共同构成了离婚后父母对子女亲权的主要内容。本案中，在确定鲍某甲以及刘某对于鲍某乙、鲍某丙的探望权如何行使时，一方面体现了父或母在分别抚养一个子女时对于两个子女亲权同时实现的方式，另一方面也体现了被分别抚养的子或女同时对于父或母情感交流及陪伴的需要。

二、探望权的行使的原则

（一）应当以子女利益为中心

婚姻关系终止后，虽然父母间的夫妻关系已经消灭，但父母与子女之间的关系仍将长久存在。对父母双方的生活习惯、工作状态，对子女的抚养教育方式以及子女的生活、学习、健康等方面的状况最为了解的，仍然是曾作为夫妻共同抚养子女的父母双方。以子女利益最大化作为探望权行使的原则，越来越成为世界许多国家的共识。人民法院在确定探望权的行使方式时，应以子女便利为先，结合父母双方的实际情况确定。

本案中，在鲍某乙与鲍某丙的抚养权由鲍某甲和刘某分别行使的情况下，希望可以通过探望权的合理行使达到父母，甚至祖父母、外祖父母均可以有效陪伴鲍某乙、鲍某丙健康成长并有效增进兄、妹以及亲属之间情感联系的目的。

（二）兼顾父母便利

一般而言，父母有各自的工作、生活轨迹，或者父或母离婚后可能已经再婚组成新的家庭，还存在离婚后不直接抚养子女的一方与子女分处两地的情况。探望权的行使虽以子女利益为首要考虑因素，但也不能因此忽视对父母行使探望权便利性的考虑。审判实践中，人民法院还应当适当考虑父母行使探望权的便利性。如果单方面考虑子女利益，而对父母行使探望权时的利益缺乏关注，可能会导致判决确定的探望权无法顺利行使，反而对子女利益并无好处。人民法院应当结合个案的实际情况，灵活确定探望权的行使。

本案中，鲍某甲与刘某均在北京生活，双方均要求每两周两个孩子在一起生活一段时间，两周一次的探望权行使频率并不会给鲍某甲及刘某的工作、生活带来明显的不便，而且符合当事人的预期。

（三）适当兼顾子女本人真实意愿

探望权的行使与子女利益息息相关，人民法院在确定探望权行使的方式、时间等事项时，可以对孩子的意见予以考虑。但是由于子或女尚未成年，对事务的认知能力有限，且子或女的意愿可能受抚养其的父或母的意见影响，对此不宜作强制要求。本案中，鲍某乙、鲍某丙已分别随鲍某甲、刘某单独生活了一段时间，鲍某乙已满八周岁，一审法院征询过鲍某乙的意见。二审法院在确定探视方式时已经充分考虑了二人对于兄或妹、父或母的情感交流以及陪伴需求，并兼顾了寒暑假以及传统春节与父或母一方家人的团聚需求。

编写人：北京市第一中级人民法院　梁睿

31

对不宜强制执行的探望权纠纷案件的破解路径探索

——李某诉吴某等探望权案

【案件基本信息】

1. 裁判书字号

广西壮族自治区柳州市中级人民法院（2023）桂 02 民终 2435 号民事判决书

2. 案由：探望权纠纷

3. 当事人

申请执行人：李某

被申请执行人：吴某

【基本案情】

女方李某与男方吴某系吴小某、吴某某的父母。2021 年李某与吴某离婚，法院判决吴小某与吴某某由李某抚养。2022 年吴某向法院起诉请求变更抚养关系，法院判决吴小某与吴某某变更由吴某直接抚养。2023 年李某向法院起诉要求吴小某、吴某某的探望权，法院判决李某可探望吴小某、吴某某，吴某对李某的探望有协助义务。判决生效后，因吴某不协助李某探视吴小某、吴某某，李某遂于 2023 年 9 月向法院申请强制执行。

执行过程中，法院向被执行人吴某送达了执行通知书、报告财产令、限制消费令、传票等相关材料，并依法传唤被执行人吴某，询问案件相关情况。被执行人吴某却向法院提出申请，请求法院依法中止李某对吴小某、吴某某的探望，理由如下：一是李某曾利用搬家藏匿子女，还曾未经联系前往吴某住所抢夺子女吴小某、吴某某，与吴某的母亲发生争执，该过程致使吴小某与吴某某产生了一定的心理健康问题；二是吴某认为李某无稳定工作，可能会再次藏匿子女甚至远走他乡；三是吴小某与吴某某经过上次的抢夺争执，可能并不希望李某探望；综上所述，吴某认为李某的探望可能会不利于吴小某、吴某某的身心健康，故请求法院依法中止李某对孩子的探望。

执行法官向申请执行人李某了解情况时却得到了完全不同的案情反映。申请执行人李某称，自己曾长期抚养吴小某、吴某某，与孩子有深厚的感情基础。在探望权的判决书生效后，其多次与吴某协商探望吴小某、吴某某，但吴某一年以来一直拒不配合，于是自己只好未提前联系即前往子女住所见面，见面时吴小某与吴某某并无抵触情绪，但吴某的母亲极力阻挠，才导致的孩子受惊。李某由此意识到仅通过协商沟通无法正常行使探望权，只能向法院申请强制执行。

经过长达五个多月的执行，本案生效法律文书确定的内容已全部执行完毕，广西壮族自治区柳州市柳北区人民法院作出（2023）桂0205执3487号结案通知书，以执行完毕结案。

【案件焦点】

1. 在探望权的案件中，如何了解、尊重未成年子女的探望意愿，如何认定探望是否不利于未成年子女的身心健康以及是否需要中止执行；2. 执行探望权如何区分于财产类执行的强制手段，采取适合的执行措施并在执行中修复离异父母与未成年子女的亲情关系、家庭关系。

【法院裁判要旨】

广西壮族自治区柳州市柳北区人民法院经审理认为：依照《中华人民共和国未成年人保护法》第四条、第十五条、第十六条的规定，保护未成年人应当坚持最有利于未成年人的原则。未成年人的父母应当关注未成年人的生理、心理状况和情感需求。另，依照《中华人民共和国家庭教育促进法》《最高人民法院、全国妇联关于开展家庭教育指导工作的意见》的有关规定，未成年人的父母离婚后，应当相互配合共同履行家庭教育责任，任何一方不得拒绝或者怠于履行家庭教育责任，不得以抢夺、藏匿未成年子女等方式争夺抚养权或者阻碍另一方行使监护权、探望权。人民法院在办理案件过程中，发现未成年人的父母不正确实施家庭教育的，可以责令其接受家庭教育指导。

本案中，涉案未成年子女的父母，在长期的诉讼纠纷中已积累了较深的矛盾，双方均未能正确履行家庭教育的责任，且双方都较难控制自己的情绪，容易对未成年人造成不良的心理影响。在执行过程中，必须及时纠正当事人的错误观念，对双方进行家庭教育指导。同时，也应通过理论观点和执行实践来分析探望是否不利于未成年子女的身心健康，以明确下一步的执行方向。

据此，法院制订的执行方案为：第一，释法说理+家庭指导，向双方制发《家庭教育令》，对双方释法说理开展家庭教育指导，让双方明确监护职责改变思想认识。第二，充分运用心理学理论、手段。通过专业的心理评估分析未成年人的探望意愿，并通过心理疏导有针对性地保护孩子的心理健康。本案委托了专业的心理机构对未成年人做心理疏导和干预，心理疏导结果显示，两个未成年人内心仍渴望母亲的探望，并渴求得到父母共同的关爱和陪伴。第三，实地“调查+跟踪”回访，上门调查跟踪回访李某的工作情况并将结果反馈给吴某，让吴某打消李某探望后藏匿子女的顾虑。第四，法院+妇联、司法社工联动保障，对涉案父母进行现场辅导，在执行法官与女性司法社工的见证与指导下，促使李某正确行使探望权。最后，在执行法官的调解下，吴某与李某达成执行和解，协商作出有利于孩子成长的可操作性强的探望方案。

【法官后语】

探望权执行的难点在于，探望权具有亲历性，无法替代履行，且涉及未成年子女的利益，执行具有反复性、长期性。探望权难执行的根源在于离婚父母容易忽视未成年子女的精神需求和精神利益，将探望权演变为成年人的战场。

在该案中，执行法官准确把握了案件的主要矛盾，通过释法说理、家庭教育指导、心理疏导、实地调查、跟踪回访、法院联动等工作，全力维护了探望权人的合法权利和未成年人的身心健康，并且基于该案制定了涉未成年子女探望权执行的“联心桥”工作机制，对于解决探望权执行难有一定的指导意义。

一、探望权执行的难点

一是被执行人普遍抗拒执行。在执行过程中，被执行人（直接抚养人）常以各种理由消极配合“软拒绝”，如子女身体不适，上辅导班没有时间等；也有采取直接抗拒执行的“硬拒绝”，如将子女送往特定场所、隐匿子女等方式直接对抗执行。拒绝执行的理由包括但不限于对方未支付抚养费、离婚后双方家庭之间的摩擦、双方关系恶化、探望方式不利于子女身心健康、探望行为影响孩子学习等。探望权成为离婚后父母双方互相报复伤害、谋求利益的武器和筹码。

二是难以对被执行人采取强制措施。在一般的行为执行案件中，可由法院替代履行或对被执行人采取直接或间接的强制措施、迫使被执行人履行。尽管《最高人民法院关于适用〈中华人民共和国民法典〉婚姻家庭编的解释（一）》第六十八条规定了对拒不协助另一方行使探望权的有关个人或者组织，可以由人民法院采取拘留、罚款等措施。但贸然对被执行人采取强制执行措施可能会激化当事人之间的矛盾冲突，更增加了案件难度，不利于纠纷化解，甚至为日后探望权的行使埋下更大隐患。如对被执行人采取拘留措施，则可能将未成年人陷于无人监护的境地，与保护未成年人利益的社会道德和法律原则相悖。不仅如此，其他常规的执行措施如账户冻结、失信名单等，因有可能影响未成年人生活，都需慎之又慎。如将被执行人限制消费，有可能影响未成年人的各种生活学习需求。以上特点，要求执行人员在采取执行措施时秉持善意文明的执行理念，尽量采取调解手段，缓和双方的对立和冲突。

三是探望权执行程序具有长期性和反复性。与一般的强制性程序不同，探望权的执行是长期的、重复的而非瞬时的、单次的。探望权人至子女成年之前均可行权，探望权人只要行权受到阻碍即可申请法院执行，所以探望权执行相对来说是一个长期的、不固定的过程。如果执行人员在执行探望权纠纷时，未能妥善化解纠纷，就有可能导致被执行人一直抗拒执行，申请执行人一直重复申请执行。双方当事人陷于往复纠缠之中，也是对司法资源的巨大浪费。

二、"联心桥"工作机制对破解探望权执行难的探索

为攻破探望权执行难困境寻求解决路径，广西壮族自治区柳州市柳北区人民法院在探索与尝试中建立了"联心桥"工作机制。"联心桥"工作机制，是指人民法院在执行探望权案件时，采用"法院+X联动配合""说服教育、心理疏导"等方法。

1. "法院+X联动配合"，加强府院联动，凝聚各方共识。在执行探望权案件时，一方面执行局与家事审判团队建立审执协作机制，常态化组织审执部门开展"碰头会"，畅通信息沟通机制，审判法官在审判时尽量明确履行的具体内容，避免后期难以执行，实现案件审判与执行的无缝衔接，将法院执行力量与本院家事审判力量形成合力；另一方面，法院与社会力量建立联动机制，充分发挥妇联、社区、人民调解组织在维护妇女、儿童合法权益，解决家事案件执行的独特作用，有效整合法院、公安、民政等机构的力量，建立执后跟踪及帮扶机制，以联动合力达到促进家庭和睦与社会和谐的目的。对疑难复杂的家事案件先行研究，准确把握调解重点与执行难点。

2. "说服教育、心理疏导"。家事案件中的探望权纠纷是法、理、情错综复杂的强烈矛盾体。案件执行需要强制力，更需要从"心"计议，唤醒"沉睡"的亲情。在执行探望权纠纷的案件时应注意维护当事人之间的亲情关系，妥善处理法与情的关系，坚持善意文明的执行理念以说服教育、家庭教育、司法柔性调解为主，慎用强制措施、司法强制手段为辅。以促成家庭关系和睦为基本原则，以心换心，以情共情，化解心结。引入签约心理咨询师进行心理辅导、心理疏通，帮助妇女、未成年人真实表达意愿，提供当事人的心理评估报告，辅助成年当事人软化"对抗情绪"重建信任；协助评估分析未成年人真实的探望意愿，有针对性地疏导未成年人的心理问题，守护未成年人的心理健康。

编写人：广西壮族自治区柳州市柳北区人民法院　兰斯斯

（十）分家析产纠纷

32

民事诉讼中对可能损害国家利益、公共利益或他人合法权益情形的认定与处理

——刘某甲诉刘某乙分家析产案

【案件基本信息】

1. 裁判书字号

北京市第二中级人民法院（2023）京02民终12号民事判决书

2. 案由：分家析产纠纷

3. 当事人

原告（上诉人）：刘某甲

被告（被上诉人）：刘某乙

【基本案情】

刘某乙与王某于1988年8月23日生育一女刘某丙；刘某乙与刘某4于2004年9月17日生育一子刘某甲。2008年3月5日，刘某乙作为申请人、刘某丙、刘某甲作为共同申请人申请购买经济适用住房，填写的《申请家庭收入及资产情况》显示：刘某乙年可支配收入为1.8万元，存款（含现金和借出款）为3万元，刘某丙和刘某甲的年可支配收入及家庭资产情况均为零。2010年5月5日，住房保障管理部门向刘某乙送达《北京市丰台区经济适用住房购

买资格审核备案通知单》，载明：根据北京市经济适用住房管理规定，经审核，你家庭符合北京市经济适用房申购条件，先准予备案。备案日期：2008年6月6日。你家庭申请人口3人，姓名：刘某乙、刘某丙、刘某甲，配售一套两居室（户型）经济适用住房。

2008年10月27日，刘某乙（买受人）与甲公司（出卖人）签订《商品房预售合同（经济适用住房）》，约定：该经济适用住房为908号，该房号为暂定编号，最终以公安行政管理部门审核的房号为准，总价303628元。2010年10月9日，甲公司房地产开发经营部给刘某乙开具发票，显示刘某乙支付908号房款，金额为301530元。2011年5月9日，刘某乙获得908号房屋的房屋所有权证，登记的房屋所有权人为刘某乙，共有情况为单独所有。

刘某甲向一审法院起诉请求：（1）请求法院依法分割刘某甲、刘某乙、刘某丙共同所有的908号房屋面积为69平方米的经济适用房；（2）诉讼费用由刘某乙承担。

【案件焦点】

案涉908号房屋权属的认定与处理问题。

【法院裁判要旨】

北京市丰台区人民法院经审理认为：不动产物权的设立、变更、转让和消灭，经依法登记，发生效力。当事人对自己提出的主张，有责任提供证据，对自己提出的诉讼请求所依据的事实或者反驳对方诉讼请求所依据的事实有责任提供证据加以证明，没有证据或者证据不足以证明当事人的事实主张的，由负有举证责任的当事人承担不利后果。根据本案查明事实，刘某甲虽与刘某乙、刘某丙作为共同申请人申请购买经济适用房，但并不当然表明刘某甲是涉案房屋的共有产权人。现涉案房屋产权登记在刘某乙名下，且根据《申请家庭收入及资产情况》载明的情况，刘某丙和刘某甲的年可支配收入及家庭资产情况均为零，对涉案房屋不存在出资的前提条件，也未证明三人就涉案房屋的产权问题达成有关协议，故其要求确认涉案房屋归刘某甲、刘某丙和刘某乙共同共有的诉讼请求，缺乏事实和法律依据，法院不予支持。北京市丰台区人民法院判决如下：

驳回刘某甲的诉讼请求。

一审宣判后，刘某甲提起上诉，请求：(1) 撤销一审判决；(2) 请求判决依法分割刘某甲、刘某乙、刘某丙共同所有的908号经济适用房；(3) 一、二审诉讼费由刘某乙承担。二审法院审理中，双方均要求调解，且均同意上诉人的上诉请求。

北京市第二中级人民法院经审理认为：不动产物权的设立、变更、转让和消灭，经依法登记，发生效力。当事人对自己提出的诉讼请求所依据的事实或者反驳对方的诉讼请求所依据的事实，应当提供证据加以证明，但法律另有规定的除外。在作出判决前，当事人未能提供证据或者证据不足以证明其事实主张的，由负有举证证明责任的当事人承担不利的后果。主张法律关系存在的当事人，应当对产生该法律关系的基本事实承担举证证明责任。刘某甲上诉主张908号房屋应为刘某甲、刘某丙和刘某乙共同共有。二审法院认为，根据本案查明的事实，涉案房屋的登记情况为刘某乙单独所有。刘某甲、刘某丙虽为共同申请人，然共同申请人并不等于共有产权人。并且根据《申请家庭收入及资产情况》载明情况，申请购买经济适用住房时，刘某丙和刘某甲的年可支配收入及家庭资产情况均为零，刘某甲、刘某丙不存在出资购房的先决条件。刘某丙称其对涉案房屋出资3万元，但其未提供相应证据推翻《申请家庭收入及资产情况》相关记载。目前本案在案证据无法证明涉案房屋为刘某甲、刘某丙和刘某乙共同共有，故二审法院对刘某甲的上诉意见不予采信。

北京市第二中级人民法院依照《中华人民共和国民事诉讼法》第一百七十七条第一款第一项之规定，判决如下：

驳回上诉，维持原判。

【法官后语】

一、对可能损害国家利益、公共利益或他人合法权益情形延伸审查

民事主体不得滥用民事权利损害国家利益、社会公共利益或者他人合法权

益。在民事审判工作中，尤其是家事审判中，除就案件本身事实的审查外，大多还需要做延伸审查。而延伸审查的目的在于审查案涉诉讼标的的处理是否会损害国家利益、集体利益或第三人合法权益的情形。部分当事人可能存在利用法院审判，以合法的法律文书形式掩盖某些并不合法的目的。

如本案中，从形式看，案涉房屋的申购、出资及权属登记等均符合法律规定，当事人的诉请及争议事实也符合诉的特征和诉的利益。法院在查明事实后依法作出确权判决似乎并无不妥。

但是，本案中，法院基于基础事实之案涉房屋系经济适用房这一特性，延伸审查发现，如果经济适用房屋发生流转，则需要交纳土地出让金及相应税费，如果判决确权后当事人通过生效法律文书即可办理房屋权属变更的相应手续，从而存在与相关行政法规或者制度、规章相左的事实，如交纳相应税费的问题。

虽然，前述情形仅仅是合议庭根据现有事实及相应法律规定所作出的假设，根据本案中查明的事实及证据材料，无法直接证明该假设，也难以就该假设查证清楚，因该假设是未来的状态，尚未发生，是否发生也不确定。而本案中，亦缺乏直接证据证明当事人存在恶意串通，利用诉讼规避法律法规、逃避应承担的义务、侵害国家利益的情形。但这种推论的可能性是明显存在的。即本案中，如果判决确权，无论是确认共有或是确认独有，均可能导致国家利益受损。而法院又不能拒绝裁判。故，当事人这种诉讼方式类似于兵法上的阳谋，即法院无论判决确权或是调解确权，均可能会达到当事人的不当目的。合议庭之所以做出前述假设的重要因素就是二审中被上诉人为何均同意按照上诉人的意见调解，如果当事人已经达成一致意见，可自行去房屋登记机关作相应变更，无须法院调解。虽然当事人也陈述了自己的理由，但无法消除法官的内心疑惑。基于上述推论及合理假设，二审并未准许各方当事人在二审中调解的请求。

二、对可能损害国家利益、公共利益或他人合法权益情形的处理

一般情况下，如果查明当事人存在利用诉讼损害国家利益、公共利益或他人合法权益情形的情况下，不仅驳回起诉，还要对相应当事人进行司法惩戒。

但有不少民事案件中，法院在延伸审查后，亦无法直接得出当事人通过诉讼损害国家、集体或他人合法权益的情形，而仅仅是存在当事人通过诉讼损害国家、集体或他人合法权益情形之可能性，而这种可能性大多是未来的一种不确定状况，可能发生，也可能不发生。故而，法院亦不能以此为由对当事人进行司法惩戒。本案中，一审经审查后，并未直接认定权属，而是驳回当事人之诉讼请求，进而避免当事人可能的非法目的发生情形，二审中，虽然双方均自愿达成一致调解意见，但法院经审查后认为该调解意见不妥，对于双方的调解意见并未出具调解书，而是判决驳回上诉，维持原判。

本案也体现了当事人可能利用调解等方式，让审判人员放松警惕，未能及时延伸审查出案外因素存在的问题。司法实践中，对于调解或撤诉的案子，一般审查力度较小，重点审查是否自愿及是否违反法律强制性规定，就其他未在案件中体现的问题，一般不会做过多审查。而二审中，法院也是基于当事人之间反常的行为，即登记的权利人系刘某甲，无须调解当事人就可以自行协商后去相应的部门办理变更登记，当事人又何须多此一举。进而延伸查明并了解了相关情况。进而决定本案不予调解。

三、法院应与相关部门积极展开司法协助，及时信息互通

为避免审判结果对国家利益、公共利益或他人合法权益造成损害，法院在民事审判活动中，则需要与政府及行业的相关部门沟通，及时了解相关政策信息以及案涉个人的具体情况等。但民事审判特点则要求法院尽量不主动调查。而当事人提供的证据等都是经过筛选的，因此，如果缺乏与相关部门的积极协助，法院审判就会陷入闭塞，信息不畅，影响审判人员对案情全景的全面掌握。故而，审判人员在审理过程中，及时与相关部门积极展开司法协助，积极信息互通，才能快速掌握政策及个人的准确信息，才能最大化避免审判结果对国家利益、公共利益或他人合法权益造成损害。

编写人：北京市第二中级人民法院　张鹏　何江龙

33

分家析产协议中无权处分条款因无法履行应予解除

——吴某诉臧某等分家析产案

【案件基本信息】

1. 裁判书字号

上海市第一中级人民法院（2023）沪01民终7045号民事判决书

2. 案由：分家析产纠纷

3. 当事人

原告（上诉人）：吴某

被告（被上诉人）：臧某、钱某、吴某某

【基本案情】

吴某与臧某的继父、钱某的丈夫吴某甲系叔侄关系。吴某在吴某甲生前一直与其共同居住。吴某甲在世期间多次表示将其所有的长宁区某小区某室房屋产权赠与吴某。吴某甲去世后，吴某与臧某、钱某、吴某某签订《财产分割协议》，约定吴某自愿放弃其叔叔吴某甲位于长宁区某小区某室的房屋所有权，臧某、钱某、吴某某将拆迁所得位于松江区某小区某室的房屋产权无偿赠与吴某作为补偿。协议签订后，吴某搬至松江区某小区某室居住至今。经查，吴某甲生前居住的长宁区某小区某室房屋无产权登记人信息，其由某省人民政府驻上海办事处为解决职工吴某甲的居住问题，交由吴某甲居住。吴某主张按照《财产分割协议》的约定，臧某、钱某、吴某某应将位于松江区某小区某室的房屋过户登记至其名下，臧某、钱某、吴某某则辩称因吴某非长宁区某小区某室的房屋产权人，《财产分割协议》实为无偿赠与合同，其行使任意撤销权，并要求吴某搬离松江区某小区某室。同时，提出备位诉请，若无法撤销该份协议，则解除该份协议。

【案件焦点】

1.《财产分割协议》的法律性质，其是否为赠与合同；2.《财产分割协议》能否被撤销或应予以解除；3. 若予以解除，合同后果如何处理。

【法院裁判要旨】

上海市松江区人民法院经审理认为：本案中《财产分割协议》签订之目的在于吴某以自愿放弃吴某甲位于长宁区某小区某室的房产所有权益换取位于松江区某小区某室房屋产权。此协议的表述可以反映出当时吴某与臧某、钱某、吴某某存在互换利益的真实意思表示，并非臧某、钱某、吴某某所称的无偿赠与，因此应将该项协议的法律性质认定为双务合同，属于分家析产。

基于该份财产分割协议为双务有偿合同，臧某、钱某、吴某某并不享有基于赠与合同的任意撤销权。经本院查明，位于上海市长宁区某小区某室的房屋所有权人并非原告的叔叔吴某甲，故吴某甲无权将该房屋产权处分至吴某。同时吴某甲并非该房屋的承租人，吴某提供的证据也无法证明其有权一直居住于该房屋内，吴某亦不享有该房屋的居住利益以及可能因拆迁而产生的财产利益，故财产分割协议中的吴某自愿放弃该房屋的所有权益并无履行基础，因此该项协议因法律上无法履行而无法实现合同目的，应予以法定解除。关于协议的解除时间，由于原被告在本案之前并无解除合同的意思表示，本院以反诉状副本送达原告之日（2023 年 1 月 11 日）为协议的解除时间。

协议解除后，吴某应返还位于上海市松江区某小区某室房屋。臧某、钱某、吴某某应赔偿吴某因装修房屋产生的装修费损失。结合房屋装修时间、现场勘验、占有使用期间的利益，法院酌定臧某、钱某、吴某某应赔偿吴某装修费损失 5 万元。

上海市松江区人民法院依照《最高人民法院关于适用〈中华人民共和国民法典〉时间效力的若干规定》第一条第三款，《中华人民共和国民法典》第五百六十五条第二款、第五百六十六条第二款、第五百八十条、第六百五十七条，《最高人民法院关于适用〈中华人民共和国民事诉讼法〉的解释》第九十条，《最高人民法院关于民事诉讼证据的若干规定》第九十二条第三款的规定，判决如下：

一、原告吴某与被告臧某、钱某、吴某某签订的《财产分割协议》于2023年1月11日解除；

二、原告吴某于本判决生效之日起十日内搬离位于松江区某小区某室的房屋；

三、被告臧某、钱某、吴某某于本判决生效之日起十日内支付原告吴某装修费损失5万元并自愿补偿原告吴某15万元；

四、驳回原告吴某的其余诉讼请求；

五、驳回被告臧某的其余诉讼请求。

一审宣判后，吴某提起上诉。

上海市第一中级人民法院判决：驳回上诉，维持原判。

【法官后语】

一、赠与合同与双务合同的认定标准在于双方真实意思表示是否存在对价给付

本案中，原告主张被告按照《财产分割协议》中规定的内容，将位于松江区某小区某室的房屋过户至原告名下，原告则按规定内容将位于长宁区某小区某室的房屋返还给被告。被告则抗辩称由于原告对长宁区某小区某室的房屋并无产权，因此该份协议不具有对价给付的效力，被告签订该份协议实为将位于松江区某小区某室的房屋赠与原告，但由于尚未完成过户手续，被告对该份协议享有赠与合同的任意撤销权，现主张撤销该份协议。由此可见，双方争议焦点之一在于《财产分割协议》究竟为赠与合同还是双务合同。

赠与合同系赠与人与受赠人达成的无偿给予受赠人财产的合意，仅赠与人负有义务，受赠人没有相应的对待给付义务。双务合同则为合同双方互负对价给付义务。二者之区别在于合同的真实意思表示中是否包含对价给付。关于该真实意思表示的认定，《中华人民共和国民法典》第一百四十二条规定，应按

照所使用的词句，结合相关条款、行为性质和目的、习惯以及诚信原则，确定意思表示的含义。在民法理论上有“意思主义”与“行为主义”之分，前者主张通过探求双方当事人真实的意思表示状态来认定，即行为人对且仅对自身自由意志负责，应探究表意人的真实意图①。后者则通过一般第三人的理性视角来认定双方当事人的意思表示是否符合客观、谨慎的认定标准，即从受领者的视角关注于相对人的信赖保护。为缓和二者之间的差异，还提出第三种观点，即“温和意思主义”的标准，主张区别相对人善意或恶意来认定意思表示的效力，在相对人善意情形下，主张用理性第三人标准来衡量意思表示，同时表意人意思表示错误时可予以撤销。笔者认为，关于双方当事人的真实意思表示应结合合同签订时双方的现实权利义务状态、合同文本的表述、双方行为的反应等进行综合认定，而非通过既定结果状态来倒推当时的意思表示。意思表示存在表意人视角和受领人视角，单纯关注任何一方视角均不具有正当性。② 本案中，《财产分割协议》签订的文书条款中明确表示了原告以位于长宁区某小区某室的房屋权益交换被告位于松江区某小区某室的房屋权益，这表明双方当事人在签订合同时均明确了对价给付的条款。虽然事后查明，原告对于长宁区房屋并无处分权利，但该行为状态不影响双方当事人签订合同时存在对价给付的意思表示，因而该《财产分割协议》不能认定为赠与合同，而应认定为双务合同。基于此，被告也无权主张赠与合同中的任意撤销权。

二、分家析产协议标的存在权利瑕疵不影响合同效力

本案中双方争议焦点之二在于吴某并无拥有位于长宁区某小区的房屋产权及居住利益，《财产分割协议》中以此房屋利益作为交换价值的基础并不存在，那么该份协议是否予以无效？以交换价值作为合同内容的该份协议在法律上应属于无名合同，根据《中华人民共和国民法典》第四百六十七条之规定，对于合同编没有明文规定的合同，可参照适用本编最相类似合同的规定。因该交换价值的协议以转移标的物所有权为主要内容，因此可参照适用买卖合同的规定。

① 朱庆育：《民法总论》，北京大学出版社2016年版，第221页。
② 朱庆育：《民法总论》，北京大学出版社2016年版，第225页。

《中华人民共和国民法典》第五百九十七条规定，因出卖人未取得处分权致使标的物所有权不能转移的，买受人可以解除合同并请求出卖人承担违约责任。该条款吸收了《最高人民法院关于审理买卖合同纠纷案件适用法律问题的解释》第三条的规定，将未取得处分利益的标的物买卖分为两种行为：一是协议的合同效力；二是所有权转移的物权效力，并明确无权处分不影响买卖合同的效力。因此，本案中《财产分割协议》应为有效。

虽然该协议有效，但同时基于吴某并未取得长宁区某小区的房屋权益，协议的履行基础并不存在，在法律上无法履行，合同目的也无法实现，根据《中华人民共和国民法典》第五百八十条之规定，协议应予以解除。关于合同解除的时间，由于双方当事人在事先并未发出解除合同的意思表示，根据《中华人民共和国民法典》第五百六十五条的规定，以被告主张解除的反诉状副本到达原告时予以解除。

三、分家析产协议解除后的责任承担

合同解除后，尚未履行的，终止履行；已经履行的，根据履行情况和合同性质，当事人可以请求恢复原状或者采取其他补救措施，并有权请求赔偿损失。在《财产分割协议》解除后，应予以恢复原状，无法恢复原状的应根据实际情况确定当事人之间的责任承担。本案中，《财产分割协议》解除后，由于吴某不享有长宁区某小区某室房屋的所有权及居住权，其应将房屋返还给实际权利人臧某、钱某、吴某某，臧某、钱某、吴某某亦无须按照协议约定将松江区某小区某室房屋过户至吴某名下。对于吴某因房屋装饰装修而产生的残值损失应根据双方的过错予以酌情认定。因此，本案结合房屋使用情况、房屋年限、装饰装修现状以及双方当事人的意见，酌情认定臧某、钱某、吴某某赔偿吴某装修费损失5万元。

编写人：上海市松江区人民法院　黄勇　钱茜

（十一）其他

34

子女不履行附义务赠与合同的，父母可以撤销赠与

——沙某诉许某附义务赠与合同案

【案件基本信息】

1. 裁判书字号

北京市第三中级人民法院（2024）京 03 民终 17563 号民事判决书

2. 案由：附义务赠与合同纠纷

3. 当事人

原告（上诉人）：沙某

被告（上诉人）：许某

【基本案情】

沙某与许某为母女关系。2021 年 3 月 10 日，沙某从银行账户转出 100 万元至许某银行账户。2021 年 5 月 16 日，沙某与许某签订《赠与协议》，约定沙某将自己名下财产 100 万元赠与许某，许某在取得该款项后全款购买一套不小于两居室的产权住宅，房产价格超过 100 万元的部分由许某承担，沙某在该房屋内拥有一间不小于 10 平方米采光充足的房间，且拥有排他性的终身使用权，许某承诺与沙某共同居住，照顾沙某的生活，完成赡养、陪伴义务。

2021 年 7 月 14 日，许某购买某街 601 房屋，沙某在该房屋居住至 2023 年 4 月。

沙某称许某于 2022 年 8 月打骂沙某。2023 年 3 月 13 日，沙某向派出所报警称许某对其不好，不给其看病，2023 年 3 月 15 日的诊断证明显示沙某有脚踝外伤、脚踝软组织肿胀等多处疾病。2023 年 4 月 8 日沙某报警称被许某殴打，称其与许某发生多次纠纷，不想在许某家待了，准备走的时候，许某让沙某把手上的戒指还给她，沙某不给她，许某将沙某按在地上打并拽沙某的左手环指。2023 年 4 月 8 日的诊断证明显示沙某手外伤，左指骨骨折。2023 年 4 月 17 日，某司法鉴定中心出具司法鉴定意见书，载明沙某所受损伤为轻微伤。2023 年 6 月某派出所作出终止案件调查决定书，载明因沙某被殴打一案具有无法查实违法行为的情形，决定终止调查。

沙某称许某对其殴打、辱骂等，未尽到赡养义务，主张在 100 万元中扣除其与许某共同生活期间的费用 18 万元，许某向其返还 82 万元。沙某向一审法院提出诉讼请求：（1）撤销沙某与许某于 2021 年 5 月 16 日签订的《赠与协议》；（2）判令许某返还沙某 82 万元；（3）本案诉讼费用由许某承担。

【案件焦点】

沙某是否有权撤销赠与及相应的举证责任与证明标准。

【法院裁判要旨】

北京市通州区人民法院经审理认为：沙某与许某签订《赠与协议》，系附义务赠与，不违反法律、法规强制性规定，该赠与协议合法有效。关于案涉赠与是否具有可撤销事由，虽然沙某曾脚踝受伤、手指骨折，但根据公安卷宗及其他现有证据，无法证明沙某的受伤系许某造成的，无法认定许某对沙某有殴打、辱骂等行为，沙某亦未能提供证据证明许某曾拒绝带其看病及没有尽到陪伴、赡养的义务，另外，许某表示沙某仍可继续在其购买的房屋居住。综上，现有证据无法证明许某侵害了沙某的财产权益等合法权益、不履行《赠与协议》约定的赡养、陪伴义务，无法认定具有可撤销事由，故对于沙某要求撤销《赠与协议》的诉讼请求，没有事实和法律依据，法院不予支持。但考虑本案中附义务赠与协议约定的条件，经询问，许某表示愿意继续与沙某共同居住生活，但沙某选择不与许某共同居住生活，协议无法约束其人身自由，考虑到沙某的身体状况，若沙某选择继续与许某共同居住，许某需负担因此产生的生活起居、日常照料、看病就医等费用，故在沙某不与许某共同生活且无法强制其共同生活的情况下，法院依法酌定变更履行方式，由许某每月向沙某支付 8000 元生活费。另外，根据双方陈述的共同居住生活期间，双方认可沙某搬离与许某共同居住的房屋之日为 2023 年 4 月 8 日，沙某自愿从赠与的 100 万元中扣减 18 万元，法院对此不持异议。综上，法院依法酌定自 2023 年 4 月 8 日起至沙某恢复与许某共同居住生活之日止，许某每月向沙某支付 8000 元生活费，总支付金额不超过 82 万元。北京市通州区人民法院判决如下：

一、许某自 2023 年 4 月 8 日起至沙某恢复与许某共同居住生活之日止，每月向沙某支付 8000 元生活费（总支付金额不超过 82 万元）；

二、驳回沙某的其他诉讼请求。

一审判决后，沙某、许某提起上诉。

北京市第三中级人民法院经审理认为：案涉《赠与协议》系附义务的赠与，不违反法律、法规强制性规定，合法有效。关于赠与合同的撤销，本案中，许某作为沙某的女儿，对沙某负有法定的赡养义务；同时，许某作为受赠人，对沙某还负有约定的赡养、陪伴义务。赡养义务包括对老年人经济上供养、生活上照料、精神上慰藉等几个方面。但根据当事人的陈述及本案查明的事实，在沙某和许某共同居住生活期间，自 2022 年 8 月开始双方多次发生冲突致报警，且沙某提交的诊断证明亦显示其脚踝外伤、脚踝软组织肿胀以及手外伤，左手指骨骨折等多处伤情，最终沙某于 2023 年 4 月 8 日从许某家中搬出，表示无法再继续共同生活。虽然公安机关未最终认定沙某的手指骨折是许某造成的，但结合上述事实能够认定沙某在许某家中未得到应有的尊重及照顾，许某未在经济上、生活及精神上对沙某尽到应尽的赡养义务，故沙某有权撤销《赠与协议》并要求许某返还赠与款。鉴于沙某同意在赠与款项中扣除与许某共同生活期间的费用 18 万元，法院不持异议。许某虽辩称其对沙某尽到了赡养义务，是沙某受到其他子女挑唆而提起本案诉讼，但本案中沙某本人均参加了一审及二审庭审，且沙某本人自述与许某数次发生冲突的详细过程及细节，思维清晰，足以认定沙某提起本案诉讼的真实意愿，故许某的上述意见，法院不予采信。北京市第三中级人民法院依照《中华人民共和国民法典》第六百六十三条、《中华人民共和国老年人权益保障法》第十四条、《中华人民共和国民事诉讼法》第一百七十七条第一款第二项之规定，作出如下判决：

一、撤销北京市通州区人民法院（2024）京 0112 民初 6092 号民事判决；

二、撤销沙某和许某于 2021 年 5 月 16 日签订的《赠与协议》；

三、许某于本判决生效之日起七日内返还沙某 82 万元；

四、驳回许某的全部上诉请求。

【法官后语】

附义务赠与合同具有赠与和义务的双重功能，属于“特种赠与”。不同于赠与合同中赠与人的任意撤销权，附义务赠与人需要受赠人存在不当行为才可行使撤销权，但审判中如何把握附义务赠与人是否有权行使撤销权及相应的举证责任与证明标准，是本案值得研究的重点问题。

一、赠与人有权撤销附义务赠与合同的规范目的

附义务赠与合同是受赠人接受赠与需要履行一定义务的赠与合同，受赠人所负的一定给付义务与赠与人所负的给付义务并无对价关系，附义务赠与本质上仍为赠与，以赠与为主，受赠人所负义务为从，其使得受赠人财产增加，赠与人亦通过受赠人履行相应义务而实现其赠与的目的，有利于减少社会矛盾，具有巨大的社会意义。

附义务赠与合同作为赠与合同与负担合同之间的“过渡地带”，在具备法定条件时，即受赠人对赠与人有扶养义务而不履行或不履行赠与合同约定的义务时，赠与人可以行使撤销权，使赠与合同自始无效。该法定撤销权应理解为是赠与合同的无偿性而给予赠与人的“优待”，在受赠人接受赠与后而不履行所附义务或存在不当行为时，允许赠与人撤销赠与合同，使得赠与人取得本属于其的财产利益，反制受赠人的“忘恩负义”行为，维护赠与合同的实质性公平，实现赠与人与受赠人之间的利益平衡。

二、赠与人撤销附义务赠与合同的解释适用

《中华人民共和国民法典》第六百六十三条第一款第二项和第三项规定，赠与人可以在受赠人对赠与人有扶养义务而不履行或受赠人不履行赠与合同约定的义务情形时，撤销赠与。本案中对于赠与人行使法定撤销权的具体法律适用需要厘清两个问题。

一是附义务赠与人行使法定撤销权的条件。从文义解释看，“受赠人对赠与人有扶养义务而不履行”是受赠人对赠与人有法定的扶养义务，但受赠人有履行扶养义务的资力而拒绝履行、不能履行的情形，“受赠人不履行赠与合同约定的义务”是赠与人交付赠与财产后，受赠人不履行双方约定的义务，导致赠与目的不能实现。上述两种情形均是法定撤销权的触发事由。实践中，父母为保障养老权益，与子女签订赠与合同时较多将法定的赡养义务作为约定义务予以明确，如子女较多时，父母仅赠与子女中的一人时，通常约定该子女承担几乎全部的赡养义务并负担较高的赡养标准，即在该类型的附义务赠与合同中，受赠人负担的义务既为法定义务，亦为约定义务，当子女不履行赡养义务，导致父母的赡养权益无法实现时，父母有权撤销赠与。本案中，许某作为沙某的女儿，对沙某负有法定的赡养义务，同时许某作为受赠人，对沙某还负有约定的赡养、陪伴义务。根据《中华人民共和国老年人权益保障法》第十四条的规定，赡养义务包括对老年人经济上供养、生活上照料、精神上慰藉等几个方面。根据沙某提供的诊断证明，沙某存在脚踝外伤、脚踝软组织肿胀、手外伤等多处伤情，可以认定沙某在许某家中并未得到应有的尊重及照顾，许某并未尽到应尽的赡养义务，因此沙某有权撤销赠与。

二是附义务赠与人行使法定撤销权的法律后果。《中华人民共和国民法典》第六百六十五条规定，撤销权人撤销赠与的，可以向受赠人请求返还赠与的财产。即赠与人撤销附义务赠与合同后，不发生赠与合同履行的效力，受赠人因该合同取得的动产或不动产丧失了基础，应予以返还，如返还原物在事实上不可能或经济上不可行时，受赠人应进行折价补偿。除此之外，该撤销权应自知道或者应当知道撤销事由之日起一年内行使。本案中，沙某是在撤销事由之日起一年内行使的撤销权，且根据本案事实情况，其有权撤销《赠与协议》并要求许某返还赠与款项，沙某同意在赠与款中扣除其与许某共同生活期间的相应费用，对于剩余赠与款项许某应予返还。

三、赠与人撤销附义务赠与合同的举证责任及证明标准

附义务赠与合同中赠与人行使法定撤销权的积极要件是其完成了赠与物的转移，消极要件是受赠人不履行所负义务。审判中对“不履行”的举证责任分配及相应证明标准的不同把握直接影响赠与合同的撤销与否。

一是赠与人主张行使法定撤销权应承担举证责任，受赠人可提出相应的反证予以反驳。民事诉讼中的举证责任要求当事人对其主张的事实提供证据并予以证明，如没有证据或者证据不足以证明当事人的事实主张的，由负有举证责任的当事人承担不利后果。本案中，沙某主张许某未尽到赡养义务，要求撤销赠与合同，并据此提交了其报警称许某殴打自己的记录和被诊断为骨折等多处伤情的医院证明，而受赠人许某并无任何证据证明其尽到了赡养义务，故应认定沙某尽到了举证责任。

二是赠与人主张受赠人不履行所负义务时不宜科以较高的证明标准，但亦不能令赠与人“动辄”撤销合同，应采用“高度盖然性”标准。鉴于赠与合同的单务、无偿性，不同于刑事案件中的定罪标准要求证据确实、充分，排除合理怀疑，民事诉讼中虽对主张形成口头赠与的证明标准亦提出了“排除合理怀疑”，但在非口头赠与的情形中，主张行使撤销权的赠与人的证明标准达到高度盖然性的程度，使法官对待证事实的存在与否形成内心确信即可。本案中，根据沙某与许某在共同生活期间多次发生冲突致报警，许某提供的诊断证明亦显示其手外伤、左手指骨骨折等多处伤情，最终沙某从许某家中搬出表示无法再继续共同生活，虽然公安机关未最终认定沙某的手指骨折是许某造成的，但结合案件事实可以认定许某并未对沙某尽到赡养义务，沙某有权行使撤销权。

此外，需要说明的是，赡养父母不仅是法定义务，亦是道德义务，在父母将赡养义务附于赠与合同中时，子女所承担的义务限度应高于一般的附义务赠

与合同，因此在子女不充分履行其对父母经济上、生活上及精神上的赡养义务时，父母可以行使法定撤销权，使子女返还受赠财产，从而保障自身的晚年权益。

编写人：北京市第三中级人民法院 张清波 李宝霞

35

夫妻一方违背忠实义务赠与婚外第三者财产行为的认定

——徐某诉倪某、齐某赠与合同案

【案件基本信息】

1. 裁判书字号

北京市第二中级人民法院（2023）京02民终10532号民事判决书

2. 案由：赠与合同纠纷

3. 当事人

原告（上诉人）：徐某

被告（上诉人）：倪某

被告（被上诉人）：齐某

【基本案情】

徐某和齐某系夫妻关系，于2002年6月28日办理结婚登记。齐某、倪某于2015年相识。2016年齐某、倪某非婚生育一女倪小某。倪某认可收到齐某及其朋友转账294.41万元：2016年8月26日，齐某银行借记卡向倪某汇款93万元，摘要为“买房”；郭某合计向倪某汇款5.5万元；金某合计向倪某汇款154.8万元；夏某合计向倪某汇款5.3万元。郭某、金某、夏某受齐某指示共计向倪某汇款165.6万元；另外，齐某还主张2016年至2017年，齐某还通过其农业银行卡分数笔给倪某转款 35.81 万元。一审庭审中，齐某认可郭某、金某、夏某的款项尚未实际偿还，齐某、徐某关于郭某、金某、夏某所付款的性质及来源均未进一步举证。

关于转款情况，徐某为证明齐某向倪某转款的事实，向法院提交民事判决书，该案一审中倪某之女倪小某要求齐某支付 2016 年 8 月 11 日至 2019 年 3 月 31 日的抚养费，齐某认为 2016 年 1 月至 2017 年 10 月向倪某转账 35.81 万元，已经覆盖倪某的抚养费。该判决认定齐某与倪某相识后，先后由齐某及齐某朋友向倪某转账 294.41 万元。齐某提交了多份民事判决书以证明齐某向倪某付款情况。齐某起诉倪某同居关系纠纷一案，齐某要求确认齐某 2015 年至 2016 年 8 月给付倪某的 294.41 万元为非婚生子女倪小某的抚养费。该案认定事实：齐某和倪某相识后，齐某本人及其朋友向倪某转账 294.41 万元。倪某认可收到上述款项，但该款项为工资和业务费，并非孩子的抚养费。判决没有认定齐某向倪某转账 294.41 万元为子女抚养费，判决齐某每月支付抚养费 1 万元至倪某十八周岁。齐某起诉倪某借贷纠纷一案，齐某要求倪某返还 258.6 万元，齐某主张因为倪某要买房，齐某先后向朋友金某、郭某、夏某借款，并由上述三人及齐某本人向倪某支付 294.41 万元，倪某以所收款项购买了房产一套。法院认为齐某将包含涉案 258.6 万元在内的款项定性为赠与的购房款、车款等，在另案中又将款项主张为倪某的抚养费，齐某一再变更款项性质说法使法院对涉案款项并非借款性质产生了合理怀疑，现齐某没有证据证明双方实际存在借贷合意，应承担不利后果，故判决：驳回齐某的诉讼请求。倪某也提交了多份判决书，证明齐某对涉案款项以“赠与”“抚养费”“借贷”“生育费”均主张过，因为没有事实和法律依据被驳回。

关于转款的性质，倪某为证明齐某、金某、夏某、郭某、倪某之间为劳务关系、合作关系，涉案款项并非赠与，向法院提交了齐某和倪某的短信记录、齐某控制公司目录、齐某的农行银行卡交易流水、几张招商银行卡的流水、齐某的报警记录。短信记录中提及了“工资”，农行卡流水显示郭某、金某与齐某有款项往来，部分款项备注为机票款或差旅费。徐某对于短信记录、公司目录、报警记录的真实性不予认可，认可交易流水的真实性，但不认可证明目的。齐某认可短信、报警记录和银行流水的真实性，但其表示不清楚招商银行卡的流水是谁的账户，同时齐某均不认可证明目的。

【案件焦点】

对徐某要求确认齐某赠与倪某财产的行为无效并返还的请求应否支持。

【法院裁判要旨】

北京市东城区人民法院经审理认为：根据《中华人民共和国民法典》第一百五十三条第二款规定，违背公序良俗的民事法律行为无效。《中华人民共和国民法典》第一百五十七条规定，民事法律行为无效、被撤销或者确定不发生效力后，行为人因该行为取得的财产，应当予以返还……《中华人民共和国民法典》第一千零六十二条规定，夫妻在婚姻关系存续期间所得的工资、劳务报酬等财产，为夫妻的共同财产，归夫妻共同所有。夫妻对共同财产，有平等的处理权。本案中，齐某在与徐某的婚姻关系存续期间，违背夫妻间的忠实义务，擅自向倪某支付大额款项。倪某虽主张款项为工资或业务提成收入，但倪某现有证据尚不足以证明其主张，应承担举证不能的不利后果。倪某收取上述款项未支付对价，应认定齐某和倪某之间成立赠与合同关系。齐某、倪某交往期间，齐某支付倪某共计128.81万元，该款项超过夫妻日常生活需要的范围，损害了徐某的夫妻共同财产权利，且严重违背公序良俗，故徐某要求确认该部分赠与行为无效并要求倪某返还的诉讼请求，理由正当，法院予以支持。至于郭某、金某、夏某受齐某指示向倪某支付的165.6万元，款项性质并不明确，现有证据不足以证明上述款项来源于徐某、齐某的夫妻共同财产，且齐某或徐某亦未向郭某、金某、夏某实际偿还，法院难以认定郭某、金某、夏某向倪某付款侵害了徐某、齐某的夫妻共同财产，徐某以齐某擅自处分夫妻共同财产为由要求确认该部分赠与行为无效并要求返还，缺乏事实和法律依据，法院不予支持。北京市东城区人民法院判决如下：

一、确认齐某赠与倪某财产128.81万元的行为无效；

二、倪某于本判决生效后七日内返还徐某 128.81 万元；

三、驳回徐某的其他诉讼请求。

一审宣判后，徐某、倪某提起上诉。

北京市第二中级人民法院经审理认为：本案的争议焦点为一审法院判决倪某返还徐某 128.81 万元是否适当。关于案涉款项性质与返还数额，现徐某上诉主张齐某已经偿还郭某、金某、夏某款项合计 165.6 万元，应认定前述款项系齐某向倪某的赠与，倪某应予返还。而倪某则上诉主张齐某向其转款 128.81 万元为其工资和业务费，不属于无偿赠与，不同意返还。对此本院认为，违背公序良俗的民事法律行为无效。民事法律行为无效、被撤销或者确定不发生效力后，行为人因该行为取得的财产，应当予以返还。当事人对自己提出的诉讼请求所依据的事实或者反驳对方诉讼请求所依据的事实，应当提供证据加以证明，但法律另有规定的除外。在作出判决前，当事人未能提供证据或者证据不足以证明其事实主张的，由负有举证证明责任的当事人承担不利的后果。本案中，依据查明的事实，齐某在与徐某婚姻关系存续期间，违背夫妻忠实义务，与倪某发生不正当关系并育有一女。其间，齐某擅自向倪某支付大额款项，结合查明的事实，齐某共向倪某支付 128.81 万元，倪某虽主张该款项系其工资和业务费，但对此并未提供充分证据予以佐证，故法院难以采信，一审法院认定齐某与倪某成立赠与合同关系，齐某的前述赠与行为超出夫妻日常生活需要范畴，损害了徐某的夫妻共同财产权利且违背公序良俗，对徐某要求确认赠与行为无效并由倪某返还的请求予以支持并无不当，法院二审予以维持。

关于郭某、金某、夏某向倪某支付的共计 165.6 万元，法院二审期间徐某虽提交收条、部分银行流水等，欲证明齐某已向郭某、金某、夏某偿还前述款项，但相关银行流水无法与徐某主张偿还的数额及情况一一对应，仅依据前述证据，法院无法认定齐某已实际偿还前述款项，且前述款项性质不明，亦无法确认款项来源于齐某与徐某的夫妻共同财产，故对于徐某要求倪某返还该部分款项的主张，法院难以支持。北京市第二中级人民法院判决：

驳回上诉，维持原判。

【法官后语】

实践中，伴随“婚外情”发生的，往往是金钱、房车等贵重物品的赠与，由此导致赠与财产纠纷层出不穷。由于此类纠纷兼具社会热点和法律属性双重特点，成为司法审判难题。对于夫妻一方违背忠实义务赠与婚外第三者财产行为效力的认定、返还规则等问题，司法实务中存在不同认识。本案对于类案司法裁判路径具有一定参考价值。

一、夫妻一方赠与婚外第三者财产行为的效力认定

《中华人民共和国民法典》第八条规定，民事主体从事民事活动，不得违反法律，不得违背公序良俗。第一百五十三条第二款规定，违背公序良俗的民事法律行为无效。结合前述规定，夫妻一方赠与婚外第三者财产的行为，因违背公序良俗，对社会的善良风俗造成冲击，应属无效。此外，《中华人民共和国民法典》第一千零六十二条规定，夫妻在婚姻关系存续期间所得的下列财产，为夫妻的共同财产，归夫妻共同所有：(1) 工资、奖金、劳务报酬；(2) 生产、经营、投资的收益；(3) 知识产权的收益；(4) 继承或者受赠的财产，但是本法第一千零六十三条第三项规定的除外；(5) 其他应当归共同所有的财产。夫妻对共同财产，有平等的处理权。该条明确了夫妻共同财产的范围及双方对夫妻共同财产的平等处分权。夫妻一方违背忠实义务赠与婚外第三者财产的行为侵犯了赠与人配偶对夫妻共同财产的平等处分权，亦应归于无效。综合考量前述两个方面规定，对于夫妻一方赠与婚外第三者财产的行为的效力认定，一方面考虑到其违背公序良俗原则，另一方面亦损害赠与人配偶的合法权益，应当认定赠与行为全部无效。

本案中，齐某在与徐某婚姻关系存续期间，违背夫妻忠实义务，与倪某发生不正当关系并育有一女，该行为有违公序良俗。其间，齐某向倪某转账共计 128.81 万元，法院经审理认为齐某的该赠与行为超出夫妻日常生活需要的范畴，损害了配偶徐某的合法权益，且有违公序良俗，最终认定齐某的赠与行为无效。

二、夫妻一方赠与婚外第三者财产行为认定无效后的财产处理规则

《中华人民共和国民法典》第一百五十七条规定，民事法律行为无效、被撤销或者确定不发生效力后，行为人因该行为取得的财产，应当予以返还；不能返还或者没有必要返还的，应当折价补偿。有过错的一方应当赔偿对方由此所受到的损失；各方都有过错的，应当各自承担相应的责任。法律另有规定的，依照其规定。据此，夫妻一方赠与婚外第三者财产行为被认定无效后，受赠人原则上应全部返还赠与的财产，如果原物已经不存在或存在善意取得等无法返还的情况，应当折价补偿。

但需要说明的是，关于返还的主体，如赠与人要求返还，财产物权还未发生变动，赠与人有权拒绝给付；如财产处分行为已经履行完毕，发生物权变动，则赠与人不得以赠与行为被认定无效而要求返还。即不遵守法律秩序或道德秩序的人，不受法律秩序的保护，在一定程度上对赠与人的行为进行规制，增加其违法成本。如赠与人配偶要求返还，于法有据，应予支持，亦为当前司法实践的通常情形。关于返还标准，即受赠人应全部返还还是部分返还受赠财产，笔者认为，应当以全部返还为原则，兼顾个案具体情况。如受赠人能提供充分证据证明其为受赠财产支付了相应对价或受赠人亦曾向赠与人转账等，从公平角度出发，可以结合实际情况予以抵扣。本案中，徐某作为赠与人配偶主张权利，法院经审理认定齐某向倪某赠与128.81万元的行为无效。倪某虽抗辩该款项系工资和业务费，但其对此并未提供充分证据予以佐证，故法院未采信其主张，最终判决倪某向徐某全部返还受赠的128.81万元。

编写人：北京市第二中级人民法院　陈捷鹰　杨云霞

二、继承纠纷

（一）法定继承纠纷

36

以成立事实收养关系为由提起第三人撤销之诉的法律适用

——范甲诉范乙、范某丙法定继承案

【案件基本信息】

1. 裁判书字号

北京市第三中级人民法院（2023）京 03 民终 14794 号民事判决书

2. 案由：法定继承纠纷

3. 当事人

原告（上诉人、再审被申请人）：范甲

被告（被上诉人、再审申请人）：范乙、范某丙

【基本案情】

范某某与赵某系夫妻关系，生育有范乙、范丙两个子女。范某丙为范丙之子。范甲为范某某的侄女。1968 年，时年 11 岁的范甲来到范某某家，与范某某一家共同生活，未上学。1977 年，范甲参加工作。2015 年，范丙去世；2016

年，赵某去世；2017年4月，范某某去世。范某某与赵某夫妇生前遗留有涉案房屋一套，登记在范某某名下。

2017年4月，范乙将范某丙诉至法院，要求依法继承分割涉案房屋。经审理，法院作出原审民事判决：涉案房屋的相关权益归范乙与范某丙共同继承享有。该判决已生效。

2018年5月，范甲将范乙、范某丙诉至法院，称其系范某某夫妇的养女，范某某夫妇生前留有遗嘱，明确将涉案房屋留给范甲，故要求判令涉案房屋归其继承所有。6月，范甲以涉案房屋已被生效判决处理过为由申请撤诉，法院予以准许。

2018年10月，范甲向法院提起第三人撤销之诉，要求撤销原审民事判决。一审法院认为，根据范甲的陈述，其并非原审诉讼第三人，提起第三人撤销之诉依据不足，故裁定驳回范甲的起诉。范甲上诉，二审法院认为应审查范甲与范某某夫妇是否形成收养关系，故裁定撤销一审裁定并指令一审法院审理。

2019年12月，法院作出发回重审后的一审民事裁定，认为无法确认范甲与范某某夫妇是否形成事实收养关系，进而无法确认范甲为本案适格第三人，故裁定驳回范甲的起诉。范甲上诉后，二审法院认为应认定范甲系范某某夫妇养女，与范乙、范某丙同为范某某夫妇的法定继承人，故范甲无权提起第三人撤销之诉，裁定：驳回上诉，维持原裁定。

此后，范乙不服该二审民事裁定，向高院申请再审，高院指令二审法院再审本案。二审法院经再审认为，本案应结合范甲的起诉事由，审查范甲作为第三人的诉讼主体是否适格，在此基础上依法裁判，故裁定撤销发回重审后的一审、二审民事裁定书，指令一审法院对本案进行审理。

另查，2019年12月，范甲与亲生父母的子女作为共同原告将另一亲弟弟诉至法院，要求继承其亲生父母的遗产。2020年5月，范甲在该案中表示放弃继承权并撤回起诉。

【案件焦点】

1. 范甲是否具有提起本案第三人撤销之诉的资格；2. 原审民事判决书能否被撤销。

【法院裁判要旨】

北京市通州区人民法院经审理认为：关于范甲是否为范某某夫妇养女的问题。范某某夫妇死亡时间均在《中华人民共和国民法典》（以下简称《民法典》）实施之前，故本案应适用《中华人民共和国继承法》（以下简称《继承法》）及《民法典》实施之前关于收养的规定。根据《中华人民共和国收养法》（以下简称《收养法》）及《司法部关于办理收养法实施前建立的事实收养关系公证的通知》的相关规定，在《收养法》实施之前发生的事实收养关系自当事人因收养事实而共同生活时成立，收养行为始具有法律效力，但需满足以父母子女相称，建立了事实上的父母子女关系，且被收养人与其生父母的权利义务关系确已消除的条件。范甲提供的微信聊天记录仅能证明范甲在成年多年后与范某某夫妇以父母子女相称，不能证明在1968年范甲来到范某某家庭并共同生活时即建立了父母子女关系，且范某某家庭人事档案中并无范甲。此外，在本案审理过程中，范甲曾作为共同原告就其亲生父母的遗产继承问题进行过诉讼，其虽在此后撤回起诉，但其至少在起诉时认为其与生父母之间的权利义务关系并未消除。故，范甲并未与范某某夫妇建立事实收养关系，其并非范某某夫妇的养女。但范甲持有遗嘱，主张涉案房屋应由其继承所有，系有独立请求权的第三人，但因不能归责于本人的事由未参加诉讼，且在知道原审民事判决书后六个月内提起本案诉讼，具有第三人撤销之诉的原告主体资格。

关于原审民事判决书能否被撤销的问题。范甲并非范某某夫妇养女，并非法定继承人，即使其持有的遗嘱均为有效，范甲也仅是受遗赠人。但范甲并未在范某某死亡后的法定期限内即两个月内向其他法定继承人作出受遗赠的意思表示，应视为范甲放弃受遗赠。故，原审民事判决书内容正确，未损害范甲的民事权益，其要求撤销原审民事判决书的诉讼请求于法无据，不予支持。另需指出的是，如范甲认为其系继承人以外的对被继承人扶养较多的人，要求分给其适当遗产的，可以依据相关法律规定另行提起诉讼。

北京市通州区人民法院判决如下：

驳回范甲的全部诉讼请求。

范甲不服一审判决，提出上诉。

北京市第三中级人民法院经审理同意一审法院的裁判意见，判决：

驳回上诉，维持原判。

【法官后语】

事实收养关系自当事人因收养事实而共同生活时成立，收养行为始具有法律效力，但需满足以父母子女相称，建立了事实上的父母子女关系，且被收养人与其生父母的权利义务关系确已消除的条件。如当事人不满足上述条件，则并非法定继承人，亦不属于必要共同诉讼人，如其认为生效民事裁判文书损害其民事权益的，其具有提起第三人撤销之诉的资格，但该裁判文书能否被撤销，应予实体审查。

一、事实收养关系的认定标准

原《收养法》于 1992 年 4 月 1 日起施行，规定收养三代以内同辈旁系血亲的子女，需向民政部门办理收养登记或进行收养公证，才能确立收养关系。《民法典》也规定收养应当向县级以上人民政府民政部门登记，收养关系自登记之日起成立。因此，在 1992 年 4 月 1 日之后发生的收养事实，未办理收养手续的，收养行为不具有法律效力。但在 1992 年 4 月 1 日之前发生的收养事实，符合一定条件的，法律亦予以保护，即成立事实收养关系。

《司法部关于办理收养法实施前建立的事实收养关系公证的通知》明确：“……对于收养法实施前已建立的事实收养关系，当事人可以申办事实收养公证。凡当事人能够证实双方确认共同生活多年，以父母子女相称，建立了事实上的父母子女关系，且被收养人与其生父母的权利义务关系确已消除的，可以为当事人办理收养公证。收养关系自当事人达成收养协议或因收养事实而共同生活时成立”。由此可知，事实收养关系自当事人因收养事实而共同生活时成立，收养行为始具有法律效力，但需满足以父母子女相称，建立了事实上的父母子女关系，且被收养人与其生父母的权利义务关系确已消除的条件。本案中，范甲虽于1968年起即与范某某家庭共同生活，也提交了范某某生前单位出具的证明，亦举证证明其在范某某晚年时与范某某以父女相称，但范某某、赵某、范乙、范丙的干部人事档案中均未记载范甲的身份信息，而范甲在相关文件中填写的亦是其生父母的信息，又曾作为原告之一就其生父母的遗产问题提起过继承诉讼。结合范乙、范某丙关于范甲在范某某晚年时才改口称范某某为“爸爸”的陈述，应认定范甲并未举证证明其与范某某、赵某共同生活时即建立了收养的意思表示，且其与其生父母的权利义务关系亦未消除。故，范甲不符合与范某某夫妇建立事实收养关系的情形，其并非范某某夫妇的养女。

二、第三人撤销之诉适格原告的认定

《中华人民共和国民事诉讼法》第五十九条规定，对当事人双方的诉讼标的，第三人认为有独立请求权的，有权提起诉讼……因不能归责于本人的事由未参加诉讼，但有证据证明发生法律效力的判决、裁定、调解书的部分或者全部内容错误，损害其民事权益的，可以自知道或者应当知道其民事权益受到损害之日起六个月内，向作出该判决、裁定、调解书的人民法院提起诉讼。人民法院经审理，诉讼请求成立的，应当改变或者撤销原判决、裁定、调解书；诉讼请求不成立的，驳回诉讼请求。随着对第三人撤销之诉制度功能认识的深入，必要共同诉讼当事人不能作为第三人撤销之诉的适格原告已经逐渐成为通说，这也是本案一再裁定驳回范甲起诉的原因。因此，范甲是否有权提起本案第三人撤销之诉，是否为适格原告，首先要明确范甲是否为必要共同诉讼当事人。必要共同诉讼之所以必要，是因为共同诉讼人之间诉讼标的的共同性，共同诉讼人在实体法律关系中享有共同的权利或者承担共同的义务。除诉讼标的同一的要件外，共同诉讼人之间还需要具有不可替代或者分割的法律关系。本案经过前述论证，已经认定范甲并非范某某夫妇的养女，则其并非法定继承人，不能依据法定继承这一诉讼标的主张涉案房屋的权利，其与法定继承人范乙、范某丙之间亦不具有不可替代的法律关系，并非必要共同诉讼当事人。又因其持有遗嘱，因此范甲系有独立请求权的第三人，有提起第三人撤销之诉的资格。而且经审查，其系因不能归责于本人的事由未参加诉讼，且在知道原审民事判决书六个月内提起本案诉讼，应为适格原告。如若范甲经认定与范某某夫妇成立事实收养关系，确认其系养女，则为必要共同诉讼人。对于已经生效的民事判决，遗漏必要共同诉讼当事人的，则只能通过申请再审的途径救济自己的权利，无权提起第三人撤销之诉。

三、接受遗赠的意思表示的认定

原《继承法》规定，受遗赠人应当在知道受遗赠后两个月内（《民法典》将该时间明确为六十日），作出接受或者放弃受遗赠的表示，到期没有表示的，视为放弃受遗赠。该两个月为不可中断的除斥期间。关于向谁作出的、怎么作出该意思表示，我国现行法律并未明确。但通常情况下，受遗赠人作出该意思表示可以有以下几种方式：向法院提起诉讼、向其他继承人或者利害关系人提出、向人民调解组织申请调解、向公证机关提出办理继承的申请。在本案中，范甲虽持有遗嘱，但其迟至2018年5月才起诉范乙、范某丙要求继承房屋，且自认在此之前未向该二人说过遗嘱的事，亦未通过上述任一途径作出过接受遗赠的意思表示，应视为放弃受遗赠。故，法院作出的原审民事判决书内容正确，未损害范甲的民事权益，范甲要求撤销该民事判决书的诉讼请求于法无据，应予驳回其全部诉讼请求。

编写人：北京市通州区人民法院　李成　宿鹏涛

37

处分农村房屋所立“字据”的法律性质认定

——李甲诉刘甲等法定继承案

【案件基本信息】

1. 裁判书字号

北京市第一中级人民法院（2023）京01民终1843号民事判决书

2. 案由：法定继承纠纷

3. 当事人

原告（上诉人）：李甲

被告（被上诉人）：李乙、刘甲、李丙、李丁

【基本案情】

李戊和刘甲系夫妻关系，育有四个子女，即长子李甲、长女李丙、次女李丁、三女李乙，二人在甲村18号院有宅基地一处。1981年，二人在该处宅基地上建设北房四间，集体土地建设用地使用证登记在李戊名下。1987年，李甲因结婚将户口迁出。1993年，李甲因犯罪入狱服刑。1996年，李乙和张甲订婚时，在时任村委会代表徐甲等人的见证下，由王甲执笔，李戊立下“成家字据”，载明“兹有甲村村民李戊，因年老无有依靠，家有小女，经家庭商定，同意招山西人张甲为李门女婿。李门所有家产归张甲、李乙夫妻二人所有，其他人毫无侵占，但必须把二老养老送终黄金入柜才能占用，如半路出走，财产归岳父定夺……”1997年，李乙与张甲登记结婚，并照顾赡养两位老人。1999年，李戊去世。2012年7月，李甲服刑期满。2013年，李乙对案涉院内的房屋进行了翻建，共建造北房六间、东西配房各二间。2019年，甲村发生搬迁。李

乙因案涉院落及院内房屋搬迁共获得拆迁款1207295元及安置房两套。2017年，李甲曾以财产损害赔偿纠纷为由将李乙诉至法院，要求其赔偿拆除房屋的损失200000元。法院作出6688号判决书，认定案涉院内的原北房四间系李戊、刘甲、李甲的共同财产，但李甲所占的份额较少，李乙将上述北房四间拆除，侵犯了李甲的财产权，最终判决李乙赔偿李甲200000元，李乙已履行完毕。

李甲现诉至法院，要求：(1)依法对甲村18号院的宅基地使用权及房屋所有权进行析产，判令李甲占三分之一份额，李甲父母占三分之二份额；(2)判令李甲继承被继承人李戊去世时留有的宅基地使用权及房屋所有权的十五分之一份额。李乙、刘甲、李丙、李丁对李甲的上述主张均不同意。

【案件焦点】

李乙因甲村18号院搬迁所获利益中是否包含李戊的遗产以及李戊为处分其农村房屋所立“字据”的法律性质认定。

【法院裁判要旨】

北京市延庆区人民法院经审理认为：本案的争议焦点为李乙因甲村18号院搬迁所获利益中是否包含李戊的遗产。上述拆迁利益分为因宅基地使用权获得的拆迁利益、因院内房屋获得的拆迁利益以及因被安置人身份获得的拆迁利益。

关于因宅基地使用权获得的拆迁利益以及因被安置人身份获得的拆迁利益。宅基地使用权的主体资格是以户为单位的家庭，被拆迁宅基地的使用权人为被拆迁时户口登记在被拆宅基地的人，被安置人为在该处院落居住使用的人。李戊已于1999年去世并注销户口，李甲已于1987因结婚将户口迁出并搬离甲村18号院，二人在2019年甲村18号院被拆迁时均已非宅基地使用权人，无法享有宅基地使用权对应的拆迁利益以及因被安置人身份获得的拆迁利益。

关于因甲村18号院内房屋获得的拆迁利益。如6688号判决书所认定，甲村18号院内的原北房四间主要为李戊、刘甲所建，因李甲进行了出工、出力，故构成李戊、刘甲、李甲的共同财产。1996 年由王甲执笔的字据中，在李乙、张甲以及徐甲的参与见证下，李戊对甲村 18 号院内原北房四间进行了处分，该字据的法律效力需考察字据的性质、内容以及效力。

首先，该字据应为“分家协议”，而非遗嘱。“分家协议”系家庭成员因生产和生活需要分割家庭共有财产的协议。区分遗嘱和“分家协议”需结合当事人身份、被处分财产权属、内容、订立情境等综合判断。因家中唯一儿子入狱，李戊基于养老送终考虑，安排小女儿李乙招婿。在李乙与入赘女婿张甲订婚之时，作为家中长辈的李戊立下字据，处分了家庭共同财产即李家财产甲村 18 号院内房屋，虽有“继承”字样，实为以招赘改姓、养老送终为条件的家庭财产分配。

其次，字据明确载明房屋归李乙夫妻二人所有，但只能在二位老人去世之后占用。即房屋在字据生效之时已归李乙夫妻二人所有，而非在二老去世之时转移所有权，故该字据为“分家协议”而非遗嘱。

最后，该字据已经履行多年，李乙夫妇按照字据要求赡养二老，为李戊治病送终，并一直赡养刘甲，李甲虽未参与分配，但其份额已在 6688 号判决书中作出赔偿并由李乙履行完毕。

综上所述，甲村 18 号院内的原北房四间内李戊、刘甲的份额已经由字据分配给李乙、张甲夫妇二人，并无李戊的份额。后李乙、张甲因居住需要拆除并翻建上述房屋，翻建后的房屋转化的拆迁利益不包含李戊的遗产。因此，李甲的全部主张无事实和法律依据，法院不予支持。北京市延庆区人民法院判决如下：

驳回李甲的全部诉讼请求。

一审宣判后，李甲提起上诉。

北京市第一中级人民法院经审理认为：“分家协议”并非法律规定的有名合同类型，法律亦未对“分家协议”的形式及内容作出明确规定。但通常意义上，“分家协议”主要是家庭成员之间达成的对家庭共有财产的分配方案，是基于家庭成员多方共同意思表示合意形成的财产分配协议。根据生效文书确认的事实，甲村18号院内原北房四间为李戊、刘甲、李甲的共同财产，本案所涉“字据”无法反映各方家庭成员的共同意思表示，故法院认为该份“字据”非“分家协议”。考虑“字据”内容、订立背景及当地风俗，该份“字据”实际上系李戊、刘甲基于养老送终考虑，安排小女儿李乙招婿。在李乙与入赘女婿张甲订婚之时，作为家中长辈的李戊立下字据，对甲村18号院内原北房四间进行处分。虽然该份“字据”上没有李戊等人签字，但结合在案证据、农村风俗、后续履行情况，可以认定双方之间形成了赠与的意思表示，该意思表示不违反法律、法规强制性规定，且李乙、张甲履行了相应义务。因此，拆迁利益中已没有李戊的相关权益。本案中，刘甲未主张拆迁利益，李甲在原北房四间中的权利也在另案诉讼中得到补偿。故，一审判决结果并无不当，本院予以维持。

北京市第一中级人民法院依照《中华人民共和国民事诉讼法》第一百七十七条第一款第一项之规定，判决如下：

驳回上诉，维持原判。

【法官后语】

家庭成员之间对于共有财产的归属往往缺乏明确的书面约定，或形成的书面约定存在瑕疵，极易引发家事纠纷。

本案主要涉及处分农村房屋所立“字据”的法律性质认定问题。在日常生活中，由于“分家协议”与遗嘱、赠与合同在内容上具有一定的相似性，当事人常常将三者混为一谈。但从法理上分析，三者并非同一民事法律行为，各自的认定标准及法律后果也不相同。

一、“分家协议”的认定标准

分家，是一种民间传统习惯用语，虽然法律对其性质以及法律效力并无明确规定，但由于其在我国广大农村地区仍是处分农村房屋及其他财产的主要形式之一，因此有必要通过总结审判实务中的典型案例对其予以规范，以期为后续相关案件提供参考。

“分家协议”是指原本家庭成员共同生活组成的大家庭，由于长辈死亡、晚辈分别建立小家庭、家庭成员之间不和睦等原因，出于生产及生活上的需要，对家庭共有财产以协议的方式进行分配，明确财产归属的行为。“分家协议”并非法律规定的有名合同类型，法律亦未对其形式及内容作出明确规定。合法有效的“分家协议”一般要通过各方对分家的内容达成合意后将分家原因、分配原则、分配结果、父母赡养等记录下来，以书面形式，有参与人及见证人签名确认及保存，且须经全体家庭成员签名确认。本案中，李戊所立的“字据”从内容表述上看，似乎具备“分家协议”的特征，但由于其处分的房屋中也有李甲的份额，达成书面协议一事未能被家庭成员李甲知晓，且“字据”上亦缺少家庭成员的签名确认，无法体现各方家庭成员的共同意思表示，故不宜将该“字据”认定为“分家协议”。

二、遗嘱的认定标准

遗嘱是指自然人生前依照法律的规定处分自己的财产及安排与此有关的事务，并于其死亡后发生效力的单方的民事行为。遗嘱作为死因法律行为、单方法律行为，为了确保行为人意思表示的真实，法律还对遗嘱规定了较为严格的形式要件。不符合法定形式的遗嘱是无效的，不能发生遗嘱继承的效力。以代书遗嘱为例，代书遗嘱是指由遗嘱人口述而由他人代为书写遗嘱内容的一种遗嘱形式。代书遗嘱有效成立的形式要件为：(1) 有两个以上见证人在场见证；(2) 由见证人中的一人代书；(3) 遗嘱人、代书人和其他见证人签名；(4) 注明年、月、日。从形式上看，本案中的“字据”系他人代写，如若将其认定为遗嘱，那么必须符合代书遗嘱的形式要件，方能生效，而本案的“字据”上并没有李戊的签名，故不宜将其认定为遗嘱。从生效时间看，遗嘱需要在立遗嘱人死亡后发生法律效力，而根据“字据”中的表述“李门所有家产归张甲、李乙夫妻二人所有，其他人毫无侵占”，表明立“字据”之时，李戊对房屋的处分行为已经生效，房屋已归李乙所有，并非要在二老去世之时转移房屋所有权，故该“字据”亦不是遗嘱。

三、赠与合同的认定标准

赠与合同是赠与人将自己的财产无偿给予受赠人，受赠人表示接受赠与的合同。赠与合同自赠与人和受赠人意思表示一致时赠与合同成立，并同时生效，赠与合同的性质完全符合诺成合同的特征，并不以赠与物的交付为条件。赠与可以附义务，赠与附义务的，受赠人应当按照约定履行义务。

具体到本案中，根据上述关于“分家协议”与遗嘱的内容分析，李甲欲主张将该“字据”认定为“分家协议”或遗嘱，进而认定房屋处分内容无效，使得房屋权利状态恢复，主张重新分配房屋份额。尽管本案中该“字据”既不是“分家协议”也不是遗嘱，房屋权利状态依旧不能恢复至原始状态。因为结合“字据”的内容、订立背景及当地农村的风俗习惯，应认定“字据”实际上系李戊、刘甲基于养老送终考虑，在李乙与入赘女婿张甲订婚时，作为家中长辈对案涉房屋进行处分的行为。虽然该份“字据”上没有李戊等人的签字，但结合农村风俗、后续履行情况等，应认定双方之间形成了赠与的意思表示，该意思表示不违反法律、行政法规的强制性规定，且李乙、张甲履行了相应义务，故赠与合同合法有效。因此，案涉房屋中属于李戊的部分已通过赠与完成处分。李甲在原房屋中的权利业已通过法院判决得到相应补偿。故，李甲的全部主张无事实和法律根据，法院判决驳回其全部诉讼请求。

编写人：北京市延庆区人民法院　彭祥青　施振伟

38

法定继承人在被继承人生前签订的“分家协议”效力认定

——王某甲诉王某乙、王某丙法定继承案

【案件基本信息】

1. 裁判书字号

上海市第二中级人民法院（2024）沪02民终3423号民事判决书

2. 案由：法定继承纠纷

3. 当事人

原告（上诉人）：王某甲

被告（被上诉人）：王某乙、王某丙

【基本案情】

王某丁与刘某戊系夫妻关系，婚后生育王某乙、王某甲、王某丙。王某丁于1916年6月4日出生，于1985年7月20日报死亡。刘某戊于1931年8月20日出生，于2011年12月9日报死亡。

王某乙和王某丙提供关于动迁利益的《协议书》（以下称为动迁利益协议书）一份，其上载明"某村1363号，动迁款玖拾伍万肆仟元整，分割按动迁政策、户口本内伍人，户口奖励费，每人拾万元整分配：刘某戊拾万元整；杨己拾万元整；张某庚拾万元整；王某甲拾万元整；冯某辛拾万元整；共计伍拾万元整。余：肆拾五万肆仟元整。为某村1363号房屋财产评估价，由三个子女王某乙、王某甲、王某丙所得，其分配如下：王某乙壹拾伍万元整；王某甲壹拾伍万肆仟元整；王某丙壹拾伍万元整……动迁奖励费壹拾陆万叁仟元整分配如下：刘某戊叁万伍仟元整；杨己叁万伍仟元整；王某甲、冯某辛、张某庚共计玖万叁仟元整。另，由于动迁政策：刘某戊、王某甲、杨己各选择周边房屋可奖励每套房子各捌万元整的奖金。其三人每人拥有一套周边房子的权利。刘某戊捌万元整；王某甲捌万元整；杨己捌万元整。同意以上协议，各自签名为准。"动迁利益协议书上未载明签订日期。王某乙、王某甲、冯某辛、张某庚、王某丙签名。

2009年5月13日，某发展公司（甲方、拆迁人）、某拆迁公司（甲方代理人、房屋拆迁实施单位）与王某丁（亡）（被拆迁人、乙方）、王某甲（委托人）、王某丙（委托人）签订《上海市城市居住房屋拆迁补偿安置协议（适用货币补偿）》，约定：乙方所有的房屋在某村1363号，房屋类型简屋，建筑面积23.28平方米；乙方选择货币补偿的补偿安置方式。

2009年6月14日，王某乙、王某甲、王某丙签订《协议书》（以下称为"分家协议"），其上载明"今有2009年5月16日刘某戊（母亲）动迁分配房

1 套是 2 室 1 厅面积 69.7 平方米，地址在某村 201 室。现有兄弟：王某甲；妹妹：王某丙同意把 2 室 1 厅房子归长兄王某乙所有。现刘某戊（母亲）与王某乙（大儿子）同住，料理母亲刘某戊今后的日常生活及负责刘某戊百年后所有费用，包括墓穴、生病、平时开销、殡葬一条龙服务费用。刘某戊今后每月工资归大儿子所有。”

2009 年 6 月 22 日，刘某戊（乙方、买受人）与案外人某拆迁公司签订《上海市房地产买卖合同》，刘某戊向某拆迁公司购买某村××号 201 室房屋（以下简称 201 室房屋）。2009 年 7 月 18 日，201 室房屋核准登记在刘某戊名下。

2009 年 12 月 6 日，王某乙购买某地 75 号墓位，登记的墓主为王某丁、刘某戊，为此王某乙支出费用 15213 元。

审理中，王某甲述称 2009 年之前刘某戊与其一起居住生活，2009 年以后与王某乙一起居住生活，刘某戊的丧葬事宜由王某甲、王某乙和王某丙共同办理，相应支出收据保存在王某乙处。王某乙、王某丙共同述称 2007 年之前刘某戊与王某甲一起居住生活，2009 年之后与王某乙一起居住生活，刘某戊的丧葬事宜由王某乙办理。

【案件焦点】

1. 201 室房屋是否属于刘某戊的遗产；2. 王某甲、王某乙和王某丙签订“分家协议”的效力。

【法院裁判要旨】

上海市宝山区人民法院经审理认为：关于争议焦点一，王某甲认为 201 室房屋属于刘某戊的遗产，王某乙和王某丙认为 201 室房屋仅是登记在刘某戊名下，实际属于王某乙所有。不动产权属证书是权利人享有该不动产物权的证明，具有推定的证据效力，实际权利人对该不动产主张权利的，有责任提供证据加以证明。刘某戊签订了 201 室房屋买卖合同，并依法取得不动产权属证书，在无其他证据证明 201 室房屋实际权利状态与不动产权属证书记载不一致的情况下，应推定 201 室房屋归刘某戊所有。在动迁利益协议书中相关动迁权利人已就动迁安置房屋作出分配，明确被继承人刘某戊有权获得一套安置房屋，王某乙在协议上签字确认，王某乙亦陪同刘某戊签订201室房屋买卖合同并办理登记手续，可见王某乙对201室房屋归刘某戊所有予以认可。王某甲、王某乙和王某丙签订的“分家协议”中，先明确201室房屋是刘某戊获得的动迁安置房屋，后就含201室房屋在内的财产归属以及刘某戊赡养义务进行约定。从“分家协议”签订主体和内容上看，协议二是子女间就刘某戊财产归属与赡养义务进行约定，刘某戊并未就201室房屋与王某乙达成代持协议或确认归王某乙所有。至于王某乙认为其所获得动迁款和契税减免额度已用于购买201室房屋以及另有装修支出，即使其所述内容属实，出资情况和装修情况并不影响房屋所有权归属。综上所述，根据在案证据无法证明201室房屋实际权利状态与不动产权属证书记载不一致的情况，故201室房屋应归刘某戊所有，属于刘某戊的遗产。

关于争议焦点二，“分家协议”签订于刘某戊去世前，签订主体为刘某戊的三个子女即王某甲、王某乙和王某丙，主要内容为刘某戊动迁分配所得201室房屋归属及后续赡养义务和丧葬事宜。“分家协议”中虽未明确约定201室房屋在刘某戊死亡后归王某乙所有，但是根据“分家协议”约定的内在逻辑，先表明201室房屋是刘某戊获得的动迁安置房屋，再明确王某甲和王某丙同意201室房屋归王某乙所有，最后约定刘某戊今后日常生活和死后丧葬事由王某乙料理，并结合后续201室房屋实际登记在刘某戊名下的事实，王某甲、王某乙和王某丙签订“分家协议”的本意在于由王某乙承担赡养刘某戊的主要义务，基于此王某乙可在刘某戊死亡后继承201室房屋，王某甲和王某丙则放弃继承。因此，“分家协议”实质为被继承人生前，子女相互签订“分家协议”，约定被继承人死亡后，部分子女因承担了赡养父母的主要义务可多继承遗产，部分子女自愿放弃遗产继承。法定继承人对于遗产继承存在期待利益，此类协议签订之时遗产继承尚未发生，属于法定继承人对个人期待利益的处分。法定继承人对于遗产继承的期待利益也属于财产性权利，在不违反法律规定的情况下，应对当事人处分权利予以充分尊重，允许通过协议的方式自主处分。我国继承制度和传统文化一贯尊崇互谅互让、和睦团结的处理原则，由法定继承人在遗产继承之前协商分割财产有利于当事人主观意愿的充分表达，是传统家庭道德和实现参与继承当事人意思自治的重要体现。为弘扬中华民族的传统美德和保护老年人的合法权益，《中华人民共和国民法典》继承编明确规定被继承人尽到主要扶养义务或者与被继承人共同生活的继承人可以多分，对尽到主要扶养义务或者与被继承人共同生活的继承人给予鼓励。此类协议将遗产继承与赡养义务相关联，符合法律规定、契合立法精神、遵循公序良俗，若被继承人死亡时其遗产范围无变化，且其生前亦未对遗产作出处分，承担赡养义务人也按照协议约定履行义务的，则其要求按照协议分割遗产的应予以支持。本案中，刘某戊死亡时 201 室房屋仍登记在其名下，亦无证据证明刘某戊生前对 201 室房屋另作处分，王某乙业已按照协议约定照顾刘某戊生活起居和处理刘某戊丧葬事宜，故 201 室房屋应由王某乙继承。关于王某甲认为刘某戊在“分家协议”签订后已通过产权登记方式将 201 室房屋另作处分，刘某戊该行为仅是按照不动产登记制度办理登记手续取得所有权，并非对 201 室房屋另行作出与“分家协议”中的约定相冲突的处分行为，故对王某甲该意见不予采信。

上海市宝山区人民法院判决如下：

一、被继承人刘某戊名下某村 201 室房屋由被告王某乙继承；

二、驳回原告王某甲的诉讼请求。

王某甲不服上述判决，提起上诉。

上海市第二中级人民法院经审理认为：一审法院根据双方当事人的诉辩意见及对当事人提交的证据经质证属实后，经审理对本案事实进行了认定，在此基础上所作判决理由阐述较为充分，本院在此不再赘述。上诉人的上诉意见及所述理由与其在一审中的诉称意见基本一致，二审中亦未提供新的事实或证据证明其主张能够成立，故本院认可一审法院对本案事实的认定及对相关法律、法规的理解适用，对上诉人的上诉请求不予支持。

上海市第二中级人民法院依照《中华人民共和国民事诉讼法》第一百七十

七条第一款第一项规定，判决如下：

驳回上诉，维持原判。

【法官后语】

我国继承制度和传统文化一贯尊崇互谅互让、和睦团结的处理原则，由法定继承人在遗产继承之前协商分割财产。基于此，《中华人民共和国民法典》第一千一百三十二条规定，继承人应当本着互谅互让、和睦团结的精神，协商处理继承问题。就继承开始后遗产分配原则，《中华人民共和国民法典》第一千一百三十条规定，同一顺序继承人继承遗产的份额，一般应当均等……继承人协商同意的，也可以不均等。司法实践中存在以下情况，子女在父母生前互相签订“分家协议”，就父母死亡后财产继承进行约定，由部分子女承担赡养父母义务，该部分子女可多继承遗产。对该类“分家协议”的效力如何认定，现行法律并未规定，亟待厘清。

一、法定继承人于被继承人生前签订“分家协议”的界定

根据《中华人民共和国民法典》的规定，法定继承人可在继承开始后遗产分割前协商处理继承问题，并可以协商进行不均等分割。而实践中，子女多会在父母生前签订“分家协议”，并在协议中约定父母去世后，部分子女因承担了赡养父母的主要义务可多继承遗产，部分子女自愿放弃遗产继承。

妥善处理此类纠纷的前提是对于该类“分家协议”进行准确界定，以便与继承开始后由法定继承人间协商不均等分割财产相区分。对于此类分家析产协议的界定应从以下几个方面界定：第一，协议签订时间为继承人去世前。《中华人民共和国民法典》第一千一百二十一条规定继承从被继承人死亡时开始。继承法律关系的产生，与其他法律关系的产生一样，需要以一定的法律事实为根据。能够引起继承法律关系产生的法律事实，只有被继承人的死亡。继承的开始意味着继承法律关系的形成，故继承开始的时间具有特定的法律意义，如确定继承人和受遗赠人的范围、确定遗产范围、确定遗产所有权转移的时间、确定遗嘱效力的时间、确定应继承份额的时间等。此类分家析产协议签订于父母去世前，此时继承尚未开始，故签订协议时继承人范围、遗产范围、是否会

发生遗嘱继承、是否存在应当特别考虑的继承人均尚未确定。

第二，协议签订主体为被继承人的子女。法定继承具有身份性、法定性和强制性等特征，法定继承人的范围主要是基于血亲、婚姻关系而确定，同继承顺序一样具有法定性和强制性，不得由当事人变更。关于法定继承人的范围，第一顺位的继承人包括配偶、子女、父母以及对公婆尽了主要赡养义务的丧偶儿媳和对岳父母尽了主要赡养义务的丧偶女婿。此类协议签订的主体多为继承人的子女，被继承人死亡时继承人的范围才得以确定，故此类协议的签订主体与实际的继承人范围可能存在不一致的情形。

第三，协议主要内容为部分子女因承担赡养父母的主要义务可多继承遗产，其余子女则放弃遗产继承。继承权是继承人依法享有的一种权利，现代继承法以尊重继承人的真实意愿为原则，赋予继承人选择权，继承人选择接受或放弃继承，都属于其意思自治的范畴。放弃继承的意思表示必须在特定时间作出，即必须在继承开始后、遗产处理前作出表示，继承尚未开始前或者遗产分割之后放弃的，为无效意思表示。此类协议中的放弃继承发生在继承尚未开始，属于对继承权的预先放弃。成年子女对父母具有赡养义务，是中华民族尊老爱幼的传统美德的具体体现，更是一项具有人类共同价值的法定义务。成年子女不得以放弃继承权或者其他理由，拒绝履行赡养义务。此类协议将遗产继承与赡养义务相关联，将赡养父母的法定义务以约定的形式赋予部分成年子女，同时免除了部分成年子女的赡养义务，如处理不当会影响到老年人权利保护。

综合上述对子女于父母生前签订“分家协议”的界定以及与继承开始后由法定继承人间协商不均等分割财产的比较，二者在签订时间、签订主体和主要内容中存在本质区别，而且该类协议也关涉到传统美德、老年人权利保护等问题，对其效力的认定应当结合法律规定、公序良俗等综合判断。

二、法定继承人于被继承人生前签订“分家协议”的效力认定

此类“分家协议”实质为在被继承人生前以协议方式确定部分法定继承人基于承担赡养父母的主要义务可多继承遗产，部分法定继承人预先放弃遗产继

承。以下对此类“分家协议”的效力认定建立在不违反法律规定以及部分法定继承人已履行赡养父母的前提下。

（一）以协议方式预先放弃继承的合法性分析

继承权是指自然人根据法律规定或被继承人生前所立的合法有效的遗嘱承受被继承人遗产的权利。从主体看，继承权是自然人享有的权利，而且只能由自然人享有；从依据看，继承权是自然人根据法律规定或被继承人生前所立的合法有效遗嘱而享有的权利；从标的看，继承权的标的是遗产，所以继承权是自然人的民事财产权利。继承权是继承人依法享有的一种权利，继承人可以接受，也可以放弃，现代继承法以尊重继承人的真实意愿为原则，赋予继承人选择权，继承人选择接受或放弃继承，都属于其意思自治的范畴。

法律具有明示作用，其以法律条文的形式明确告知人们，什么是可以做的，什么是不可以做的，哪些行为是合法的，哪些行为是非法的。在《中华人民共和国民法典》继承编已对继承人范围、遗产分配原则、遗产分割方式等被继承人死亡事实发生后的有关事项和处理规则进行明确规定的情况下，继承人对其享有继承权、何时继承、如何继承是存在预期的，即法定继承人对遗产继承存在期待利益。结合继承权的财产性权利属性，该种期待利益理应属于财产性权利。虽然签订“分家协议”时遗产继承尚未发生，但考虑到法定继承人对于遗产继承的期待利益也属于财产性权利，在不违反法律规定的情况下，应对当事人处分权利予以充分尊重，允许通过协议的方式自主处分。

（二）以协议方式预先多分遗产的合理性分析

为弘扬中华民族的传统美德和保护老年人的合法权益，《中华人民共和国民法典》继承编明确规定对被继承人尽到主要扶养义务或者与被继承人共同生活的继承人可以多分，对尽到主要扶养义务或者与被继承人共同生活的继承人给予鼓励。由此可见，在此类协议中约定对已尽到主要赡养义务的继承人在分配遗产时予以多分本身便符合法律规定。此类协议在预先对部分法定继承人多分遗产的同时，对部分继承人附加赡养父母的义务，将遗产继承与赡养义务相关联，充分体现了权利义务相一致原则，也符合公序良俗。与此同时，通过预先多分遗产的权利预设，鼓励该成年子女积极履行法定赡养义务，消除无人赡养的潜在隐患，更有利于老年人的权利保护。

（三）预先协商财产继承的可行性分析

紧密的家庭和人身关系是法定继承制度的一大特点。互谅互让、和睦团结既是社会主义核心价值观的要求，也是法律的倡导性规范。从原《中华人民共和国继承法》到《中华人民共和国民法典》继承编均将互谅互让、和睦团结作为继承法律的一项基本原则，允许并鼓励继承人在继承开始后遗产分割前协商分割。虽然此类"分家协议"将协商分割时间提前到继承开始之前，但仍是基于当事人主观意愿的充分表达，是传统家庭道德和实现当事人意思自治的重要体现，与立法精神和传统道德不谋而合。此类"分家协议"虽然有无权处分被继承人财产之嫌，但并未完全否定被继承人的处分权。对此类"分家协议"效力的认定发生在被继承人去世后，且以法定继承人已尽到主要赡养义务为条件，属于附条件和附义务的协议，在被继承人生前其仍可就该财产进行自由处分，故若被继承人死亡时遗产已发生变化或其生前已对遗产另行作出处分，应对其处分权予以认可。可见，由法定继承人在被继承人生前预先协商财产继承符合法律规定、契合立法精神、遵循公序良俗。

三、法定继承人于被继承人生前签订"分家协议"的审查规则

（一）需查明"分家协议"的生效要件是否已经成就

正如前文所言，"分家协议"效力认定发生在被继承人去世之后，故"分家协议"的认定不仅要满足协议是否为各方的真实意思表示、符合公序良俗、约定内容不违反法律规定等一般规定外，还需要满足被继承人已死亡、协议中约定的继承人已经尽到了主要的赡养义务，且被继承人生前并未对协议中约定之遗产进行处分导致其发生变化或灭失。

若发生"分家协议"签署之后，被继承人作为权利人又将协议中约定的部分财产进行出售、赠与或因其他原因导致标的物灭失的，导致"分家协议"中约定之财产无法继承的情况。原则上该份"分家协议"因合同基础发生动摇或丧失，导致了协议的目的无法实现的，可以经各方协商一致重新签署协议，变

更约定内容。若无法重新达成协议的，原本签署的“分家协议”解除，但尽到主要赡养义务的继承人亦可以根据《中华人民共和国民法典》第一千一百三十条第三款之规定在继承时多分。

（二）需查明“分家协议”的签署是否遗漏必要的法定继承人

通常情况下“分家协议”的签署者多为被继承人之子女，故导致在司法实践中发现，签署协议时发生遗漏如被继承人之父母、有代位继承权的（外）孙子女未参与“分家协议”的签署。在此情况下，需分为两种情况进行讨论。

1. 若参与签署“分家协议”的继承人仅对其可以继承的部分遗产的权利进行了约定，那么仅需查实各方在签署协议时的真实意思表示及是否按约定尽到了主要赡养义务便可以认定该协议效力并根据协议约定继承财产。

2. 若参与签署“分家协议”的继承人在协议中约定遗产超过可继承的遗产范围，则应当认定该协议中的约定为无权处分。在处理遗产过程中，针对超出范围部分，若其他继承人对“分家协议”之约定进行追认，可以认为“分家协议”中对于遗产的约定依然有效，应按照协议处理；其他继承人对“分家协议”不予认可的，应认定“分家协议”中对于遗产的约定无效，但尽到了主要赡养义务的继承人可以根据《中华人民共和国民法典》第一千一百三十条第三款之规定在继承时多分。

（三）需查明“分家协议”生效后被继承人是否另留有遗嘱

遗嘱是行为人生前在法律允许范围内，按照法律规定的方式对其个人财产及其他事务所作的安排，并在死后发生效力的一种民事法律行为。故，遗嘱及“分家协议”效力的发生时间均发生在被继承人亡故之后，此时若出现两者之间产生冲突的应当考虑如下情况：

1. 被继承人参与“分家协议”的签署后发现存在与“分家协议”内容相悖的遗嘱的

正如前文所述，“分家协议”系继承人对于遗产继承的期待利益的自主处分，若被继承人参与“分家协议”的签署则应认为被继承人对于该处分意见亦表示认可。在此种情况下，可以认定被继承人已通过协议方式认可并对自己的财产作出了有效的处分。若订立遗嘱在签署“分家协议”之前的，根据法律规定订立遗嘱后，遗嘱人实施与遗嘱内容相反的民事法律行为的，视为对遗嘱相关内容的撤回，应否定该份遗嘱的效力。若订立遗嘱在签署“分家协议”之后的，被继承人已经明知“分家协议”的约定并以参与签署协议的形式进行了承诺，在部分继承人已经向被继承人尽到主要赡养义务，“分家协议”发生效力后，出于对子女积极履行赡养义务的鼓励及信赖利益的保护不宜再按照遗嘱分割相关财产。

2. 被继承人未参与“分家协议”的签署并发现存在与“分家协议”内容相悖的遗嘱的

因遗嘱系被继承人生前依法处分自己财产及有关事务并于其死亡后发生效力的单方行为，故被继承人的遗嘱在符合《中华人民共和国民法典》第一百四十三条及第一千一百四十三条的规定时，应认定于被继承人去世后自然发生效力。但考虑到被继承人并未参与“分家协议”的签署，在生前并未对自己的财产作出过其他处分，此时应以遗嘱自由原则为最高价值，需依据遗嘱分割遗产。此时，“分家协议”虽然生效，但不得对抗遗嘱效力。

（四）审查是否需为其他继承人预留份额

《中华人民共和国民法典》第一千一百三十条第二款规定，对生活有特殊困难又缺乏劳动能力的继承人，分配遗产时，应当予以照顾。第一千一百五十五条规定，遗产分割时，应当保留胎儿的继承份额。胎儿娩出时是死体的，保留的份额按照法定继承办理。故，必须在认定“分家协议”效力时考虑到“分家协议”的约定是否与上述法律规定相违背，导致未能预留必要的份额。

就司法实践中的情况看来，上述的情况多发生于“分家协议”订立之后，因突发的意外因素导致个别继承人重伤或死亡，从而导致其需要进行照顾或为其尚在腹中的遗腹子之代位继承权保留相应的遗产份额。虽然当事人已经在对遗产的份额中对其期待利益表示了放弃，但由于其遭受重大变故后继续按照“分家协议”处理，显然有违处理继承问题应互谅互让、和睦团结的立法精神。

实际处理中，可以通过析出被继承人名下之部分财产优先进行分配或提存，剩余部分继续参考“分家协议”之约定进行处理。这样的分割形式既充分尊重了各继承人对于遗产的处分权利，也合理合法保障了存在特殊困难的继承人及胎儿的法定权利。

编写人：上海市宝山区人民法院　范鹤祥　朱唯伟

39

第二顺序法定继承人对被继承人扶养较多的，可以适当分得遗产

——杨甲诉杨乙法定继承案

【案件基本信息】

1. 裁判书字号

北京市西城区人民法院（2022）京 0102 民初 32053 号民事判决书

2. 案由：法定继承纠纷

3. 当事人

原告：杨甲

被告：杨乙

【基本案情】

被继承人杨丙于 1978 年与卢某登记结婚，婚后育有一子，即杨甲，二人于 1989 年经法院调解离婚，婚生子杨甲由卢某抚养。杨丙于 2016 年 3 月 9 日死亡。杨丙的父母均先于杨丙死亡。杨乙系杨丙之妹。

位于某小区×号房屋（以下简称案涉房屋）在 2013 年 3 月登记在杨丙等人名下，其中杨丙占六分之一产权份额。

杨甲陈述其自父母离婚后到2005年没见过父亲杨丙，2005年3月得知父亲杨丙生病在某医院治疗，其第一时间去看望父亲，了解病情后得知杨丙患血液病。后来因为手机丢失，未再联系到父亲，直到2018年，杨乙告知其杨丙去世了。

杨丙离婚后，因患有精神疾病其所在单位某机床厂一直照管杨丙的生活，实际履行监护职责。后某机床厂与杨乙于2005年签署协议，约定由杨乙担任监护人，照管杨丙生活，支付医疗费，为杨丙养老送终。此后，杨乙长期负责安排杨丙的各项事务，雇人照料杨丙的日常生活，并负担医药费、护工费、生活费、房租等各项费用。杨丙死亡后，杨乙办理后事，并支付相关费用。

【案件焦点】

第一顺序继承人存在的情况下，尽了全部扶养义务的第二顺序继承人杨乙是否可以继承遗产并适当多分。

【法院裁判要旨】

北京市西城区人民法院经审理认为：本案中，案涉房屋的六分之一份额系被继承人杨丙的生前个人合法财产，杨丙死亡后转化为遗产。杨丙生前未留有合法有效遗嘱，上述遗产应按照法定继承办理。原告作为杨丙第一顺序法定继承人，有扶养能力和扶养条件，未尽扶养义务，根据法律规定，分配遗产时，应当不分或者少分。被告对杨丙没有法定扶养义务，尽管其与某机床厂签有协议，需履行相应的协议约定义务，但其长期照顾杨丙的生活，负担大量的费用，实际承担了全部的扶养义务，相比之下，其在经济上、劳务上及精神上的付出超出了协议约定的范围，故可分配给她适当的遗产。综上，根据全案证据及事实，本院综合确定案涉房屋的六分之一份额由原、被告平均继承。北京市西城区人民法院判决如下：

案涉房屋中属于被继承人杨丙的六分之一所有权份额由原告杨甲及被告杨乙共同继承，各继承二分之一。

案件宣判后，判决已生效。

【法官后语】

随着社会的发展进步，家庭结构及家庭成员之间的生活方式也在同步发展及变化，但唯一不变的就是家庭成员间要相互关爱、相互帮助，这不仅是法律规范调整各项婚姻家庭民事法律关系的必然要求，更是婚姻家庭道德规范的核心要义。为体现法律对赡养老人、扶残济困等传统美德的肯定和鼓励，应当对被继承人晚年生活给予关心照顾，对使被继承人愉快度过晚年的人给予积极的正向评价。

一、法定继承人的范围及继承顺序

《中华人民共和国民法典》（以下简称《民法典》）第一千一百二十七条规定了法定继承人的范围及继承顺序。法定继承人的范围主要是基于血亲、婚姻关系而确定，具有法定性和强制性，不得由当事人变更，包括配偶、子女、父母、兄弟姐妹、祖父母、外祖父母以及对公婆尽了主要赡养义务的丧偶儿媳和对岳父母尽了主要赡养义务的丧偶女婿。依据继承人与被继承人之间的血缘、姻亲关系的亲疏远近以及共同生活的密切程度，《民法典》继承编将法定继承人划分为两种继承顺序：第一顺序为配偶、子女和父母；第二顺序为兄弟姐妹、祖父母、外祖父母。在第一顺序继承人中，如果子女先于被继承人死亡的，则适用代位继承制度，即子女的子女可以代位继承，此时视为第一顺序的继承人继承。对公婆尽了主要赡养义务的丧偶儿媳和对岳父母尽了主要赡养义务的丧偶女婿，也列为第一顺序的继承人。法定继承规定的继承顺序具有优先性和排他性，两类不同顺序的继承人不能同时继承，仅在前一顺序的继承人不存在时，后一顺序的继承人才能继承遗产。

具体到本案中，因杨甲系被继承人的唯一第一顺序法定继承人，脱离本案的具体案情，依据法律规定，被继承人的遗产只能由杨甲一人全部继承取得。

二、法定继承背景下遗产分配比例的有关问题

《民法典》第一千一百三十条规定了同一顺序继承人继承遗产的份额分配问题，其中继承人对被继承人在生活方面承担了主要的照顾义务或者在经济上给予了主要帮助，即尽了主要扶养义务的，分配遗产时可以多分，另外为了保

障被继承人老有所依，继承人具有扶养被继承人的能力和经济条件，且被继承人处于需要被扶养的情形，继承人却不尽扶养义务的情况，在分配遗产时“应当”不分或者少分。

此外实践中存在并不是基于身份关系，而是出于社会道义自愿对被继承人提供帮助与照料的自然人（如对被继承人生前给予照料的邻居），这种扶养不是法律上必须履行的义务，而是出于道德心，自觉自愿提供的帮助，这一规定充分体现了法律对赡养老人、扶残济困等传统美德的肯定和鼓励，在没有遗嘱或遗赠情况下，此类主体不能继承任何遗产，可能会出现不公平的局面。为此，《民法典》第一千一百三十一条明确了继承人以外的对被继承人扶养较多的人，可以分给适当的遗产。

本案中，杨甲与杨乙分属不同顺序的法定继承人，杨甲有扶养能力，却没有尽相应扶养义务，依法应当不分或者少分遗产，而杨乙是否应分得遗产及分得多少存在法律适用的窘境。

三、公序良俗原则在遗产继承分割中的运用

公序良俗原则是民法的基本准则，公民权利的行使与义务的履行均应遵循公序良俗原则，民事主体从事的行为及得到的最终结果应当符合社会成员的普遍道德观念，具体到婚姻家庭领域，家庭成员间应敬老爱幼，互相帮助，维护平等、和睦、文明的婚姻家庭关系。

本案中，杨甲作为杨丙第一顺序法定继承人，有扶养能力和扶养条件，未尽扶养义务，依据法律规定，在分配遗产时，应当不分或者少分。杨乙对杨丙虽然没有法定扶养义务，但长期照顾杨丙的生活，负担大量的费用，给予杨丙较多的物质扶助、经济支持以及精神抚慰，实际承担了全部的扶养义务，若未能分得遗产不符合社会大众的传统道德观念，结合具体的案件情况，因杨甲为第一顺序的继承人，第二顺序的杨乙不继承，此时应对《民法典》第一千一百三十一条进行扩大解释，可以将杨乙的身份理解为“继承人以外的人”，进而由杨乙分得遗产，既符合了公序良俗，同时又鼓励了亲人之间的相互扶持。

编写人：北京市西城区人民法院　王奇

40

继承人在继承开始前对“遗产”进行分割达成的协议的效力

——曹某诉吴某法定继承案

【案件基本信息】

1. 裁判书字号

江苏省无锡市中级人民法院（2023）苏02民终5148号民事判决书

2. 案由：法定继承纠纷

3. 当事人

原告（上诉人）：曹某

被告（被上诉人）：吴某

【基本案情】

1993年，曹某1因旧房被拆除，获得一套安置房，坐落于某小区××室，房屋所有权登记在曹某1个人名下。曹某1是再婚，与吴某1结婚时已有一女曹某，婚后曹某1又生育一子吴某，曹某与吴某由曹某1和吴某1共同抚养。

2009年7月9日，曹某1的配偶吴某1死亡。2009年10月7日，曹某与吴某签订《家庭财产分配协议》，约定父亲存款平均分成三份，由曹某、吴某、曹某1各得一份，曹某1可得的一份又分成均等的两份赠与孙女和外孙女；曹某1名下的房产即坐落于某小区××室的房屋归吴某所有；邮票、玉石、古钱币等归吴某所有。协议签订后，吴某1的存款按照协议约定进行分配，吴某为曹某1找到一处房屋居住，曹某1从某小区××室的房屋搬出，吴某安排其配偶入住空房。

2023 年 2 月 18 日，曹某 1 去世。经过清点，曹某 1 死后留有存款、养老金共计 590561.38 元，由吴某保管；丧葬抚恤金 57020 元已由曹某和吴某各半分割。吴某支出曹某 1 的丧葬费用 32555 元，吴某支付曹某 1 生前住院医疗费用 35559.59 元。

曹某提出如下诉讼请求：(1) 判令坐落于某小区××室的房屋由原告继承一半份额，按照市场价分割由被告补偿原告 41 万元；(2) 判令银行存款 403706.08 元和养老金 186855.3 元由原告继承一半份额，由被告支付原告 295280.69 元。

【案件焦点】

曹某与吴某在曹某 1 死亡前对曹某 1 所有的房产进行分割所达成的协议是否有效。

【法院裁判要旨】

江苏省宜兴市人民法院经审理认为：《家庭财产分配协议》系曹某与吴某的真实意思表示，双方所争议的是协议约定对曹某 1 所有的房产进行分割的内容是否有效。《中华人民共和国民法典》第一千一百二十四条规定，继承开始后，继承人放弃继承的，应当在遗产处理前，以书面形式作出放弃继承的表示；没有表示的，视为接受继承。《最高人民法院关于适用〈中华人民共和国民法典〉继承编的解释（一）》第三十五条规定，继承人放弃继承的意思表示，应当在继承开始后、遗产分割前作出。遗产分割后表示放弃的不再是继承权，而是所有权。上述规定均指继承开始后，享有继承权的人须在遗产处理前作出放弃继承的意思表示，否则视为继承。继承开始前，继承人是否可以通过协议明示放弃可能存在的遗产利益，法律没有作限制性规定。虽然签订协议时继承尚未开始，继承人无权对“遗产”作出处分，但法定继承人对遗产继承存在期待利益，该种期待利益属于财产性权利，可通过协议的方式自主处分。如继承发生时，遗产与协议签订时相比并未发生变化，则此意思表示发生法律效力。显然，《家庭财产分配协议》涉及的坐落于某小区××室的房屋在曹某 1 死亡后已成为遗产，曹某 1 生前未立遗嘱，也未签订遗赠扶养协议，应按照法定继承办理。此时，同为法定继承人的曹某与吴某签订的《家庭财产分配协议》中有关房屋处分的内容发生效力，即曹某放弃对房屋的继承，房屋由吴某继承。因此，曹某不能请求继承、分割案涉房屋。《家庭财产分配协议》对曹某1的其他遗产未作约定，曹某可以请求继承分割。吴某无证据证明曹某不尽扶养义务，其主张曹某不分或少分遗产无事实依据，应不予采纳，双方继承遗产的份额应当均等。曹某1死亡时遗留存款、养老金总共590561.38元，其中丧葬费用支出32555元，应当扣除，曹某1生前因住院治疗产生医疗费用35559.59元，也应当扣除，实际每人可分得261223元（取整数）。吴某保管以上存款和养老金，应向曹某分配。江苏省宜兴市人民法院判决如下：

一、吴某于本判决发生法律效力之日起十日内向曹某分配曹某1的存款、养老金共计261223元；

二、驳回曹某的其他诉讼请求。

一审宣判后，曹某提起上诉。

江苏省无锡市中级人民法院经审理认为：继承开始后，按照法定继承办理；有遗嘱的，按照遗嘱继承或者遗赠办理；有遗赠扶养协议的，按照协议办理。本案中被继承人曹某1死亡未留有遗嘱、遗赠、遗赠扶养协议，一般按照法定继承处理。而本案中作为第一顺位法定继承人曹某、吴某，在曹某1在世时就签订了《家庭财产分配协议》，现曹某仅对其中登记在曹某1名下位于某小区××室的房屋反悔而提出诉讼，对《家庭财产分配协议》中其他财产分配，并未提出异议或者反悔。根据该家庭财产分配协议中的约定，其他财产正常情况之下曹某1也应当享有份额，《家庭财产分配协议》中无体现。但根据现有证据，虽《家庭财产分配协议》并无曹某1签字，但是时隔多年，一审推定曹某1对于《家庭财产分配协议》知情，符合常理。因此，一审认定《家庭财产分配协议》双方签字已发生法律效力多年，曹某已经放弃继承案涉房产并无不当。综上，曹某的上诉请求不能成立，应予以驳回。

江苏省无锡市中级人民法院依照《中华人民共和国民事诉讼法》第一百七

十七条第一款第一项的规定，作出如下判决：

驳回上诉，维持原判。

【法官后语】

合同是民事主体之间设立、变更、终止民事法律关系的协议。合同有效必须具备以下条件：（1）行为人具有相应的民事行为能力；（2）意思表示真实；（3）不违反法律、行政法规的强制性规定，不违背公序良俗。

继承人在继承开始前对继承人所有的财产预先进行分割达成的协议，一般情况下，只要符合以上三个条件，应当认定有效。但是，此类协议订立时被继承人未死亡，继承尚未开始，继承权不发生，合同当事人即“继承人”对他人即“被继承人”所有的财产无处分权，故协议不具备生效的条件。

等到被继承人死亡，协议是否生效需要根据不同的情形作具体的判断和分析。

1. 继承开始前合同一方当事人已丧失继承权。合同当事人在被继承人生前经过协商预先对被继承人的全部或部分财产进行分割，前提是合同当事人双方将来对预先处置的财产都享有继承权，如一方当事人在合同订立后继承开始前丧失继承权，则另一方当事人没有与其进行协商订立协议的必要。因此，此种情形下，协议不发生效力。

2. 被继承人生前立遗嘱或订立遗赠扶养协议处分个人财产。《中华人民共和国民法典》第一千一百二十三条规定，继承开始后，按照法定继承办理；有遗嘱的，按照遗嘱继承或者遗赠办理；有遗赠扶养协议的，按照协议办理。根据该规定，遗嘱或遗赠扶养协议优先于法定继承执行。存在遗嘱或遗赠扶养协议的情况下，合同当事人仅能遵从被继承人所立遗嘱或所签遗赠扶养协议的安排，没有协商的余地。即使遗嘱指定合同当事人一方或双方继承部分或全部财产的，继承人也仅有继承或放弃继承两种选择，无权实施违背被继承人遗嘱的其他行为。换句话说，只有在法定继承的情况下，继承人订立的协议才能生效。当然，继承人在继承遗产后可以再自行处分。

3. 继承人订立协议后先于被继承人死亡，发生代位继承。《中华人民共和国民法典》第一千一百二十八条规定，被继承人的子女先于被继承人死亡的，由被继承人的子女的直系晚辈血亲代位继承。被继承人的兄弟姐妹先于被继承人死亡的，由被继承人的兄弟姐妹的子女代位继承。笔者认为，协议依法成立，虽然未生效，但是依然受法律保护。继承人订立协议后死亡的，代位继承人只要不放弃继承，自然应继承被代位继承人在协议里享有的权利和负担的义务。待被继承人死亡后，排除以上两种情形的，协议生效，代位继承人和其他继承人应按照协议履行。

实践中，除以上情形外，还存在以下情形，即订立协议的当事人不是同一顺序的全部继承人。在该情形下，协议是否生效可对照以上三种情形进行认定。这里想要讨论的是在协议生效的情况下，协议内容的效力。笔者认为，如果协议的内容损害了其他继承人的继承权，则该部分内容无效。例如，协议双方约定被继承人的财产由协议一方继承的，应当先厘清协议双方可以继承的财产份额，再认定协议双方对超出的份额约定无效。

编写人：江苏省宜兴市人民法院　沈展望

41

提前放弃继承的性质及民法典时代放弃继承的行使方式

——顾某某诉曹某乙法定继承案

【案件基本信息】

1. 裁判书字号

上海市第一中级人民法院（2023）沪01民终2929号民事判决书

2. 案由：法定继承纠纷

3. 当事人

原告（被上诉人）：顾某某

被告（上诉人）：曹某乙

【基本案情】

被继承人曹某甲于2021年9月8日报死亡，原告顾某某系被继承人母亲，被继承人父亲于2010年11月10日报死亡，被告曹某乙系被继承人之子，被继承人生前婚姻关系为离异。

2015年12月29日，经核准，201室房屋权利人登记为曹某甲。

2021年9月3日，原告向被告出具书面文书一份，载明：兹本人顾某某自愿放弃201室房屋的法定继承权与相应所有权，将全部转于孙子曹某乙名义下，特立此证。原告在落款处签字捺印。原告捺印前，被告配偶为原告朗读了该书面文书载明的内容。

2021年9月4日，原告录制视频并自述：我现在的想法就是给自己买一个小房子，大房子我不住，多出来的钱你拿走好了，这个小房子我住到老死以后，给我的女儿。

2022年7月15日，201室房屋所在居民委员会出具情况说明一份，载明：顾某某，自2016年9月起居住于201室房屋，目前只有顾某某一个人居住在该房屋内。

诉讼中，原告申请女儿作为证人出庭作证，证人作如下陈述：曹某甲在同仁医院抢救，9月3日，其母亲打电话给其说孙子、孙媳妇到母亲家中让母亲按了手印，其母亲当时着急救曹某甲就同意卖房子了。次日，其母亲打电话给其后，其方才至母亲家中，母亲又说最好能出售201室房屋后再买一套小房子。

另查明，2006年9月，原告及其配偶购买某村房屋。原告配偶死亡后，原告女儿放弃继承，某村房屋由原、被告共同继承。2015年10月6日，原、被告作为出卖人签订上海市房地产买卖合同，出售某村房屋。2015年10月6日，被继承人曹某甲作为买受人签订上海市房地产买卖合同，购买201室房屋。

【案件焦点】

1. 提前放弃继承的法律效力；2. 放弃继承权的行使方式。

【法院裁判要旨】

上海市闵行区人民法院经审理认为：本案中，被告曹某乙提供的证据不足以证明被继承人曹某甲生前留有遗嘱，故本案应按照法定继承处理。关于遗产，201 室房屋登记于被继承人曹某甲名下，原告主张的 201 室房屋的来源，系相关权利人就财产所作的处分行为，并不影响 201 室房屋的产权归属，故 201 室房屋应作为被继承人曹某甲死亡时遗留的个人合法财产，由相关继承人继承，原、被告作为被继承人曹某甲的母亲、儿子，系第一顺序继承人。

根据原、被告双方的陈述，双方的争议焦点为原告顾某某于被继承人曹某甲死亡前出具的放弃继承书面意见的效力。对此，法院认为被告提供的视频可以证明原告于 2021 年 9 月 3 日作出了放弃继承的意思表示，但是此时尚未发生继承，该意思表示尚未发生法律效力，原告提供的视频可以证明原告又于被继承人死亡前作出了推翻放弃继承的意思表示，现被告基于变更前的意思表示所提抗辩意见，缺乏法律依据，法院难以采纳，故 201 室房屋应当由原、被告共同继承。同一顺序继承人继承遗产的份额，一般应当均等，故本院确定 201 室房屋由原、被告均等继承，继承后，原、被告就 201 室房屋各享有 50%产权份额。上海市闵行区人民法院判决如下：

被继承人曹某甲名下 201 室房屋由原告顾某某、被告曹某乙继承，继承后，该房屋由原告顾某某、被告曹某乙各享有 50%的产权份额。

一审宣判后，曹某乙提起上诉。

上海市第一中级人民法院经审理认为：放弃继承的时间为继承开始后，放弃继承的意思表示应在继承开始后遗产处理前这一期间作出。本案中，顾某某出具书面文书的时间在被继承人曹某甲去世前，此时继承尚未开始，不存在权利的放弃问题，故顾某某作出的放弃继承的意思表示无效。曹某乙上诉主张顾某某作出的放弃继承的意思表示有效、遗产应由其一人继承，于法无据，法院不予支持。

综上所述，曹某乙的上诉请求不能成立，应予驳回；一审判决认定事实清楚，适用法律正确，应予维持。依照《中华人民共和国民事诉讼法》第一百七十七条第一款第一项规定，判决如下：

驳回上诉，维持原判。

【法官后语】

本案的争议焦点为提前放弃继承的效力。《中华人民共和国民法典》（以下简称《民法典》）延续规定了继承人放弃继承的权利①，但未对继承开始前的放弃进行规定，司法实践对此时放弃继承之法律效力的认定存在分歧。同时，在《民法典》时代，对以录音录像形式放弃继承持何种态度，是否规定其一律无效，在解释论上也需要予以厘清。

一、对提前放弃继承效力的裁判观点分歧及成因

司法实务中出现两种相反的观点。一种观点认为，提前放弃继承权属于处分自己的法定权利，并不违反法律禁止性规定。本案二审中，上诉人提到一审法院判决与第一种观点的类案不符。另一种观点认为，继承开始前放弃的是继承期待权，以此为由请求确认继承权丧失的，法院不予支持。

分歧的表征在于法律适用不同，根源性缘由隐藏在更深层次——法律概念的认定和利益衡量的主观能动性。

第一种观点，潜在继承人在继承开始前享有继承期待权，应尊重其对自身权利放弃的自由，故认可提前放弃继承的效力。因继承尚未开始，提前放弃继承作为一种单方法律行为，于放弃人作出该放弃的意思表示时成立，于继承开始时生效。同时，该观点既然认为提前放弃有效，对于嗣后反悔的情形，亦应根据《最高人民法院关于适用〈中华人民共和国民法典〉继承编的解释（一）》（以下简称《继承编司法解释一》）第三十六条的规定②由法院严格审查具体理由，决定能否撤销。在认定时，强调放弃继承自由的保护和诚实信用原则的严守，利益

① 《中华人民共和国民法典》第一千一百二十四条第一款规定，继承开始后，继承人放弃继承的，应当在遗产处理前，以书面形式作出放弃继承的表示；没有表示的，视为接受继承。

② 《最高人民法院关于适用〈中华人民共和国民法典〉继承编的解释（一）》第三十六条规定，遗产处理前或者在诉讼进行中，继承人对放弃继承反悔的，由人民法院根据其提出的具体理由，决定是否承认。遗产处理后，继承人对放弃继承反悔的，不予承认。

衡量上偏向保护其他继承人对放弃后的期待利益及继承后财产关系的稳定。

第二种观点，也是笔者所赞同的观点并未否认放弃继承权的自由，而是认为继承开始前放弃的仅仅是继承期待权或是继承期待，在放弃人的继承期待利益和被继承人处分财产自由之间偏向于保护被继承人的处分自由。因此，对放弃人的提前放弃，其他继承人所享有的信赖已经遥远到不需要通过诚实信用原则加以保护，故无须通过司法程序对反悔的理由作出严格审查和限制。因提前放弃人尚未真正放弃继承权，其于继承开始后的沉默或是“反悔”只是默示或明示接受继承。

二、对提前放弃继承性质的认定

根据《民法典》第一千一百二十一条、《继承编司法解释一》第三十五条①规定，继承从被继承人死亡时开始，继承开始后至遗产分割前，放弃的对象是继承权，遗产分割后表示放弃的对象是所有权，但对于能否在继承开始前提前放弃继承以及放弃的对象未进一步作出规定。

首先，就放弃对象的性质而言，《民法典》第一千一百二十一条已经明确了继承人开始享有继承权的时间是被继承人死亡时，学理上认为在这个时间点上继承期待权才转为继承既得权。

笔者认为，在继承开始前，潜在继承人享有的仅是依法或依遗嘱继承遗产的资格和期待，而且是一种确定性较低的期待。被继承人随时有订立遗嘱、遗赠以及处分财产、负担债务等的可能性、潜在的继承人也有丧失继承的可能性，因此这种期待尚不能达到现实的、受法律保护的期待权的程度。故，此时潜在继承人提前放弃的只是“继承期待”，即取得继承权之希望，而非一个确定的、将来一定发生的、可以放弃的权利。因此，该放弃无须纳入法律评价，也不可能是第一种观点中成立但未生效的民事法律行为。

① 《中华人民共和国民法典》第一千一百二十一条第一款规定，继承从被继承人死亡时开始。《最高人民法院关于适用〈中华人民共和国民法典〉继承编的解释（一）》第三十五条规定，继承人放弃继承的意思表示，应当在继承开始后、遗产分割前作出。遗产分割后表示放弃的不再是继承权，而是所有权。

其次，认可提前放弃与严格限制反悔理由存在逻辑悖论。结合《继承编司法解释一》第三十七条“放弃继承的效力，追溯到继承开始的时间”的规定进行解释，即便认可提前放弃的效力，也只能于继承开始后发生法律效力。

在此假设下，提前放弃继承与订立遗嘱非常类似，两者都是对自己财产利益的欲作处分，均于继承开始后生效。但对于反悔的处理，两者却完全不同。对待遗嘱，被继承人可以通过处分财产、重新订立遗嘱等方式变更、撤销；而对待放弃继承期待，却要经过司法程序，并对反悔的理由进行严格审查，不得轻易反悔，这种不同显然难以让人信服。

综上，潜在继承人在继承开始前放弃的仅是继承期待，无须纳入法律评价，也就不存在“反悔”的问题。

三、公序良俗和家庭伦理考量

法院在审理此类案件时除进行法律审查外也应适当考虑家庭伦理等因素。如若允许提前处分继承期待可能有损该潜在继承人及被继承人的利益，甚至违背公序良俗和家庭伦理。

首先，在被继承人死亡前，就将潜在继承人的继承期待视为一种权利，可能影响被继承人与潜在继承人之间的关系。被继承人处分财产负担债务、订立遗嘱遗赠时，均可能与潜在继承人的预期不符，不但影响双方亲情及家庭关系，甚至影响潜在继承人在赡养照护等方面的态度和行为，从而使被继承人在处分财产时受到无形压力，不利于被继承人自由处分财产和家庭关系的稳定。

其次，即便将来继承发生时，潜在继承人确实享有继承权，在继承发生之前，其可以继承的具体数额和被继承人的债权债务范围也未确定，难言其能够就是否放弃或转让作出了理性的判断。一旦允许潜在继承人作出不够理性慎重的承诺，其嗣后的反悔概率将会提高，继承人之间容易引发争议及不和睦。同时，潜在继承人有作出轻率决定的风险，却又对该决定的撤销科以严格的程序要求和实体审查，不利于保护潜在继承人的合法权益。

最后，其他法定继承人存在利益驱动引导潜在继承人作出轻率的放弃决定。继承期待的不确定性可能被其他法定继承人加以利用，故意诱导潜在继承人提前作出轻率的决定，使其放弃一个比想象中更为有利的继承，导致其放弃意思表示不真实甚至不自由。故，若允许提前处分继承期待可能引发道德风险，违背公序良俗和家庭伦理。

本案中，虽然原告作出放弃表示的时间与曹某甲死亡的时间相距不长，但根据双方的庭审陈述，原告作出该表示时，曹某甲正在医院治疗，有手术成功及发生大额医疗费用的可能。故，即便此时允许原告放弃，原告对其放弃的内容仅为一种抽象的理解，其代价在未来的继承中是不确定的，待继承开始后极易出现反悔。为促使潜在继承人理解尊重被继承人自由处分财产和自由订立遗嘱，也为潜在继承人能对放弃继承作出理性慎重的决定，司法实践不宜承认继承开始前对继承期待的处分。

当然，有时法院认为需要在特殊个案中进行利益平衡。对此，笔者认为，如果提前放弃系在赠与、赡养等协议中作出，涉及继承权之外其他权利义务的安排，法院完全可以根据公平原则和公序良俗原则保护相对人的合法权益，而非在个案中承认提前放弃的效力，致使法律适用不统一、裁判乱象丛生。

四、《民法典》施行后放弃继承权的行使方式

考虑到放弃继承关系到继承人的重大利益，有必要以要式法律行为作出，《民法典》第一千一百二十四条第一款在原《最高人民法院关于贯彻执行〈中华人民共和国继承法〉若干问题的意见》（已失效）第四十七条、第四十八条[①]的基础上，增加规定放弃的意思表示必须以书面方式作出。

首先，从立法目的角度，《民法典》要求书面形式放弃以示慎重。一方面通过书面形式的要求来充分保证放弃的真实意思，维护财产处分的自由；另一方面也避免轻率放弃反悔，影响继承人之间财产关系的稳定。

相比之下，《民法典》对遗嘱的订立形式设立了更为严格的形式要件，以确

① 原《最高人民法院关于贯彻执行〈中华人民共和国继承法〉若干问题的意见》第四十七条规定，继承人放弃继承应当以书面形式向其他继承人表示。用口头方式表示放弃继承，本人承认，或有其它充分证据证明的，也应当认定其有效。第四十八条规定，在诉讼中，继承人向人民法院以口头方式表示放弃继承的，要制作笔录，由放弃继承的人签名。

保立遗嘱人慎重考虑并作出真实的意思表示。举重以明轻，放弃继承权的行使方式如符合遗嘱的形式要件，已能够确保放弃意思表示的真实和慎重。以本案的录音录像形式为例，该形式能够通过画面和声音直接辨别放弃人、见证人的身份，提高放弃继承行使方式形式要件的证明力和证明效率。因此，在放弃继承权的行使方式符合《民法典》对录音录像遗嘱的法定形式要求时，仅以不符合放弃的书面形式要件为由全面否认放弃的效力，显然与《民法典》第一千一百二十四条立法目的、放弃人的真实意愿相违背，亦侵害了其他继承人的合法权益。

参照《民法典》对录音录像遗嘱的形式要求，以录音录像形式放弃继承权，需在录音录像中直观记录放弃继承权的全过程，放弃人和见证人必须出镜，并明确说出录制时间。

本案中，原告虽以录音录像的方式表示放弃继承，但被告及其配偶作为受益的利害关系人显然并不符合《民法典》第一千一百三十七条、第一千一百四十条对见证人的要求。故，即便原告系在继承开始后作出的放弃表示，其形式要件也不符合《民法典》第一千一百二十四条所要求的要式程度。

编写人：上海市宝山区人民法院　沈璐

42

婚前登记在一方名下的房屋，登记方去世后遗产析出前，另一方继续还贷行为的认定

——陈某某等诉张某某法定继承案

【案件基本信息】

1. 裁判书字号

北京市朝阳区人民法院（2022）京0105民初17501号民事判决书

2. 案由：法定继承纠纷

3. 当事人

原告：陈某某、洪某 1、洪某 2

被告：张某某

【基本案情】

陈某某、洪某 1 系夫妻关系，洪某 3 系二人之子。洪某 2 系洪某 3 与前妻之子。洪某 3 与张某某于 2020 年 7 月 2 日再婚，婚后未生育子女。洪某 3 于 2021 年 6 月 3 日去世，去世时未留有遗嘱。

案涉 1101 房屋于 2018 年 11 月 5 日登记在洪某 3 名下，婚后由张某某与洪某 3 共同居住、共同还贷，在洪某 3 去世后张某某仍继续偿还贷款。三原告认为张某某是替洪某 3 偿还个人债务，所偿还款项可以从遗产中先行扣除，张某某无权对该还款相应的增值部分享有所有权；张某某认为是夫妻共同还款行为的延续，洪某 3 去世之前共同还款对应的财产价值是夫妻共同财产，去世后还款对应的财产价值属于张某某个人所有。另洪某 3 名下还有车辆、企业年金等财产。因洪某 3 去世，陈某某、洪某 1、洪某 2 诉至法院要求对 1101 房屋、车辆、债务等进行分割。

【案件焦点】

婚前登记在一方名下的房屋，登记方去世后、遗产析出前，另一方继续还贷行为的性质如何认定。

【法院裁判要旨】

北京市朝阳区人民法院经审理认为：陈某某、洪某 1 系被继承人洪某 3 之父母，洪某 2 系洪某 3 之女，张某某系洪某 3 之妻，均系洪某 3 的第一顺位法定继承人。洪某 3 未留有遗嘱，故其遗产应由法定继承人依法继承。

1101 房屋系洪某 3 婚前购买并取得所有权，结合双方主张及身份关系等，房屋归陈某某、洪某 1 所有为宜，并由陈某某、洪某 1 向洪某 2、张某某支付相应的折价款。应支付的房屋折价款金额如何确定考虑以下因素。

第一，1101房屋为经济适用房，在上市交易时需要补交地价款。虽该地价款目前尚未实际发生，但三原告与张某某因洪某3遗产继承事宜分歧较大，为避免双方日后因补交地价款事宜发生其他纠纷，宜在本案中直接按照经济适用房市场价值确定房屋价值。在判决生效后因1101房屋上市交易所需补交的地价款由陈某某、洪某1自行承担，与张某某、洪某2无关。

第二，1101房屋系洪某3与张某某结婚之前购买并登记至洪某3名下，但在婚姻关系存续期间存在夫妻共同还贷，因此，婚后共同还贷支付的款项相对应财产增值部分中的一半应属于张某某个人所有。关于洪某3去世后张某某继续偿还贷款的性质一节，因房屋办理贷款时有抵押，在洪某3去世后若未能及时偿还贷款，房屋则存在被拍卖还债的风险。综合房屋的性质、洪某3去世后其遗产尚未析出，张某某与洪某3的夫妻共同财产亦尚未析出、张某某继续偿还贷款行为与婚姻关系存续期间共同还贷行为的连续性、对于保证房屋不被拍卖、得以存续的重要性、本案于2023年11月15日法庭辩论终结等因素，本院认为洪某3去世后至2023年11月30日张某某继续偿还贷款的行为应认定为夫妻共同还贷行为的延续，其相对应财产增值部分的一半应属于张某某个人所有。自2023年12月1日开始1101房屋的剩余贷款本息由陈某某、洪某1负责偿还，具体由本院依法判决。洪某3的车辆、遗属待遇、企业年金、债务等亦由法院依法判决。

北京市朝阳区人民法院判决如下：

一、原告陈某某、洪某1于本判决生效之日起七日内支付原告洪某2房屋折价款550000元、支付被告张某某房屋折价款750000元；

二、被继承人洪某3名下1101房屋归原告陈某某、洪某1继承所有，该房屋自2023年12月1日起的全部剩余贷款本息由原告陈某某、洪某1负责偿还；

三、被告张某某于本判决生效之日起七日内支付原告陈某某车辆折价款30000元、支付原告洪某1车辆折价款30000元、支付原告洪某2车辆折价款30000元；

四、被继承人洪某3名下车牌号为京N8××××传祺牌汽车（车辆型号GA×××××，车辆识别号LM×××××，发动机号F××××）归被告张某某继承所有；

五、原告陈某某于本判决生效之日起七日内支付原告洪某1抚恤金19114.5元，支付原告洪某2抚恤金15000元，支付被告张某某抚恤金、丧葬补助金共计27600元；

六、被继承人洪某3名下企业年金账户中的34273.06元归原告陈某某继承所有、34273.06元归原告洪某1继承所有、34273.06元归原告洪某2继承所有、43701.76元归被告张某某继承所有；

七、原告陈某某、洪某1、洪某2于本判决生效之日起七日内分别向被告张某某支付其代洪某3偿还的个人债务16417.87元；

八、驳回双方的其他诉讼请求。

案件宣判后，判决已生效。

【法官后语】

继承纠纷中涉及夫妻共同财产的析产问题时，对婚前登记在一方名下的房产，登记方去世后另一方继续偿还房屋贷款的行为性质认定极易引发争议，主要原因有三：其一，自夫妻一方死亡时，婚姻关系自然灭失；其二，出于房屋使用及履约需要，夫妻一方在另一方离世后通常会继续履行房屋贷款的偿还义务，以免房屋被拍卖、执行，影响正常居住使用；其三，夫妻共同财产尚未析出，无法明确所使用的款项性质。本文认为应当充分厘清婚姻关系灭失与遗产析出时间之间的冲突处理规则，重点审查还贷行为的合理性及履行目的，以作出合乎法理、情理的判断。

一、应充分考虑所使用款项的性质、还贷行为的正当性及遗产析出时间等因素

根据相关法律规定，婚前一方购买并登记在其名下的房产，对婚姻关系存续期间的还贷，除双方约定实行分别财产制或对房屋还贷问题有特别约定，或偿还贷款使用的确是个人财产外，均应视为由夫妻共同财产偿还贷款，其法理基础系婚姻关系存续期间夫妻财产共同制。基于此，有观点认为婚前购买且

登记在一方名下房屋系登记方的个人财产，登记人去世后婚姻关系灭失，房屋贷款即为登记方的个人债务，另一方继续履行还贷义务应属于代登记人个人清偿债务，代为清偿的款项可在继承遗产时先行扣除。该观点具有一定的合理性，但单纯以死亡时间即婚姻关系灭失的时间来区分是否为共同还贷较为粗放，未能充分考虑现实情况的复杂性与多样性。婚姻关系灭失时间与遗产析出时间产生冲突时，应当按照衡平原则，充分考量还贷行为的正当性、遗产析出时间等因素，同时审查还款所用款项是否为登记方个人财产，在没有相应证据证明为个人财产且遗产尚未析出前，另一方正常的还贷行为仍应视为共同还贷。

二、应充分考虑还贷行为的连续性、必要性

在判断还贷行为性质时，需审查另一方继续还贷行为与婚姻关系存续期间共同还贷行为的连续性、一致性，包括偿还贷款的时间、金额、还款方式、资金来源等，并结合日常生活经验审查还贷目的的合理性。履约行为连续且在合理限度内的还贷行为宜认定为共同还贷。本案中，张某某与被继承人洪某3婚后共同居住在1101房屋内，洪某3去世后张某某继续偿还贷款的行为与婚姻关系存续期间共同还贷行为存在一致性、连续性，为保障房屋不被拍卖、房屋得以存续，张某某具有继续还贷的必要性、合理性，因此其单方继续还贷行为应认定为共同还贷。

婚前登记在一方名下的房屋，登记方去世后遗产析出前，另一方继续偿还贷款的行为性质认定，是对夫妻共同财产的扩张性解释，在审查时应基于日常生活经验法则，充分考量履行行为的正当性、履行内容的合理性，排除继续还贷行为的恶意，进而作出是否为共同还贷行为的认定。

编写人：北京市朝阳区人民法院　李文丹　谷岩

（二）遗嘱继承纠纷

43

形式瑕疵遗嘱效力的认定标准

——马丙、马丁诉马戊等遗嘱继承案

【案件基本信息】

1. 裁判书字号

北京市第二中级人民法院（2023）京02民终6054号民事判决书

2. 案由：遗嘱继承纠纷

3. 当事人

原告（上诉人）：马丙、马丁

被告（被上诉人）：马戊、马巳、马庚

【基本案情】

被继承人张甲与马乙系夫妻关系，二人共生育子女五人，即马戊、马丙、马丁、马庚、马巳。马乙于2018年12月14日死亡。张甲于2021年2月11日死亡。

2019年马戊、马巳起诉张甲、马丙、马丁、马庚继承纠纷一案，于2020年5月29日经北京市西城区人民法院（2019）京0102民初19671号民事判决书判决：《房屋征收货币补偿协议》所涉马乙遗产的补偿款金额6011894元应归马戊、马巳、张甲、马丙、马丁、马庚共同继承。

本案中，马丙、马丁向法院提交代书遗嘱一份，内容为："我叫张甲，快九十岁了，身体还不错。基本上能自理。两个儿子对我很孝顺，尽到了赡养责任。另外，我和老伴的墓地马丙、马丁两个儿子也给买好了。我没有什么后顾之忧了。我现在留下遗嘱，自愿将我的财产和拆迁所得的利益，全部给我的两个儿子马丙、马丁。立嘱人：张甲（摁有手印），2019年10月11日，见证人：孙某、汪某。”

马丙、马丁提交遗嘱视频，视频显示张甲口述内容为：“……我叫张甲，现在快九十了，身体还可以，还能自理，两个儿子对我做到了赡养孝心，墓地也都是马丙和马丁给我买的，都给我安排好了，没有后顾之忧……想立下遗嘱，连我身上所得的钱，所有的财产，我家里头的，另外还有我拆迁所有的财产全部给我的两个儿子……”在孙某书写遗嘱时，张甲再次口述内容为：“我叫张甲，我身体挺好的，能够自理，我两个儿子对我很孝顺，尽到了义务和责任，我的墓地全是马丙、马丁两个人给我买的，没有后顾之忧，我的财产和我拆迁所得的利益全部给我俩儿子，马丙、马丁。”录像显示孙某书写遗嘱，汪某在旁见证，孙某书写完遗嘱后向张甲宣读上述书面遗嘱全文，张甲表示认可并感谢。马丙、马丁向法院出示录制视频的手机，手机显示的录制时间是2019年10月11日。

庭审中，马丙、马丁及马戊、马巳均称从2017年开始马丁与张甲、马乙共同居住至二人先后去世。

【案件焦点】

案涉代书遗嘱是否有效。

【法院裁判要旨】

北京市西城区人民法院经审理认为：根据生效判决书认定属于张甲所有的拆迁款总额为6966163元，该款由马丙保管，在张甲去世后上述拆迁款应认定为其遗产，由马丙向享有继承权的继承人支付。

本案中，根据证人所述马丙、马丁提交的代书遗嘱缺少见证人及遗嘱人书写的日期，故该遗嘱不符合代书遗嘱的法定形式要件，该遗嘱应认定为无效的代书遗嘱。对此马丙、马丁虽提交了遗嘱形成过程的录像，确认遗嘱内容为被继承人口述及手机显示的录制时间，但不能补正其遗嘱形式瑕疵的问题。另外，马丙、马丁提交的录像中记录了遗嘱人和见证人的肖像，但未见遗嘱人、见证人在录像中记录年、月、日。此处的“记录”应理解为遗嘱人和见证人应该在录像中口述自己的姓名和日期，而不是见证人另行附书面材料对遗嘱的见证过程加以说明。故，马丙、马丁提交的录像亦不具备民法典规定的录像遗嘱的法定形式要件，不应认定为有效的录像遗嘱。综上，马丙、马丁要求张甲所有的拆迁款根据遗嘱由马丙、马丁共同继承的请求，法院不予支持，张甲的拆迁款应按法定继承办理。北京市西城区人民法院判决如下：

一、现在马丙处被继承人张甲的拆迁款6966163元由马丙、马丁、马戊、马庚、马巳共同继承；本判决生效后十五日内，马丙向马戊、马庚、马巳每人支付1273232.60元，余款3146465.20元归马丙、马丁共同所有；

……

五、驳回马丁、马丙的其他诉讼请求；

六、驳回马戊、马庚、马巳的其他诉讼请求。

一审宣判后，马丙、马丁提起上诉。

北京市第二中级人民法院经审理认为：我国法律充分尊重当事人订立遗嘱的真实意思表示，订立遗嘱系为了在被继承人死亡后在遗产分割时尽量减少各继承人之间的争议，保障按照被继承人真实意思进行遗产分配，民法典对遗嘱继承的形式作出明确的严格限制亦系为了在被继承人去世后无法核实其真实意思表示时通过限制遗嘱的形式保障被继承人的真实意思表示。当现有证据能够得知被继承人真实意思表示时，应当以被继承人真实意思表示为准，对代书遗嘱的形式瑕疵允许通过其他形式加以弥补。具体到本案中，张甲所立的代书遗嘱虽存在立遗嘱人、其中一名见证人未注明日期的形式瑕疵，但见证人孙某、汪某均出庭作证说明了订立遗嘱的过程，且通过订立遗嘱时所拍摄的录像显示，张甲明确表示要将其财产及其拆迁所得的利益全部给马丙、马丁，录像视频记录了立遗嘱人口述、代书人代书、见证人在旁见证、代书人代书遗嘱后向张甲宣读遗嘱全文、张甲对遗嘱内容予以确认以及张甲、孙某、汪某签字的全过程，同时，孙某在签字环节已经口述了立遗嘱的时间，视频原始载体亦记录了录制时间，上述时间均与代书遗嘱标注日期一致。综合考虑上述情况，在代书遗嘱仅存在立遗嘱人、一名见证人未标注日期的形式瑕疵，且通过录像能够直观地判断立遗嘱人的精神状态和真实意愿，并确定代书遗嘱的形成时间，以补正案涉代书遗嘱之形式瑕疵的情形下，法院认为该代书遗嘱应当认定为有效。一审法院对遗嘱效力的认定有误，法院依法予以纠正。至于代书遗嘱订立过程中所拍摄的录像，其目的主要是记录遗嘱形成过程，以佐证代书遗嘱的真实性，在已认定代书遗嘱有效的情况下，法院不再就录像内容是否构成其他形式的遗嘱进行评价。据此，张甲所有的拆迁款6966163元作为遗产，应按照遗嘱由马丙、马丁共同继承。北京市第二中级人民法院依照《中华人民共和国民法典》第一千一百二十二条、第一千一百二十三条、第一千一百三十三条、第一千一百三十五条、第一千一百三十七条以及《中华人民共和国民事诉讼法》第一百七十七条第一款第二项之规定，作出如下判决：

……

三、变更北京市西城区人民法院（2021）京0102民初40464号民事判决第一项为：现在马丙处的被继承人张甲的拆迁款6966163元由马丙、马丁共同继承所有；

四、驳回马丁、马丙的其他诉讼请求；

五、驳回马戊、马庚、马巳的其他诉讼请求。

【法官后语】

一、我国法律对代书遗嘱形式作出了明确规定

代书遗嘱，是指由遗嘱人口述而由他人代替遗嘱人书写遗嘱内容的一种遗嘱形式，在遗嘱人自己没有书写能力或者因其他原因而不能或不愿自己书写遗嘱时，可以由他人代为书写遗嘱内容，最后由遗嘱人对遗嘱进行确认、签字。遗嘱继承的效力优于法定继承，在继承开始后，有遗嘱的，先要按照遗嘱继承进行继承。遗嘱继承实际上是对法定继承的一种排斥。由于遗嘱继承的这种高

度的排斥性，有可能直接剥夺其他法定继承人应继承的份额，因此法律对于遗嘱继承更多地干预，对于遗嘱的形式作了强制性的规定。《中华人民共和国民法典》第一千一百三十五条对代书遗嘱有明确的规定：代书遗嘱应当有两个以上见证人在场见证，由其中一人代书，并由遗嘱人、代书人和其他见证人签名，注明年、月、日。因此，《中华人民共和国民法典》对于代书遗嘱的形式予以严格的限制，规定了代书遗嘱在订立的过程中要注意遗嘱人口述和代书人代书、见证人见证的时空一致性。遗嘱作为一种要式民事法律行为，不符合法定形式的遗嘱无效。

二、关于代书遗嘱效力的思考

遗嘱作为要式行为，为确保遗嘱可以真实地反映遗嘱人遗产处分的内心真意，应对遗嘱设置一定的法律形式，不能任由遗嘱人肆意作出。以形式的严苛来保障意思的真实，是遗嘱规定法定形式的重要原因。

但是，我国法律充分尊重当事人订立遗嘱的真实意思表示，订立遗嘱系为了在被继承人死亡后在遗产分割时尽量减少各继承人之间的争议，保障按照被继承人真实意思进行遗产分配，民法典对遗嘱继承的形式作出明确的严格限制亦系为了在被继承人去世后无法核实其真实意思表示时通过限制遗嘱的形式保障被继承人的真实意思表示。当现有证据能够得知被继承人真实意思表示时，应当以被继承人真实意思表示为准，对遗嘱的形式瑕疵允许通过其他形式加以弥补。司法审判实践中，遗嘱效力的认定应从遗嘱的形式要件和意思表示真实两个方面综合考量，从而建立起以遗嘱真实性为核心的司法原则，切实保护遗嘱人的意思自治，确保案件审理的公平、公正。

编写人：北京市第二中级人民法院　曹雪　崔宁

44

多重遗嘱叠加下的审查思路及效力认定

——祖某甲诉袁某甲遗嘱继承案

【案件基本信息】

1. 裁判书字号

北京市海淀区人民法院（2021）京0108民初45910号民事判决书

2. 案由：遗嘱继承纠纷

3. 当事人

原告：祖某甲

被告：袁某甲

【基本案情】

祖某乙与刘某原系夫妻关系，生育一女祖某甲，后祖某乙与袁某乙系再婚，婚后生育一女袁某甲，祖某甲一直与祖某乙、袁某乙共同生活。袁某乙于2020年1月5日去世，祖某乙于2020年10月16日去世，祖某乙与袁某乙的父母均先于二人去世。登记在祖某乙名下的诉争房屋双方均认可为祖某乙、袁某乙夫妻共同财产。祖某甲称诉争房屋中属于祖某乙的份额根据祖某乙的遗嘱应由其一人继承，属于袁某乙的份额应由其与袁某甲法定继承。袁某甲称根据祖某乙与袁某乙的遗嘱，诉争房屋应由其与祖某甲各继承50%。

【案件焦点】

多重遗嘱叠加下的继承类案件遗嘱的采信与鉴定该如何启动问题。

【法院裁判要旨】

北京市海淀区人民法院经审理认为：继承开始后，按照法定继承办理；有遗嘱的，按照遗嘱继承或者遗赠办理；夫妻在婚姻关系存续期间所得的共同所有的财产，除有约定的以外，如果分割遗产，应当先将共同所有财产的一半分出为配偶所有，其余的为被继承人的遗产。本案诉争房屋为被继承人祖某乙、袁某乙的夫妻共同财产，二人去世后，诉争房屋应作为二人遗产处理。

袁某甲提交的2013年2月25日祖某乙、袁某乙自书遗嘱为照片，未提供原件且祖某甲不予认可，无法核实其真实性，故本院不予采信。

经过鉴定，祖某甲提交的2015年10月20日祖某乙的《房产遗嘱》、2016年2月17日祖某乙的《补充遗嘱》，袁某甲提交的2016年3月26日祖某乙与袁某乙的《房产遗嘱》、2016年3月26日的《夫妻协议》、2016年4月2日袁某乙的自书遗嘱的签名等字迹均与双方所提供的样本具有同一性，故对其真实性，本院予以认可。

自书遗嘱由遗嘱人亲笔书写，签名，注明年、月、日。代书遗嘱应当有两个以上见证人在场见证，由其中一人代书，注明年、月、日，并由代书人、其他见证人和遗嘱人签名。继承人不能作为遗嘱见证人。据此，本院认为：祖某甲提交的2015年10月20日祖某乙的《房产遗嘱》符合自书遗嘱的形式要件，祖某乙有权对诉争房屋属于自己份额部分进行处分，为有效遗嘱。祖某甲提交的2016年2月17日祖某乙的《补充遗嘱》符合自书遗嘱的形式要件，祖某乙有权对诉争房屋属于自己份额部分进行处分，为有效遗嘱。袁某甲提交的2016年4月2日袁某乙的自书遗嘱，符合自书遗嘱的形式要件，袁某乙有权对属于自己的财产进行处分，为有效遗嘱。袁某甲提交的2016年3月26日祖某乙与袁某乙的《房产遗嘱》，不符合代书遗嘱的形式要件，为无效遗嘱。袁某甲提交的2016年3月26日的《夫妻协议》，不符合遗嘱的形式要件，并非遗嘱。

综上，祖某甲提交的2015年10月20日祖某乙的《房产遗嘱》、2016年2月17日祖某乙的《补充遗嘱》，袁某甲提交的2016年4月2日袁某乙的自书遗嘱为本案有效遗嘱，祖某甲提交的祖某乙的两份遗嘱意思表示一致，即诉争房屋属于祖某乙的部分由祖某甲继承所有，袁某甲提交的袁某乙的自书遗嘱意思表示清楚，即袁某乙享有的财产由袁某甲继承所有，故本案诉争房屋应当由祖某甲、袁某甲各自继承50%的所有权份额。北京市海淀区人民法院于2023年5月11日作出判决：

一、诉争房屋由祖某甲继承50%所有权份额，由袁某甲继承50%所有权份额；

二、驳回祖某甲的其他诉讼请求。

案件宣判后，判决已生效。

【法官后语】

遗嘱的审查一直是继承类案件难点、重点问题之一。《中华人民共和国民法典》对遗嘱的形式、构成要件、优先级等作出了更加明确具体的规定。司法实践中，在审理遗嘱继承类案件当事人对遗嘱效力无法达成一致时，仍然存在的难点问题有三：一是遗嘱形式存在瑕疵时，能否通过盖然性举证对遗嘱效力进行认定；二是遗嘱内容表述瑕疵时，法院应当如何理解并判定遗嘱内容的指向；三是多份遗嘱存在意思表示不一致时，法院如何释明当事人启动鉴定程序，以及鉴定过程中对遗嘱的形成时间、签名或全文的笔迹是否同一等项目鉴定的先后选择问题。本案之所以具有典型性，系因为本案双方当事人在案件审理过程中提出了六份时间不同、内容不同、形式不同的遗嘱，且双方当事人对六份遗嘱的真实性无法达成一致。故，在多形式遗嘱叠加下的审查思路对法官如何能更有效率、更精准地进行审判显得尤为重要，而本案例也更好地提供了研究此类问题案件审判思路的样本。综上，笔者将结合本案案情，对本文所研究的问题进行分析。

一、对本案裁判理由的概括分析

本案的争议焦点为祖某甲与袁某甲提交的六份遗嘱的效力问题。其中，袁某甲提交的2013年2月25日祖某乙、袁某乙自书遗嘱为照片，未提供原件且祖某甲不予认可，故对该份遗嘱证据，法院首先予以排除，不予采信；对于其他五份遗嘱，通过本案鉴定，所有遗嘱签名等字迹均与原被告所提供相互认可的笔迹鉴定对比样本具有同一性，故对上述遗嘱的真实性，法院均予以认可；在确定本案中有五份具备真实性的遗嘱后，应当进一步对遗嘱的效力进行认定，以遗嘱的时间顺序为逻辑主线进行排列判断。

1. 祖某甲提交的2015年10月20日祖某乙的《房产遗嘱》，从遗嘱形式上来看，该份遗嘱符合自书遗嘱特征；从遗嘱内容上来看，系祖某乙就诉争房屋属于自己份额部分的处分，为有效遗嘱。

2. 祖某甲提交的2016年2月17日祖某乙的《补充遗嘱》，从遗嘱形式上来看，该份遗嘱符合自书遗嘱特征；从遗嘱内容上来看，系祖某乙就诉争房屋属于自己的份额部分及自己其他财产的处分，为有效遗嘱。

3. 袁某甲提交的2016年3月26日祖某乙与袁某乙的《房产遗嘱》，从遗嘱形式上来看，该遗嘱系袁某甲代写，虽然落款处祖某乙与袁某乙的签名具有真实性，但并无符合法律规定的见证人，不符合代书遗嘱形式，为无效遗嘱。

4. 袁某甲提交的2016年3月26日的《夫妻协议》，当事人质疑该份文件内容不属于遗嘱内容，故法官首先应当对文件内容是否属于遗嘱进行文意分析：协议中祖某乙、袁某乙“决定将房出售，所得金额一人一半打入个人账户”的表述，明显系对当时夫妻财产的分配而非遗嘱；后半部分“祖某乙去世后，出售该房的祖某乙那部分（所得的部分）由祖某甲继承；袁某乙去世后，出售该房的袁某乙那部分（所得的部分）由袁某甲继承”的表述，判定属于遗嘱内容，从遗嘱形式上来看，该协议系袁某甲代写，但该夫妻协议见证人及代笔人为本案继承人袁某甲，不符合遗嘱见证人的法律规定，故就《夫妻协议》中属于遗嘱的内容，本院认定为无效。

5. 袁某甲提交的2016年4月2日袁某乙的自书遗嘱：经过笔迹鉴定，该遗嘱全部字迹系袁某乙所写，祖某甲虽不予认可，但未提交相反证据，故法院对祖某甲的抗辩不予采信，认定该份遗嘱有效。

综上，法院判定祖某甲提交的2015年10月20日祖某乙的《房产遗嘱》、2016年2月17日祖某乙的《补充遗嘱》，袁某甲提交的2016年4月2日袁某乙的自书遗嘱为本案有效遗嘱，三份遗嘱内容无时间及内容方面的冲突与矛盾；其中祖某甲提交的祖某乙的两份遗嘱意思表示一致，即诉争房屋属于祖某乙的部分由祖某甲继承所有；袁某甲提交的袁某乙的自书遗嘱意思表示清楚，即袁某乙享有的财产由袁某甲继承所有。故，本案诉争房屋应当由祖某甲、袁某甲各自继承50%的所有权份额。

二、遗嘱继承案件中专门性问题鉴定的释明与启动

在审理遗嘱继承类案件时，当事人对遗嘱效力无法达成一致时，往往会对遗嘱启动鉴定。根据证据规则，遗嘱的真实性由持有遗嘱的一方证明。在启动鉴定之前，法官应当对本案中遗嘱需要解决的专门性问题进行识别，即是否应当启动鉴定、由谁启动鉴定以及启动何种鉴定、样本如何获取与判定。

（一）启动鉴定前的审查

目前《中华人民共和国民法典》规定的遗嘱形式包括六种，即：自书遗嘱、代书遗嘱、打印遗嘱、录音录像遗嘱、口头遗嘱、公证遗嘱；其中自书遗嘱、代书遗嘱、打印遗嘱这三种均涉及立遗嘱人或见证人签字以及所按捺指纹的真实性问题；而录音录像遗嘱、口头遗嘱这两类遗嘱在实践中多无书面材料，则有赖于对遗嘱形式合格与否的判定，通常为是否有两位及两位以上无利害关系的见证人、录音录像是否有剪辑拼接或干扰、立遗嘱人神志语言表达是否清晰等，此类遗嘱涉及的鉴定问题可能为立遗嘱人在订立遗嘱时是否具有完全的民事行为能力；公证遗嘱在《中华人民共和国民法典》颁布实施后，已无优先级，公证机关有责任保证自己办理的公证遗嘱符合法律规定的程序，故此类遗嘱通常通过向公证处调取公证遗嘱卷宗及录像来对遗嘱真实性加以认定。

此外，是否应当启动鉴定，从提升审判效率减少诉累的角度来看，法官应当首先判断遗嘱的形式是否符合法律形式，对于遗嘱形式存在重大瑕疵的，可直接依法认定遗嘱无效，如本案中一份遗嘱仅有照片件，释明当事人提供原件无法提供的，直接认定遗嘱无效，从而无须启动鉴定。对于遗嘱形式要件完备、内容表达清楚的，应当要求对遗嘱持有异议的一方先行陈述或提交初步相反证

据后，再依据情况启动鉴定，以防止当事人滥用诉讼权利。

（二）鉴定类型的判定

如前文所述，根据遗嘱形式的不同涉及的鉴定类型也不同，启动何种类型的鉴定项目由法院判定。具体审查思路如下：

一是针对笔迹鉴定，法官应当在鉴定启动前释明当事人对遗嘱的全文或仅对签名进行笔迹鉴定，特别是针对自书遗嘱的部分，应当根据遗嘱笔迹的整体性加以审查后予以认定；对于笔迹鉴定的样本，应当要求当事人双方加以穷尽，对于有争议的样本，法官依职权审查判定后决定是否能够作为样本移送鉴定。

二是遗嘱人在订立遗嘱时行为能力的鉴定，笔者在办理案件过程中偶有遇到当事人对立遗嘱人在订立遗嘱时的行为能力持有异议的情况。通常启动此类鉴定，对鉴定材料的要求较高，包括但不限于立遗嘱人订立遗嘱时期的相关病历、音频视频资料等，如当事人各方提交的材料不够充分，可能面临无法得出鉴定意见的情况。故，开展此类鉴定前，法官应当要求持有异议一方的当事人先行提供充分反证。在无法得出鉴定意见时，也可通过对基层居委会、社区民警、群众的走访和对病历进行专家咨询等方式对行为能力加以判断①。

（三）遗嘱笔迹的形成时间问题

对于多份遗嘱的判定，如本案中，应当首先按照遗嘱形式、遗嘱类型筛查有效遗嘱；在判定有效遗嘱后，如存在相同日期、内容相互矛盾的遗嘱时，可依据案件审理情况及条件启动对笔迹形成时间的鉴定，来进一步排除无效遗嘱。实践中，特别针对代书遗嘱问题，部分当事人曾主张立遗嘱人的签字早于代书人代书的遗嘱主文，此时也可启动笔迹形成时间的鉴定，但需要注意的是，代书内容早于签字的并不必然导致遗嘱无效，法官仍需综合全部证据判断立遗嘱人的真实意思表示加以认定。

---

① 张靓佶：《民事审判中对于无法确定遗嘱人是否具有民事行为能力的遗嘱效力的认定》，载《法制与社会》2020年第9期。

三、遗嘱形式对遗嘱效力的影响、审查与判定

实践中，在继承纠纷中，原则上应由持有遗嘱并主张遗嘱真实一方承担遗嘱真实性举证证明责任，在因无法提供足够的鉴定对比样本而导致笔迹鉴定不能的情况下，如有证据证明一方当事人持有鉴定对比样本而拒不提供的，人民法院可以根据案情确定由该方承担不利后果。该条规定为遗嘱案件的举证责任分配提供了审理思路。遗嘱的效力，应当结合遗嘱的内容与形式综合判断，当遗嘱真实性在通过举证及鉴定均无法证明时，法官应当依据举证责任的分配规则来定案。

对于遗嘱内容的审查在实践中难度不大，主要审查内容是否具有合法性、是否不当地处理了其他人的财产，即使遗嘱内容存在部分无效，也不影响合法有效部分的认定。

对遗嘱形式的审查，司法实践中存在一定的难点与争议。即遗嘱的效力认定是否应当严格遵从法律的规定，一种观点认为，审判实践中如果遗嘱的形式不合法或者存在瑕疵，法院即可不予采信；另一种观点认为，审判实践中不能片面地强调遗嘱的形式要件，如果遗嘱的瑕疵能够通过其他证据补正，就可认定遗嘱合法有效。笔者认同第二种观点，遗嘱形式如无重大瑕疵或违反法律规定的情况，应当综合其他证据认定有效，特别是疑难复杂情况出现时，如在代书遗嘱见证人无法到庭、鉴定意见难以获取时，更应当彰显法官对案件整体的把控与审查能力。涉继承类法律法规的历史沿革及立法意图，笔者认为有二：一是制定法律以确保立遗嘱人能够充分、自由地处分自己的合法财产；二是制定法律以防止外界环境或利害关系人对立遗嘱人的行为及意志施以胁迫，从而作出违反自身真实意思的行为。基于上述立法意图，就要求审判者在处理案件时有的放矢地运用法律查明事实，而非僵化地、公式般地处理案件。

编写人：北京市海淀区人民法院　董玫

45

打印遗嘱见证人“在场见证”及遗嘱法定形式要件的审查标准

——赵某、莒甲诉莒乙、莒丙遗嘱继承案

【案件基本信息】

1. 裁判书字号

北京市第二中级人民法院（2023）京02民终2634号民事判决书

2. 案由：遗嘱继承纠纷

3. 当事人

原告（上诉人）：赵某、莒甲

被告（被上诉人）：莒乙、莒丙

【基本案情】

莒丁与刘某系夫妻关系，二人育有子女三人，分别为莒戊、莒乙、莒丙。莒丁于1996年11月7日去世，刘某于2017年9月20日去世，莒戊于2021年5月2日去世。赵某系莒戊的配偶，莒甲系莒戊与赵某之女。

2002年10月10日，刘某与北京铁路分局签订《出售公有住宅协议书》，约定由刘某购买4-401号房屋，后上述房屋所有权人登记为刘某。

2002年10月10日，莒丙与北京铁路分局签订《出售公有住宅协议书》，约定由莒丙购买3-401号房屋，后上述房屋所有权人登记为莒丙。2017年1月22日，莒丙将上述房屋出卖，房屋成交价格为324万元。

2016年11月27日，莒丙通过某银行现金支取8万元。2017年1月19日，莒丙通过某银行向赵某转账87万元。2017年2月16日，莒丙通过徐某的某银

行账户向莒戊转账117万元。

庭审中，莒乙、莒丙陈述，莒戊在世时想卖4-401号房屋，但房屋涉及户口太多。故，莒丙将3-401号房屋出售，支付莒戊、赵某200多万元房屋折价款。莒乙、莒丙均表示3-401号房屋和4-401号房屋价值相当，总价为600万元左右，本意是由莒戊、莒乙、莒丙三人平分。

莒丙提交一份遗嘱，内容为：关于刘某4-401号住房遗嘱。立遗嘱人：刘某，性别女，1940年6月2日出生，本人共有三子女，分别为：莒丙（女）、莒戊（男）、莒乙（男）。我今年75岁，在立遗嘱时精神清醒，由于年事已高，可能发生意外，为避免后人因遗产继承问题发生争议，故立此遗嘱，表示我对自己的遗产在我去世之后的处理意愿。4-401号房屋是我的财产，由大女儿莒丙继承此房产。以上是我真实意思表示。遗嘱执行人：杨某。本遗嘱一式三份，分别由立遗嘱人及两位见证人各执一份。立遗嘱人：刘某（此处有手印）。见证人：杨某、张某。2016年6月18日（此处有手印）。

莒乙称，遗嘱是自己和张某去打印的，上面的字是莒乙写的。当时，莒戊、莒乙、莒丙均在场，手印是各按各的。刘某的姓名是自己写的，手印是自己按的。

庭审中，法院依法询问见证人立遗嘱时的情况。杨某称，遗嘱是莒乙打印的，手写部分是莒乙写的，到那的时候看着莒乙写的，自己没有写日期。张某称，签遗嘱的过程三个姐弟都在。其称自己跟着去打印了，不记得是谁打印的。

二审法院审理中曾询问莒乙、莒丙：打印的文字是如何形成的？莒乙陈述系其按照打印店的遗嘱模板打印的。

【案件焦点】

案涉打印遗嘱是否有效。

【法院裁判要旨】

北京市丰台区人民法院经审理认为：《最高人民法院关于适用〈中华人民

共和国民法典〉时间效力的若干规定》第十五条规定，《中华人民共和国民法典》施行前，遗嘱人以打印方式立的遗嘱，当事人对该遗嘱效力发生争议的，适用《中华人民共和国民法典》第一千一百三十六条的规定，但是遗产已经在民法典施行前处理完毕的除外。也就是说，即使是《中华人民共和国民法典》施行前订立的打印遗嘱，只要遗产尚未处理完毕，都应该按照《中华人民共和国民法典》的规定来审查判断遗嘱效力。《中华人民共和国民法典》第一千一百三十六条规定，打印遗嘱应当有两个以上见证人在场见证。遗嘱人和见证人应当在遗嘱每一页签名，注明年、月、日。本案的争议焦点在打印遗嘱未完全符合形式要件的情况应为有效还是无效。本案中，二位见证人对打印的过程说法有出入，且未签日期，但均表示见证了立遗嘱人签字的过程。审查打印遗嘱是否有效的核心，在于立遗嘱人对已打印好的遗嘱内容是否完全理解并确认，且见证人是否在场全程见证立遗嘱人确认遗嘱的过程。该遗嘱形式上存在瑕疵，但该打印遗嘱形成于《中华人民共和国民法典》实施之前，且根据二位见证人、二被告的当庭陈述可以确认见证人见证了整个立遗嘱过程。另外，根据莒乙、莒丙庭上陈述以及3-401号房屋的买卖时间、莒丙向莒戊、赵某的转账情况，可形成完整的证据链，故本院对莒乙、莒丙的意见予以采信。北京市丰台区人民法院判决如下：

一、坐落于北京市4-401号房屋归莒丙继承所有；

二、驳回赵某、莒甲的诉讼请求。

一审宣判后，赵某、莒甲提起上诉。

北京市第二中级人民法院经审理认为：本案的争议焦点为案涉打印遗嘱是否有效。《最高人民法院关于适用〈中华人民共和国民法典〉时间效力的若干规定》第一条第二款规定，《中华人民共和国民法典》施行前的法律事实引起的民事纠纷案件，适用当时的法律、司法解释的规定，但是法律、司法解释另有规定的除外。第十五条规定，民法典施行前，遗嘱人以打印方式立的遗嘱，当事人对该遗嘱效力发生争议的，适用民法典第一千一百三十六条的规定，但是遗产已经在民法典施行前处理完毕的除外。《中华人民共和国民法典》第一千一百三十六条规定，打印遗嘱应当有两个以上见证人在场见证。遗嘱人和见证人应当在遗嘱每一页签名，注明年、月、日。本案中，被继承人刘某死亡的事实发生在民法典施行前，但是刘某所立遗嘱从形式上看属于打印遗嘱的范畴，《中华人民共和国继承法》及相关司法解释未对打印遗嘱进行明确规定，现刘某的继承人之间对其订立的打印遗嘱的效力发生争议，按照法律规定，应当适用民法典关于打印遗嘱的规定。

首先，根据查明的事实，刘某遗嘱主体部分系打印形成，遗嘱下方有立遗嘱人刘某签字，还有见证人杨某、张某签字。因为打印遗嘱是用电脑书写后打印出来的，存在容易被伪造、修改的特点，故法律规定打印遗嘱的见证人需对打印遗嘱的整个形成过程进行见证。一审中案涉遗嘱见证人杨某出庭作证时陈述，其并未对整个打印遗嘱的形成过程进行全程见证，其前往莒丙家中时遗嘱已经打印完毕，其在打印好的遗嘱上签字，但未签署日期。见证人张某出庭作证时陈述其与杨某等人一起去打印的遗嘱，同时张某表示其未签署日期。对此本院认为，两位见证人陈述的打印过程不一致。杨某作证称，其到场时遗嘱已经打印完毕，张某亦未陈述见到刘某本人口述或手书了遗嘱内容。故，二人均未证明其见证了刘某订立遗嘱的过程。其二人不仅未见证遗嘱产生的全部过程，而且缺失的是最关键的遗嘱是否系刘某真实意思的重要部分，即缺少需要见证的主要内容。况且二审中，莒乙陈述遗嘱系其按照打印店的遗嘱模板打印，刘某亦未去打印店。故，案涉打印遗嘱的产生及见证不符合时空一致性的要求，不能证明是刘某的真实意思表示。

其次，莒丙陈述案涉打印遗嘱上仅有的日期为其本人所签，刘某本人以及两位见证人均未签署日期。鉴于遗嘱人、见证人均未签署日期，法院认为案涉打印遗嘱不符合法律规定的形式要件。综上所述，应当认定案涉打印遗嘱无效。一审法院认定了案涉打印遗嘱的效力，处理不符合法律规定，本院依法予以纠正。

另外，根据查明的事实，刘某的遗产仅为其名下的 4-401 号房屋，现有证据无法确认 3-401 号房屋的出卖及售房款的处分与刘某遗产存在关联性，故一审法院以3-401号房屋买卖时间及莒丙向莒戊、赵某转账情况佐证案涉打印遗嘱有效，缺乏事实和法律依据。

鉴于案涉打印遗嘱无效，对于4-401号房屋的继承应当按照法定继承处理，由第一顺序继承人共同继承。同一顺序继承人继承遗产的份额，一般应当均等。鉴于各方当事人均未提交证据证明存在应当多分、少分或者不分的情形，刘某的上述遗产应在其第一顺序继承人之间均等分割。继承开始后，莒戊没有表示放弃继承，并于遗产分割前死亡，其应继承的遗产份额转给其继承人赵某、莒甲。

关于诉讼时效，本案中，莒丙上诉主张赵某、莒甲的诉讼请求已经超过诉讼时效，应当依法予以驳回。对此，本院认为，本案是因遗产继承引发物权请求权纠纷，不适用诉讼时效制度，因此莒丙的关于诉讼时效的上诉意见，本院不予支持。

北京市第二中级人民法院依照《中华人民共和国民法典》第一千一百二十二条、第一千一百二十三条、第一千一百三十条、第一千一百三十六条、第一千一百四十三条、第一千一百五十二条、第一千一百五十六条，《最高人民法院关于适用〈中华人民共和国民法典〉时间效力的若干规定》第十五条，《中华人民共和国民事诉讼法》第一百七十七条第一款第二项之规定，判决如下：

一、撤销北京市丰台区人民法院（2022）京0106民初20669号民事判决；

二、4-401号房屋由莒丙继承三分之一的份额，由莒乙继承三分之一的份额，由赵某、莒甲共同继承三分之一的份额；

三、驳回赵某、莒甲的其他诉讼请求；

四、驳回莒丙的其他诉讼请求。

【法官后语】

随着互联网科技的发展，遗嘱订立的方式变得多样化。《中华人民共和国民法典》新增打印遗嘱为合法订立遗嘱的形式，同时严格规定了打印遗嘱合法有效的形式要件。司法实践中，因打印遗嘱形式要件产生的争议纠纷构成了审理遗嘱继承类案件的新特点、新问题。本案为审判实践中重点从“在场见证”方面审查打印遗嘱的真实性、合法性提供了借鉴作用，对审查是否符合打印遗嘱的法定形式要件亦具有代表性。

一、形式审查：打印遗嘱是否符合法定形式要件

《中华人民共和国民法典》第一千一百三十六条规定：打印遗嘱应当有两个以上见证人在场见证。遗嘱人和见证人应当在遗嘱每一页签名，注明年、月、日。因打印遗嘱具有用电脑书写、用打印机打印的特点，容易被伪造和修改，发生争议时又不能使用传统的笔迹鉴定的方式来确定遗嘱内容是否为遗嘱人所写，故对其见证和法定形式要件的要求均更为严格。

（一）见证人“在场见证”应符合时空一致性要求

所谓时空一致性，包括两个方面的要求：一是指时间上的同步性；二是指空间即地点上的同一性。打印遗嘱实际上是通过两个步骤形成的：一是在电脑上书写遗嘱；二是在打印机上将遗嘱打印出来。“时空一致性”要求见证人全程参与遗嘱订立的两个步骤，即在书写遗嘱时见证人应在场，全程见证遗嘱人在电脑上书写遗嘱，在打印遗嘱时其也应在场，全程见证电脑中的遗嘱被打印机打印出来。在遗嘱被打印出来后，见证人还可以帮助检查打印出来的遗嘱内容与电脑上所书写遗嘱的内容是否一致。本案中，见证人杨某作证称其到场时遗嘱已经打印完毕，见证人张某亦未陈述见到刘某本人口述或手书了遗嘱内容，故二人均未证明其见证了刘某订立遗嘱的过程。二审中，莒乙陈述遗嘱系其按照打印店的遗嘱模板打印，刘某亦未去打印店，故案涉遗嘱明显不符合见证人“时空一致性”的要求，有违《中华人民共和国民法典》中关于打印遗嘱的法定形式要件规定。

（二）遗嘱人、见证人均应在每页签名并签署日期

在打印遗嘱不止一页的情况下，遗嘱人和见证人应当在遗嘱的每一页上都签上自己的姓名并注明年、月、日。传统手写遗嘱可以通过笔迹鉴定的方式确定真伪，而打印遗嘱中都是印刷字体，不易确定是由谁书写并打印出来，故需要遗嘱人和见证人在每一页上均签名并注明年、月、日，以此确定遗嘱的真实

性和合法性。因打印遗嘱容易被伪造，而签名的字数又较少，容易被模仿，因此，法律规定需要有两个以上的见证人，以达到相互监督的效果。本案中，莒丙陈述案涉打印遗嘱上仅有的日期为其本人所签，刘某本人以及两位见证人均未签署日期，不符合打印遗嘱的法定形式要件。

二、实质审查：打印遗嘱是否系遗嘱人的真实意思表示

打印遗嘱属于要式行为，但法律规定遗嘱要式性是为了确保遗嘱人的最终真实意思表示能够得到实现。因此，对形式要件上稍有欠缺的遗嘱，如内容合法，又有充分证据能证明其为遗嘱人的真实意思表示，并能够通过其他方式弥补遗嘱形式上的不足的，可以认定遗嘱有效。由此观之，打印遗嘱见证人在场见证的“在场”并不必然包括遗嘱文本的制作过程，也不必然包括遗嘱人口述遗嘱内容的经过，但必须包括遗嘱人在明确知晓文本内容基础上以签名及注明年月日的方式来表达其设立遗嘱意愿的经过；在场见证的“见证”内容，则必须包括遗嘱人是否系自主表达其立遗嘱的意愿、遗嘱人是否确认遗嘱内容确系其处分遗产的意思、遗嘱人是否在遗嘱上签名并注明年月日。本案中，根据查明的事实，刘某的遗产仅为其名下的4-401号房屋，现有证据无法确认3-401号房屋的出卖及售房款的处分与刘某遗产存在关联性，故一审法院以3-401号房屋买卖时间及莒丙向莒戊、赵某转账情况佐证案涉打印遗嘱有效，缺乏事实和法律依据，莒丙亦未提交其他相关证据来充分证明案涉遗嘱为遗嘱人真实意思表示。此外，两位见证人不仅未见证遗嘱产生的全部过程，而且缺失的是最关键的遗嘱是否系刘某真实意思的重要部分，即缺少需要见证的主要内容。

综上所述，案涉打印遗嘱应当被认定为无效，对于4-401号房屋的继承应当按照法定继承处理，由第一顺序继承人共同继承。

编写人：北京市第二中级人民法院　时霈　王苏姗

46

形式瑕疵但意思表示真实的遗嘱应认定有效

——郭某 1 诉郭某 2 等遗嘱继承案

【案件基本信息】

1. 裁判书字号

北京市第三中级人民法院（2024）京 03 民终 11063 号民事判决书

2. 案由：遗嘱继承纠纷

3. 当事人

原告（上诉人）：郭某 1

被告（被上诉人）：郭某 2 等

【基本案情】

郭某 4（1994 年 11 月 10 日死亡）与陈某（2014 年 10 月 10 日死亡）系夫妻关系，育有子女：郭某 5（2007 年 5 月 11 日死亡，未婚无子女）、郭某 3（2022 年 5 月 11 日死亡，未婚无子女）、郭某 1、郭某 2 等。

位于马坊村 42 号院内有北房 2 间，集体土地建设用地使用证为通集建（92 郎）字第 14-192 号，土地登记使用者为郭某 3。郭某 1 提交遗嘱，《遗嘱》中载明："郭某 3 本人自愿将现金壹万捌仟陆佰肆拾叁元及工资卡交给兄弟郭某 1 保管，我的房产也归兄弟郭某 1 所有，郭某 1 负责我的一切生活，直到死亡。房产等我死了再扒了，现在不能扒。立遗嘱人郭某 3。"《遗嘱》中有郎某、付某作为见证人签字。

一审庭审中，付某称《遗嘱》为郎某代为书写。《遗嘱》中遗嘱人、代书人、见证人均未在遗嘱中注明年、月、日。

一审审理过程中，郭某2等申请对《遗嘱》中郭某3的签名进行鉴定，后撤回鉴定。

【案件焦点】

涉案遗嘱是否真实有效。

【法院裁判要旨】

北京市通州区人民法院经审理认为：当事人对自己提出的诉讼请求所依据的事实或者反驳对方诉讼请求所依据的事实，应当提供证据加以证明，当事人未能提供证据或者证据不足以证明其事实主张的，由负有举证证明责任的当事人承担不利的后果。代书遗嘱应当有两个以上见证人在场见证，由其中一人代书，并由遗嘱人、代书人和其他见证人签名，注明年、月、日。本案为遗嘱继承纠纷，本案中郭某1提交了代书遗嘱，经法院审查，郭某1提交的代书遗嘱中，遗嘱人、代书人、见证人均未在该遗嘱中注明年、月、日，不符合代书遗嘱的形式要件，应属无效，故对于郭某1的诉讼请求，不予支持。北京市通州区人民法院判决如下：

驳回郭某1的全部诉讼请求。

一审宣判后，郭某1提起上诉。

北京市第三中级人民法院经审理认为：根据《中华人民共和国民法典》第一千一百三十五条的规定，代书遗嘱应当有两个以上见证人在场见证，由其中一人代书，并由遗嘱人、代书人和其他见证人签名，注明年、月、日。《遗嘱》中遗嘱人、代书人、见证人均未在遗嘱中注明年、月、日。二审中，郭某1提交了订立涉案遗嘱的视频录像原始载体，可见视频拍摄于2022年3月8日，录像视频显示，订立遗嘱时有村委会成员三人在现场，由郎某代书，见证人付某签字，已满足两个以上见证人在场见证的法定条件。法律遗嘱要式性的初衷是为了确保遗嘱人的真实意思表示，为保障遗嘱人的最终真实意思表示能够得到实现。通过录像综观整个遗嘱订立过程，一方面，郭某3明确表达了案涉房屋给郭某1，由郭某1负责其生活的意思；另一方面，虽然录像中无法显示是否签署的是案涉遗嘱，但代书人宣读遗嘱的内容与案涉遗嘱是一致的，另外，虽然录像未显示见证人、代书人签字，但见证人、代书人作为村委会成员，在一审中出庭表示确系其二人签署。在各方未提交被继承人另立有其他遗嘱的情况下，应认定郭某1提交的视频可以补足证明案涉遗嘱实际的签署日期，因此，本案代书遗嘱应认定为有效。

北京市第三中级人民法院依照《中华人民共和国民法典》第一千一百三十五条、第一千一百四十四条，《中华人民共和国民事诉讼法》第一百七十七条第一款第二项之规定，判决如下：

一、撤销北京市通州区人民法院（2023）京0112民初28799号民事判决；

二、北京市通州区西集镇马坊村42号院内北房2间由郭某1继承所有。

【法官后语】

遗嘱是立遗嘱人单方作出的在其死亡后才发生效力的民事法律行为，属于典型的民事法律行为，必须符合法律规定，才能发生法律效力。遗嘱行为中最核心的内容是意思表示。司法实践中，遗嘱因为形式瑕疵被认定无效的情况并不鲜见，立法规定和人们行为的冲突势必影响遗嘱人的意思自由。遗嘱形式瑕疵导致遗嘱无效，不仅导致亲情丧失，更会使遗嘱人的意思自由被剥夺。因此，在司法实践中如何平衡遗嘱的形式要件与遗嘱自由的关系，不仅涉及对遗嘱人的意思自由的尊重，更是涉及家庭的和谐、社会的稳定。遗嘱的形式与遗嘱自由的价值衡量，值得关注与思考。

一、遗嘱自由是遗嘱行为的核心

遗嘱是立遗嘱人在生前对自己死后财产的处分，充分体现了遗嘱人对自己财产权的处分权能，更体现了财产在家族间的传承。以意思表示为核心要素的法律行为是实现私法自治的主要工具。在现代民法中，私有财产权是遗嘱的物质基础。私有财产权的正当性、合法性和合理性，是遗嘱行为的内核与基石。因此，立法者应当充分尊重遗嘱人的真实意思表示，通过立法将遗嘱人的真实意思最大限度地予以保障并实现。由于遗嘱在遗嘱人死后才生效，因此关于遗嘱的纠纷都是在遗嘱人死亡后才发生。遗嘱人的死亡，使得遗嘱人的真实意思只能通过遗嘱进行解读，为了保证遗嘱的真实性、合法性，《中华人民共和国民法典》对遗嘱的形式进行了严格的规定，将遗嘱严格地限制为要式法律行为。一旦形式欠缺，就直接否认遗嘱的效力。这导致了大量的遗嘱纠纷中只要遗嘱形式不符合法律规定，该遗嘱就会被认定无效，而没有考虑遗嘱人的真实意思，致使遗嘱纠纷不断，不仅继承人之间的矛盾没有得到有效解决，甚至直接违背遗嘱人的意思自由，使得遗产无法按照遗嘱继承。罗马法学家乌尔比安说："遗产所体现的不是继承人的意志，而是被继承人的意志。"① 遗嘱行为中最核心的内容就是意思表示。

二、最大限度遵守遗嘱的形式要件

遗嘱形式，是指自然人在死亡之前充分表达自由意志，对个人合法有效的财产或者事务进行处分时所采用的外在表现方法。它是判断或衡量遗嘱是否体现了遗嘱人的真实意思的标准，也是决定遗嘱是否具有法律效力的前提条件。对于不符合法定形式要件的遗嘱是否有效的问题，在实务中有不同观点。《中华人民共和国民法典》第一千一百四十三条是关于遗嘱无效的专门规定，而该规定中却没有规定不符合法定形式的遗嘱无效，所以不能从解释上直接得出不符合法定形式的遗嘱一定无效的结论。遗嘱的核心要件是遗嘱人自由处分权行使的合法性与遗嘱内容的真实性，形式要件的功能是确保遗嘱人意思表示真实。由于当事人已死亡，立遗嘱行为是否其真实意思表示无法自证，故为了充分保证遗嘱的真实性，确保遗嘱体现遗嘱人处分自己死后遗产的真实意思，审判实践中应当对遗嘱的形式要件从严把握，对于违反法定形式要件的遗嘱，不宜认定为有效。遗嘱形式遵循严格法定主义的法理依据在于：遗嘱毕竟是立遗嘱人对其财产的处分，且在其死后才能得到执行，因此，为了确保其真实性和严肃性，法律有必要对遗嘱设以严格的要式性要求，来最大限度地防止他人伪造、篡改遗嘱内容。在审判实践中，应当根据不同遗嘱形式的立法目的并结合是否有其他证据可以补强该形式瑕疵来综合判断遗嘱的效力，只有遗嘱

---

① 《学说汇纂：所有权、占有与时效取得》，贾婉婷译，中国政法大学出版社 2011 年版，第 47 页。

的形式瑕疵严重到无法认定是遗嘱人的最后真实意思表示时，才可以认定该遗嘱无效。

三、兼顾遗嘱的形式要件与遗嘱人的真实意思

遗嘱是典型的要式行为、死因行为、无相对人的单方法律行为。被继承人立遗嘱的本意是希望其所立的遗嘱能够生效，并能够按照遗嘱人的真意来处理遗产。因此，遗嘱的解释应探寻被继承人的内心真意，力求符合遗嘱愿望，而非仅仅因遗嘱存在个别错误或部分歧义而轻易否定其效力。遗嘱的有效性除了要求具备形式要件外，对于遗嘱人的真实意愿也应充分尊重。特殊情况下不应严苛遗嘱的形式要件，对于存在形式瑕疵遗嘱的效力，不仅要审查遗嘱本身形式是否完备，还要审查是否有其他辅助证据可以证实或补正，凡是可以印证或否定遗嘱的内容为遗嘱人真实意思表示的信件、邮件、手稿、录音以及证人证言等证据，均可以作为辅助证据予以使用，以此体现立遗嘱人的真实意思。

本案中，郭某1提交的遗嘱中，立遗嘱人、代书人、见证人，均没有任何一人注明年、月、日，在形式上存在诸多瑕疵，一审法院以案涉遗嘱不符合代书遗嘱的形式要件为由，认定遗嘱无效。二审中，郭某1提交了订立涉案遗嘱的视频录像原始载体，可见视频拍摄于2022年3月8日，录像视频显示，订立遗嘱时有村委会成员三人在现场，已满足两个以上见证人在场见证的法定条件。通过录像综观整个遗嘱订立过程，虽然录像中无法显示是否签署的是案涉遗嘱，但代书人宣读遗嘱的内容与案涉遗嘱是一致的，虽然录像未显示见证人、代书人签字，但见证人、代书人作为村委会成员，在一审中出庭表示确系其二人签署。二审法院综合考虑以上情况，最终确定案涉遗嘱存在的瑕疵不足以否定案涉遗嘱的真实性。

倡导、培育和维护公序良俗，谴责、制裁和摒弃丑恶现象，是人民法院家事审判肩负的重要职责。审判实践中，应充分考虑个案情况，在查明事实、准确适用法律的基础上，逐项分析遗嘱所涉瑕疵，最大限度还原、尊重遗嘱人的真实意思表示，实现公正司法、引领和谐风尚、传承优良家风。

编写人：北京市第三中级人民法院　宁泽兰　高玉珠

（三）被继承人债务清偿纠纷

47

被继承人债务清偿纠纷中法院应对被继承人遗产范围进行明确认定并释明

——李某1诉李某2等被继承人债务清偿案

【案件基本信息】

1. 裁判书字号

北京市第一中级人民法院（2024）京01民终4720号民事判决书

2. 案由：被继承人债务清偿纠纷

3. 当事人

原告（上诉人）：李某1

被告（被上诉人）：李某2、王甲、王丙

【基本案情】

李某3与吕某系夫妻关系，二人育有长子王甲、二子王乙、女儿王丙。李某3于2014年1月1日死亡。吕某于2014年4月26日死亡。任某与王乙原系夫妻关系，二人于2014年7月28日离婚，二人育有一子李某2。王乙于2023年5月29日死亡。2022年8月3日至8月27日，李某1及其夫王某陆续通过银行、微信向王乙转账共计38万元。2023年4月21日，王乙向李某1出具一份欠条，载明：因本人王乙资金临时周转不便，兹欠付李某1人民币38万元。

案涉 203 号房屋（62.47 平方米）登记在李某 3 名下，登记日期为 1998 年 10 月 26 日。关于 203 号房屋的归属，各方存在争议。李某 1 提交某公证处公证书及相应公证遗嘱二份，一份显示：立遗嘱人吕某，203 号房屋是夫妻共有财产。现我年事已高，为避免我去世后子女们发生房产纠纷，特申请立公证遗嘱，将上述房产中属于我个人所有的那部分房产份额留给我的次子王乙一人所有。立遗嘱人：吕某。2010 年 3 月 1 日。另一份显示：立遗嘱人李某 3，203 号房屋是我和妻子吕某的共有财产。现我年事已高，为避免我去世后子女们发生房产纠纷，特申请立公证遗嘱，将上述房产中属于我个人所有的那部分房产份额留给我的次子王乙一人所有。立遗嘱人：李某 3。2010 年 3 月 1 日。经质证，王甲、王丙不予认可。李某 2 表示不清楚。审理中，法院调取了某公证处卷宗，其中，李某 3、吕某的询问笔录显示李某 3、吕某表示把 203 号房屋给王乙一人，不包括他媳妇，王乙特别孝顺，买房时他也出钱了。

【案件焦点】

对被继承人遗产范围存在争议时，法院是否应对被继承人遗产范围进行明确认定和释明。

【法院裁判要旨】

北京市门头沟区人民法院经审理认为：《中华人民共和国民法典》第一千一百二十一条第一款规定，继承从被继承人死亡时开始。第一千一百二十二条第一款规定，遗产是自然人死亡时遗留的个人合法财产。第一千一百二十三条规定，继承开始后，按照法定继承办理；有遗嘱的，按照遗嘱继承或者遗赠办理；有遗赠扶养协议的，按照协议办理。本案中，203 号房屋系李某 3、吕某夫妻共同财产，李某 3、吕某立有遗嘱，二人死亡后，203 号房屋应按照遗嘱由王乙一人继承。王乙死亡后，203 号房屋应由李某 2 继承。

《中华人民共和国民法典》第六百七十五条规定，借款人应当按照约定的期限返还借款。对借款期限没有约定或者约定不明确，依据本法第五百一十条的规定仍不能确定的，借款人可以随时返还；贷款人可以催告借款人在合理期限内返还。第一千一百六十一条规定，继承人以所得遗产实际价值为限清偿被继承人依法应当缴纳的税款和债务。超过遗产实际价值部分，继承人自愿偿还的不在此限。继承人放弃继承的，对被继承人依法应当缴纳的税款和债务可以不负清偿责任。《最高人民法院关于审理民间借贷案件适用法律若干问题的规定》第二十四条规定，借贷双方没有约定利息，出借人主张支付利息的，人民法院不予支持。自然人之间借贷对利息约定不明，出借人主张支付利息的，人民法院不予支持。除自然人之间借贷的外，借贷双方对借贷利息约定不明，出借人主张利息的，人民法院应当结合民间借贷合同的内容，并根据当地或者当事人的交易方式、交易习惯、市场报价利率等因素确定利息。关于李某1主张王乙所欠债务，相应债权本金有转账、微信记录佐证，本院对此予以确认，本院确认李某2应在继承203号房屋范围内偿还李某1借款本金38万元。对李某1主张的利息，因上述借款系自然人之间的借贷，双方对利息未有约定，故本院对李某1主张的利息不予支持。

综上，北京市门头沟区人民法院依照《中华人民共和国民法典》第六百七十五条、第一千一百二十一条第一款、第一千一百二十二条第一款、第一千一百二十三条、第一千一百六十一条之规定，判决如下：

一、李某2于本判决生效之日起七日内在继承王乙203号房屋遗产的范围内偿还李某1借款本金38万元；

二、驳回李某1的其他诉讼请求。

一审宣判后，李某2提起上诉。

北京市第一中级人民法院经审理认为：本案的争议焦点为案涉遗嘱效力及房屋属性是否能在本案中予以认定、本案诉讼主体是否适格。（1）案涉遗嘱效力及房屋属性是否能在本案中予以认定。本案为被继承人债务清偿纠纷。本案中，对案涉遗嘱效力及房屋属性的认定直接影响被继承人的遗产范围，现债权人主张应由被继承人的遗产清偿其遗留的债务，故在本案中对案涉遗嘱效力及房屋属性予以认定并无不当。案涉遗嘱为公证遗嘱，公证遗嘱由遗嘱人经公证机构办理。结合某公证处卷宗相关材料，尚无相反证据足以推翻公证证明，案涉公证遗嘱应当予以采信，因此，案涉房屋应按照李某3、吕某夫妻所立公证遗嘱内容由王乙一人继承，现王乙已去世，案涉房屋应属王乙遗产，且其去世时王乙与任某已离婚，李某 2 作为王乙唯一第一顺序继承人，在李某 2 未亲自作出放弃继承明确意思表示的情况下，案涉房屋由李某 2 继承。即便李某 2 本人明确表示放弃继承王乙遗产，为保护债权人的合法权益，亦应认定放弃继承无效，由李某 2 对王乙遗产的实际财产价值为限清偿债务。（2）本案诉讼主体是否适格。在被继承人债务清偿纠纷中，原告为债务的债权人；以遗产是否分割为界限，分割之前以遗产管理人为适格被告，分割之后以取得遗产的法定继承人、遗嘱继承人和受遗赠人为被告。首先，根据王乙以其个人名义向李某 1 出具的一份 38 万元的欠条以及相关银行、微信转账凭证，李某 1 与被继承人王乙之间的债权债务关系成立，故李某 1 是本案适格诉讼主体。其次，如前所述，案涉房屋由李某 2 继承，根据《中华人民共和国民法典》第一千一百六十一条第一款之规定，继承人以所得遗产实际价值为限清偿被继承人依法应当缴纳的税款和债务。超过遗产实际价值部分，继承人自愿偿还的不在此限。一审法院判令李某 2 在继承王乙案涉房屋遗产范围内偿还李某 1 借款本金 38 万元并无不当，本院不持异议。综上所述，李某 2 的上诉请求不能成立，应予驳回；一审判决认定事实清楚，适用法律正确，应予维持。依照《中华人民共和国民事诉讼法》第一百七十七条第一款第一项之规定，判决如下：

驳回上诉，维持原判。

【法官后语】

《中华人民共和国民法典》第一千一百六十一条规定，原则性地规定了继承人在继承范围内承担清偿责任。但司法实践中，一般仅认定“以遗产范围为限承担清偿责任”，给后续执行程序带来一定困扰。因此，在有明确遗产客体但当事人对遗产存在争议时，应对争议的被继承人遗产依据民法典关于法定继承或遗嘱继承等相关规则进行实质性审查并在判决主文中予以明确。对被继承人遗产进行实质性审查，应遵循《中华人民共和国民法典》及《最高人民法院关于适用〈中华人民共和国民法典〉继承编的解释（一）》的相关规定认定被继承人遗产范围，在判断某项客体是否属于被继承人遗产时，应当满足四项限制性条件：其一，时间限制，即能够作为遗产的财产必须是在被继承人死亡前就已存在；其二，性质限制，即能够作为遗产的客体必须具有财产性；其三，主体限制，即能够作为遗产的财产必须具有个体性，以被继承人的个人财产为限；其四，来源限制的规定，即能够作为遗产的个人财产必须是来源合法的，非法的财产不能作为遗产。

如无明确遗产，且在被继承人债务清偿判决中仅以“在继承的遗产范围内清偿”，易产生因生效法律文书主文给付内容不明确，若告知申请执行人另行提起诉讼，以明确死者遗产的范围及分割状况，明确执行的范围，将增加当事人诉累（甚至可能被受诉法院以重复诉讼为理由裁定驳回起诉）并严重损害司法裁判的权威性。为防止上述情况发生，可在“本院查明”部分对潜在的相关财产线索予以表述，供后续执行参考。至于具体措施，可重点尝试在审判程序中引入执行查询平台系统，尝试授权给法官进入执行平台查询的权利，从而更好地查找被继承人的遗产。

编写人：北京市第一中级人民法院　张琳　张春城

（四）遗赠扶养协议纠纷

48

遗赠扶养协议的认定及裁判把握

——朱某1等诉黄某遗赠扶养协议案

【案件基本信息】

1. 裁判书字号

浙江省台州市中级人民法院（2023）浙10民终1060号民事判决书

2. 案由：遗赠扶养协议纠纷

3. 当事人

原告（上诉人）：朱某1、朱某2、朱某3、朱某4

被告（被上诉人）：黄某

【基本案情】

朱某某、黄某1夫妻共生育四女一子，分别为女儿朱某5、朱某1、朱某6、朱某2和儿子朱某7。朱某3、朱某4系朱某7之子。黄某系朱某6之女。黄某1于1988年7月21日死亡，朱某某于1992年10月15日死亡，朱某7于1997年7月5日死亡。

2018年7月17日，经法律服务所见证，朱某5与被告黄某签订了遗赠扶养协议一份，载明“甲方（扶养人、被赡养人）：朱某5，乙方（受赠人、赡养人）：黄某。鉴于甲方未育有子女，乙方为甲方外甥女，甲方平时的生活等问题一直均由乙方一人照料，现为明确相关事项，特订立本协议如下：(1) 乙方负责甲方在世时的吃、穿、住、行、医疗、养老等赡养义务。甲方百年后的丧葬事务由乙方负责办理，乙方应当办妥甲方丧葬事务。办理甲方丧葬事务的费用首先由甲方去世后留下的财物支付，不足部分由乙方承担。(2) 甲方愿意将登记在甲方名下坐落于某村76号的三层楼房、一层平房各一间（四至：东靠荷清、西边老海空地、南靠路介、北靠路介）和甲方分得的承包田、承包山（含调剂的土地使用权）及百年后遗留的其他一切财产（包括但不限于银行存款、村内股权及其他可得款项、家具和家用电器等财产）遗赠给乙方一人所有，乙方愿意接受甲方遗赠的前述财产。(3) 乙方在甲方生前未经甲方同意不得转移、处置甲方个人财产，乙方应在甲方百年之后依法办理遗赠财产的所有权转移手续。不需办理财产所有权转移手续的，乙方占有即视为已取得遗赠财产。(4) 甲、乙双方一致同意指定前蒋村民委员会负责监督本协议书的履行”。

2022年10月28日，朱某5发生交通事故，被送入某医院救治，经诊断为左侧颞叶、两侧额顶叶脑挫伤、头皮血肿、前房积血、眶骨骨折、眼睑裂伤、眼球挫伤、右侧肩胛骨骨折、肋骨骨折、两侧髂内动脉分支破裂、创伤性脾破裂、骨盆骨折、高血压病3级（极高危）、2型糖尿病，并陷入昏睡状态。在入院时向某医院出具的授权书上载明，代理行使患者在医院医疗期间的知情同意权和选择权的被授权人为黄某、朱某1。治疗过程中，因朱某5出现肾功能不全，某医院于2022年11月10日向朱某5家属提出进行CRRT（连续肾脏替代治疗）方案，但朱某5家属不能形成一致意见。2022年11月11日，被告黄某在拒绝或放弃医学治疗告知书上签字，表示拒绝接受CRRT治疗。

2022年11月21日，朱某5死亡，其死亡原因为多处损伤继发肾功能衰竭，导致酸碱失衡、高钾血症，最终心脏骤停。

【案件焦点】

遗赠扶养协议的效力如何认定。

【法院裁判要旨】

浙江省台州市黄岩区人民法院经审理认为：《中华人民共和国民法典》第一千一百二十三条规定，继承开始后，按照法定继承办理；有遗嘱的，按照遗嘱继承或者遗赠办理；有遗赠扶养协议的，按照协议办理。朱某5生前与被告黄某签有遗赠扶养协议，根据上述法律规定，在朱某5死亡后，其遗产即应按照遗赠扶养协议处理，并无适用法定继承规则之余地。原告方提出被告黄某存在侵害被扶养人身体权、健康权、生命权的违法行为，要求援引《中华人民共和国民法典》第一千一百二十五条的规定，确认被告黄某丧失受遗赠权。法院认为，原告方的这一观点不能成立。上述法律规定的受扶养人丧失受遗赠权的情形是指受扶养人故意杀害扶养人，而朱某5是因交通事故受伤而最终死亡。虽然被告黄某拒绝实施CRRT治疗，与朱某5的病程发展及死亡存在关联，但在医疗活动中，患者家属对于治疗方案的选择，受多方面因素的影响，而且，家属中的不同人员从各自角度出发，也会有不同的想法。因此，拒绝某种治疗方案不能等同于实施了故意杀害的行为，不能以此剥夺继承人或受扶养人的权利。原告方又主张，被告黄某未按约履行赡养义务，以此为由要求取消黄某的受遗赠权。法院认为，遗赠扶养协议是受扶养人与受扶养人之间一种平等、有偿和互为权利义务关系的民事法律关系。根据法律规定，如扶养人无正当理由不履行扶养义务，导致遗赠扶养协议解除的，扶养人不能享有受遗赠的权利，其支付的供养费用一般不予补偿。对于扶养人不履行义务时受扶养人的权利保护，法律已经提供了途径。但朱某 5 生前并未将涉案遗嘱扶养协议予以解除。而从原告方提供的证据看，也不能证明朱某 5 生前被告黄某未尽到扶养义务。因此，原告方的这一理由亦不能成立。综上，原告方的诉讼请求缺乏依据，法院不予支持。依照《中华人民共和国民法典》第一千一百二十三条的规定，判决如下：

驳回原告朱某 1、朱某 2、朱某 3、朱某 4 的诉讼请求。

一审宣判后，朱某 1、朱某 2、朱某 3、朱某 4 提起上诉。

浙江省台州市中级人民法院经审理认为：遗赠扶养协议是自然人与继承人以外的扶养人订立的，以受扶养人的生养死葬及其财产的遗赠为内容的诺成性双务有偿合同。首先，关于案涉遗赠扶养协议是否真实有效。该协议系于 2018 年 7 月 17 日，在法律服务所见证下，由朱某 5 和被上诉人共同签订，内容不违反法律、法规的强制性规定。现上诉人主张该协议并非朱某 5 的真实意思表示，内容存在篡改、伪造，但未提供有效证据予以证明，法院不予采信。其次，关于案涉遗赠扶养协议是否已经解除。根据上诉人提供的证据不能证明朱某 5 与被上诉人已达成解除遗赠扶养协议的合意。同时，扶养人自协议生效时起，就应当按照协议约定履行扶养义务，在被上诉人提供了部分医院预约记录、门诊付款凭证、公墓收款收据等证据的情况下，上诉人提供的证据尚不足以证明被上诉人未履行协议约定的扶养义务。最后，关于被上诉人是否存在丧失受遗赠权的情形。根据《中华人民共和国民法典》第一千一百二十五条第三款的规定，受遗赠人故意杀害被继承人的，丧失受遗赠权。本案中，朱某 5 发生交通事故后的病程发展虽与治疗方案的选择有所关联，但其仍系因交通事故受伤而最终死亡，故原审法院认定不能以此为由剥夺扶养人的权利，亦无不当。

综上，一审判决认定事实清楚，适用法律正确，应予维持。浙江省台州市中级人民法院依照《中华人民共和国民事诉讼法》第一百七十七条第一款第一项规定，判决如下：

驳回上诉，维持原判。

【法官后语】

一、遗赠扶养协议本质理论的概述

所谓遗赠扶养协议，是指自然人与继承人以外的扶养人订立的，以受扶养人的生养死葬及其财产的遗赠为内容的诺成性双务有偿合同。

（一）协议主体

《中华人民共和国民法典》第一千一百五十八条规定，自然人可以与继承人以外的组织或者个人签订遗赠扶养协议。遗赠扶养协议的双方当事人一方是受扶养人，另一方是扶养人。法定继承人是不能与被继承人签订遗赠扶养协议的。另外，《中华人民共和国民法典》规定："遗产按照下列顺序继承：（一）第一顺序：配偶、子女、父母；（二）第二顺序：兄弟姐妹、祖父母、外祖父母……被继承人的子女先于被继承人死亡的，由被继承人的子女的直系晚辈血亲代位继承。"值得注意的是，受扶养人可以和其子女的晚辈直系血亲签订遗赠扶养协议。

（二）协议内容

遗赠扶养协议是一种双方法律行为，需要双方当事人意思表示达成一致方能成立。一旦成立生效，对双方当事人都有法律约束力，双方必须严格遵守，否则将构成违约。不仅扶养人有扶养另一方的义务，受扶养人也需要按照约定将自己的遗产赠与对方。遗赠扶养协议是有偿的，双方都需要向对方支付对价。扶养人支付对价的方式就是负责受扶养人的生养死葬，受扶养人就是通过死后将遗产赠与扶养人的方式支付对价。

（三）一般为要式法律行为

遗赠扶养协议一般以书面的方式作出。因为双方达成遗赠扶养协议后，协议的履行期限往往较长，且扶养人在受扶养人死亡后才能取得遗产，如果没有书面协议，受扶养人死亡后，将死无对证，无法确认双方是否存在真实的遗赠扶养关系，故遗赠扶养协议建议以书面方式作出。①

二、遗赠扶养协议的效力

（一）遗赠扶养协议对扶养人的效力

对于扶养人来说，自协议生效时起，扶养人就必须对受扶养人按照协议的约定或者合理情形予以扶养，并且这一扶养义务的履行，除了协议解除或出现法定事由外，不得中断，直至受扶养人死亡。不仅如此，受扶养人死亡后，扶养人还必须依照协议的约定，负责办理受扶养人丧葬事宜。

（二）遗赠扶养协议对受扶养人的效力

遗赠扶养协议对受扶养人的约束力主要表现为：除受扶养人有权要求扶养人履行扶养义务外，受扶养人还负有保证其死后扶养人能够得到约定赠与的财产的义务。遗赠扶养协议中的扶养人，虽于受扶养人生前不能主张所遗赠财产权利，但该项权利，却是一种期待利益，故，受扶养人不能随意处分协议中约定的财产，或者利用遗嘱将财产再处分给继承人或其他人，否则就会侵犯扶养人的合法利益。

（三）遗赠扶养协议对于第三人的效力

遗赠扶养协议对于第三人的效力，主要是指在被继承人的遗产处置上对于继承人、扶养人的法律效果。遗赠扶养协议对于协议以外的继承人或扶养人都会产生一定的法律效果。如果受扶养人将同一份财产既设定了遗赠扶养协议，又设立了遗嘱继承，在受扶养人死亡以后，根据遗赠扶养协议优先性的特点，应当首先考虑遗赠扶养协议的执行。即使其继承人或遗嘱继承人占有了该项财产，也应当将财产移交给遗赠扶养协议中的扶养人。

三、遗赠扶养协议的解除

（一）扶养人有无履行扶养义务

扶养人如何履行扶养义务，现有法律无明确规定，但从司法实践来看，一般要求应以能达到生养死葬的效果为标准。这一效果标准终归是比较抽象的，扶养

---

① 最高人民法院民法典贯彻实施工作领导小组编著：《中国民法典适用大全·继承卷》，人民法院出版社2023年版，第285页。

毕竟是行为方式的表现，遗赠扶养协议是一种协议，即我们应从合同法的规则和基本原理去判断扶养人履行扶养义务的行为标准。按照民法中的意思自治原则，关于履行扶养义务方式，当事人可自由协商约定。扶养人在履行扶养义务过程中，可以约定给付金钱、给付劳务方式、精神陪伴方式或其他方式完成扶养义务。① 在没有约定具体方式的情况下，扶养人可基于完成生养死葬这一目的，在不违反法律强制性规定和不妨碍其他人合法权益情况下，结合双方实际情况，自由决定。

（二）遗赠扶养协议解除的情形

受扶养人与受扶养人之间因感情恶化无法继续履行协议或其他原因导致双方均不愿意继续履行协议，则双方可以在自愿平等的基础上就协议解除及解除后扶养人的损失补偿等问题进行协商，双方合意一致，协议即可解除。一方当事人明确表示或者以自己的行为表示不愿意履行遗赠扶养协议的，另一方可以行使解除权。遗赠扶养协议中约定的遗赠标的物灭失的，扶养人可以行使单方解除权。扶养人因丧失扶养能力等原因无法继续履行扶养义务或扶养人先于受扶养人死亡的以及受扶养人有了法定继承人能尽赡养义务的，则遗赠扶养协议终止。

（三）遗赠扶养协议解除后的救济

如果受扶养人生前未经扶养人同意，擅自将协议约定的遗赠财产转让给他人，扶养人可以提出解除遗赠扶养协议，并可以要求受扶养人补偿已支出的扶养费用。如果扶养人不要求解除遗赠扶养协议，第三人若是善意有偿取得财产，则所有权发生转移；若第三人非善意有偿取得，则扶养人可在取得主张遗产的权利后，向第三人主张返还不当得利。如果扶养人或集体组织无正当理由不履行扶养义务，致协议解除的，不能享有受遗赠的权利，其支付的供养费用一般不予补偿。

四、司法实践中需注意的几个问题

（一）遗赠扶养协议不免除法定赡养义务人的赡养义务

需要注意的是，遗赠扶养协议并不免除受扶养人的子女等赡养义务人的

---

① 夏吟兰：《婚姻家庭继承法》（第三版），中国政法大学出版社2021年版，第281页。

赡养义务。因为受扶养人与其子女的赡养义务是法定的，除非双方的身份关系消除才可不承担义务，即使受扶养人与他人订立了遗赠扶养协议，法定赡养义务人也仍然应当履行赡养的义务。因此，受扶养人的子女对受扶养人的赡养扶助义务，不因遗赠扶养协议而免除。同时，受扶养人的子女对其遗赠以外的财产仍享有继承权。受扶养人在与扶养人订立遗赠扶养协议的情况下，由于不发生收养的法律效力，因而子女对自己的父母仍然有赡养扶助的义务，并且享有互相继承遗产的权利。

（二）遗赠扶养协议的公证

遗赠扶养协议公证是指国家公证机关根据当事人的申请，依法证明受扶养人与扶养人之间签订协议行为的真实性、合法性的活动。

遗赠扶养协议通过公证的方式确定下来，公证人员能够为当事人提供专业的法律建议，并可代为草拟文书，在公证员的见证下，让当事人明明白白地约定权利义务，让双方的意愿圆满地实现。① 由此可见，遗赠扶养协议是不需要公证即发生法律效力的。遗赠扶养协议自当事人签订之日起成立，并发生法律效力。

办理遗赠扶养协议公证时应注意以下问题：

1. 双方当事人应亲自到扶养人或受扶养人住所地公证处提出申请。受扶养人因年老、疾病等原因不能亲自到公证处的，公证员可到其住所办理。

2. 扶养人应是受扶养人的法定继承人以外的公民或集体组织。

3. 当事人的意思表示要真实，协议条款要完备，双方的权利义务要明确。

4. 受扶养人处分的财产是否为个人所有，有无债务。

5. 受扶养人已婚，或有成年子女与之共同生活的，要征求其配偶及成年子女的意见，并应与其配偶共同为一方，与扶养人签订协议。

6. 协议如设立了担保条款，担保人的意思表示须真实，同时还应提供担保人的财产情况。

---

① 孙毅、刘耀东编著：《〈中华人民共和国民法典·继承编〉释义》，人民出版社2020年版，第127页。

7. 协议中约定公证条款的处理。

协议中约定公证条款对遗产继承的影响。遗产是公民死亡时遗留的个人合法财产。附生效条件的合同，自条件成就时生效。如果在协议明确约定了“本协议自签订之日成立，自公证之日起生效”的情况下，应当认为作为被继承人和扶养人，其已明确为该协议的生效设定了条件。[①] 考虑到遗赠扶养协议是一种平等、有偿和互为权利义务的民事法律关系，有利于对老人的照顾和扶养。继承开始后，遗赠扶养协议、遗嘱或遗赠、法定继承，一般按先后顺序处理遗产，也即优先考虑遗赠扶养协议。因此，为防止因遗赠扶养协议内容不严谨、权利义务约定不明确从而引发继承纠纷，在订立遗赠扶养协议时，应特别注意：如果扶养人为协议的生效设定了条件，那么只有在该条件成就时协议方才生效。否则，即便扶养人客观上确实承担了受扶养人生养死葬的义务，亦不能当然据此主张继承遗产的权利。

（三）遗赠扶养纠纷的裁判规则

扶养人与受扶养人在履行遗赠扶养协议过程中产生的纠纷，即遗赠扶养协议纠纷。对于遗赠扶养协议的效力，人民法院在审查时，应当根据当事人的陈述、举证和质证情况，综合认定。此类案件需要根据“谁主张，谁举证”的证据规则，受扶养人需举证证明扶养人未履行协议能够解除协议；法院在举证责任的分配上，还要由扶养人举证证明已经或者正在履约。

关于该问题，目前在司法实践中形成了一些可供参考的裁判规则及司法观点，笔者汇总如下。

一是遗赠扶养协议中处分的财产应是受扶养人所有的财产，受扶养人不得处分他人所有之财产。

二是遗赠扶养协议是双方法律行为，协议自成立之日起开始生效，拒不履行协议中约定义务可以作为协议解除的条件，协议人可以据此请求解除协议，而是否履行协议不应作为协议生效的条件。

---

① 杨立新主编：《〈中华人民共和国民法典〉条文精释与实案全析（下）》，中国人民大学出版社2020年版，第248页。

三是口头的遗赠扶养协议有效，当一方实际履行了对另一方的扶养义务后，应当享有受遗赠的权利。

四是遗赠扶养协议具有较强人身属性，判断这一协议能否存续，还应充分考虑当事人的意愿以及双方关系现状。本案中，虽然黄某拒绝实施CRRT治疗，与朱某5的病程发展及死亡存在关联，但在医疗活动中，患者家属对于治疗方案的选择，受多方面因素的影响，而且，家属中的不同人员从各自角度出发，也会有不同的想法。因此，拒绝某种治疗方案不能等同于实施了故意杀害的行为，不能以此剥夺继承人或扶养人的权利。而且朱某5生前并未将涉案遗赠扶养协议予以解除，从目前证据来看，也不能证明在朱某5生前黄某未尽到扶养义务。

五是《遗赠扶养协议》涉及对无民事行为能力人财产的处分时，如出于维护其利益的目的，且未违反法律法规的强制性规定，也并不存在损害第三人利益的情形，该协议有效。

编写人：浙江省台州市黄岩区人民法院　陈贝

49

未形成扶养关系的继子女遗产酌给的认定标准

——黄某、苏某诉杨某、刘某遗赠扶养协议案

【案件基本信息】

1. 裁判书字号

北京市第二中级人民法院（2022）京02民终14628号民事判决书

2. 案由：遗赠扶养协议纠纷

3. 当事人

原告（上诉人）：黄某、苏某

被告（被上诉人）：杨某、刘某

【基本案情】

杨某与刘某某于2002年12月5日登记结婚，二人于2004年4月7日生育一女刘某。2017年4月19日杨某与刘某某经法院调解离婚。位于北京市房山区某院内北房5间以及东房2间（含过道）是由刘某某婚前所建，西房2间是刘某某和杨某婚后所建，刘某某与杨某离婚时，经法院调解达成财产分割协议，协议内容为："位于北京市房山区某院内西配房中的南侧一间归杨某所有，北侧一间归刘某某所有。"现该宅院房屋无人居住使用。刘某某与苏某于2020年5月13日再婚，苏某带着黄某（未成年）与刘某某一起生活。

2021年1月20日苏某被公安机关羁押，2021年4月14日刘某某去世，2021年5月19日苏某被取保。2021年4月7日，刘某某与杨某签订了《遗赠扶养协议》，协议约定的主要内容为刘某某去世后，其所有的涉案房屋遗赠给杨某所有，协议有三名村委会工作人员见证，协议签订后，杨某作为受遗赠人履行了对刘某某生养死葬的义务。

现苏某、黄某起诉要求继承刘某某遗产，杨某、刘某以刘某某生前留有遗赠扶养协议，已将遗产赠与杨某为由，不同意苏某、黄某的诉讼请求。

审理中，杨某称刘某某去世后有其出租土地费4000元，已用于刘某某的丧葬花费。苏某提出刘某某社保清退会有一部分钱、2020年刘某某看卡口会有工资存款、另有5000元丧葬费。对于该部分款项，杨某称，刘某某的社保清退钱没有领取，不知道有多少。刘某某在路口看卡口的钱，平时也会花销，没有这笔钱，也没有见到过刘某某的工资卡，5000元丧葬费没有领，因为按照程序应当先清算完社保才可以领取丧葬费，且现在杨某与刘某某不是夫妻，没有办法领取。

【案件焦点】

1. 苏某是否系刘某某的继承人；2.《遗赠扶养协议》是否有效，黄某是否可以分得适当的遗产。

【法院裁判要旨】

北京市房山区人民法院经审理认为：继承开始后，按照法定继承办理；有遗嘱的，按照遗嘱继承或者遗赠办理；有遗赠扶养协议的，按照协议办理。自然人可以与继承人以外的组织或者个人签订遗赠扶养协议。按照协议，该组织或者个人承担自然人生养死葬的义务，享有受遗赠的权利。位于北京市房山区某院内的涉案房屋由刘某某建设，系刘某某婚前财产，属于刘某某遗产。杨某、刘某向法院提交的遗赠扶养协议有三名本村村委会人员进行见证，且内容无违法之处，故应属于有效协议。依据该协议内容，位于北京市房山区某院内的刘某某所有的房屋应由杨某继承。

对生活有特殊困难又缺乏劳动能力的继承人，分配遗产时，应当予以照顾。如果黄某与刘某某形成了继父母子女关系，因黄某系未成年人，无劳动能力，故遗嘱（遗赠）中应当给黄某留一定份额的遗产。黄某与刘某某是否形成了继父母子女关系，双方存在争议。形成继父母子女关系的，应当是双方持续一起生活一定的时间，且在物质、生活、教育等方面的全面抚养的前提下，才可形成。苏某与刘某某婚后，虽然苏某带着黄某与刘某某一起生活，但一起生活时间较短。黄某与刘某某一起生活只能视为刘某某与苏某基于维护夫妻感情而形成的相互扶助的行为，而非与黄某形成了继父母子女关系。因此苏某、黄某以黄某与刘某某已经形成了继父母子女关系为由，要求继承刘某某的遗产，法院不能支持。

对于继承人以外的依靠被继承人抚养的人，或者继承人以外的对被继承人抚养较多的人，可以分给适当的遗产。因黄某在与刘某某一起生活期间，黄某对刘某某的抚养有一定的依靠性，故可适当分得刘某某遗产。黄某所得遗产部分，可由杨某折价支付给黄某，给付金额由法院酌定。

综上，北京市房山区人民法院依据《中华人民共和国民法典》第一千一百二十三条、第一千一百三十一条、第一千一百三十三条、第一千一百三十五条、第一千一百五十八条，《中华人民共和国民事诉讼法》第六十七条之规定，判决如下：

一、杨某给付黄某遗产折价款20000元；

二、刘某某位于北京市房山区某院内的涉案房屋遗产归杨某所有；

三、驳回苏某、黄某的其他诉讼请求。

一审宣判后，黄某及其法定代理人苏某提起上诉。

北京市第二中级人民法院经审理认为：黄某及其法定代理人苏某上诉理由无事实或法律依据，依照《中华人民共和国民事诉讼法》第一百七十七条第一款第一项规定，判决：

驳回上诉，维持原判。

【法官后语】

继父母子女之间能否互为法定继承人；如果继父母子女之间不具有继承关系，非法定继承人是否可以要求分得被继承人的遗产。

一、继父母子女之间能否互为法定继承人，应查明双方是否形成扶养关系

《中华人民共和国民法典》第一千零七十二条第二款规定，继父或者继母和受其抚养教育的继子女间的权利义务关系，适用本法关于父母子女关系的规定；第一千零七十条规定，父母和子女有相互继承遗产的权利。同时，《中华人民共和国民法典》第一千一百二十七条第一款将父母和子女列为第一顺序继承人，第三款规定，本编所称子女，包括婚生子女、非婚生子女、养子女和有扶养关系的继子女，第四款规定，本编所称父母，包括生父母、养父母和有扶养关系的继父母。据此，可以认为存在扶养关系的继父母和继子女互为第一顺序的法定继承人。

司法实践中，在判断扶养关系是否形成时，主要综合考虑扶养时间的长期性、经济与精神扶养的客观存在、家庭身份融合程度，以及继子女与继父母来往紧密度等因素。具体而言：(1) 未成年继子女应当与继父母共同生活；(2) 存在扶养行为，扶养行为包括继父母对继子女的抚养，也包括继子女对继父母的赡养；(3) 扶养关系要持续一段时间，可以三年为基本判定标准，结合个案因素适当增减；扶养关系在成立后应持续存在。[①] 基于前述标准，未成年的继子女

---

① 王葆莳：《论继父母子女之间的法定继承权——〈民法典〉第1072条和第1127条解释论》，载《法学》2021年第9期。

并非必然与继父母形成扶养关系，而成年的继子女长期对继父母履行赡养义务，亦可能符合与继父母形成扶养关系的认定标准。

就本案而言，苏某与刘某某婚后，虽然苏某带着黄某与刘某某一起生活，但一起生活时间较短。黄某与刘某某一起生活只能视为刘某某与苏某基于维护夫妻感情而形成的相互扶助的行为，不能认为刘某某与黄某形成了存在扶养关系的继父母子女关系，法院未认定黄某为刘某某的继承人。故，苏某、黄某以黄某与刘某某已经形成了继父母子女关系为由，要求继承刘某某遗产，未能得到法院支持。

二、未形成扶养关系的继子女可适用遗产酌给制度分得适当遗产

《中华人民共和国民法典》第一千一百三十一条规定，对继承人以外的依靠被继承人扶养的人，或者继承人以外的对被继承人扶养较多的人，可以分给适当的遗产。该条实际设立了遗产酌给制度，指出有两种法定继承人以外的人，可以分得适当的遗产：第一种是依靠被继承人扶养的人，“依靠被继承人扶养”，是指全部或主要生活来源依赖被继承人提供的继承人之外的公民。第二种是对被继承人生前扶养较多的人，即指在被继承人生前对其在经济上资助、生活上扶助的继承人之外的公民。

在审判实务中，遗产酌给制度与现实生活中继父母子女关系的特征高度契合。在处理涉及继父母子女继承权纠纷时，对存在一定扶养行为，但双方又未能形成扶养关系的继父母或继子女，应依据该制度予以一定补偿或奖励。对于以此制度可获得的遗产份额，一般区分不同情况予以处理：一是对继承人以外的依靠被继承人扶养的人，其应获得遗产份额的确定主要考虑他们的基本生活需要，另外，也要考虑是否有其他扶养义务人的存在、死者生前是否有法定的扶养义务等因素。二是对继承人以外的对被继承人扶养较多的人，其应获得遗产份额的确定主要考虑其对被继承人的扶养情况，物质上的付出与精神上的付出都应纳入考量。

就本案而言，黄某未能与刘某某形成继父女之间的扶养关系，法院认定黄某并非刘某某的法定继承人，不能继承遗产。但法院认为，鉴于黄某与刘某某确实一起生活了一定时间，其间一段时间苏某因故未能一起生活，且黄某为未

成年人，虽然黄某与刘某某二人未形成继父女间的扶养关系，但黄某对刘某某的抚养有一定的依靠性，刘某某在世时对黄某的抚养行为体现出希望照顾黄某的意思，故虽本案存在遗赠情形，仍适用了遗产酌给制度，确定黄某可适当分得刘某某的遗产。

此外，区别于本案受被继承人扶养的情况，如果作为法定继承人以外的人，对被继承人进行了扶养，这种扶养不是法律上必须履行的义务，而是公民出于道德心，自觉自愿提供的帮助。为了对非法定继承人非义务的照顾行为予以奖励或补偿，亦应将存在遗嘱或遗赠的情况包含在遗产酌给制度的适用情形中。

编写人：北京市房山区人民法院　郭校校

50

遗赠扶养协议解除的正确认定

——张某甲诉张某乙等遗赠扶养协议案

【案件基本信息】

1. 裁判书字号

山东省淄博市中级人民法院（2022）鲁03民终3741号民事判决书

2. 案由：遗赠扶养协议纠纷

3. 当事人

原告（上诉人）：张某甲

被告（被上诉人）：张某乙、张某丙、王某某

【基本案情】

张某甲与张某丙系同父异母的兄弟关系，王某某与张某丙系夫妻关系，张某乙系张某丙、王某某之子。2000年2月23日，张某甲（被赡养人）与张某

丙（赡养人）、王某某（赡养人）、张某乙（赡养人）签订《赡养赠与协议书》，内容如下：“1. 张某甲至今未婚，无子女因年老体弱，现独身生活、今后饮食起居需要人照顾，经双方协商完全自愿由赡养人张某丙夫妻对被赡养人尽赡养义务（在赡养人张某乙未婚前），其中包括：吃、穿、住、医疗费等一切由赡养人负责。2. 赡养人张某乙婚后应对被赡养人尽赡养义务，其中包括：吃、穿、住、医疗费等一切由赡养人负责，时至被赡养人百年去世。3. 被赡养人的所有财产及房屋由赡养人继承，使用面积107.25平方米，其中建筑面积70.29平方米，（房屋三间、前、后院一处）在去世之后由赡养人继承，集体土地使用证由赡养人保管，任何人不得以任何理由侵占和占有。4. 为维护双方的合法权益、合同条款，甲、乙双方严格遵守。如一方违约要承担相应的法律责任和经济责任。5. 本协议一式三份，当事人各执一份，签字盖章之日起生效。”张某甲、张某丙、王某某、张某乙、案外人王某1、傅某某在该协议书中签字捺印，某镇法律服务所在该协议书中盖章。原、被告对此协议书均无异议。原告提交房屋继承协议书一份，内容如下：“甲方：张某甲，乙方：张某乙；经甲乙双方协商同意，就遗赠事宜达成协议如下：1. 甲方所有楼房位置某小区××室，在甲方故（死亡）后赠送给乙方，其楼房产权归乙方所有。2. 甲方在60岁没有劳动能力后开始由乙方供给一切经济费用至今（生活、医疗、水电、物业等各项费用）。3. 待甲方（张某甲）故后，其妻葛某某，可在此楼房内居住至终身，但不能再找伴侣在此楼房结婚和子女居住。4. 本协议签字、盖章生效，一式三份，双方各执一份、村委会留一份存档。”该协议书中有被告“张某乙”及证明人“张某1”签字，原告未签字。现原告张某甲主张协议签订后张某乙、张某丙、王某某并未对张某甲进行照顾扶养。2013年张某甲结婚后一直由配偶进行精心照料扶养，生活消费支出一直由张某甲自己负担，为此诉至法院，请求判令解除《赡养赠与协议书》《房屋继承协议书》等赠与协议并由被告承担本案的诉讼费用。王某某、张某丙、张某乙辩称，《房屋继承协议书》没有成立，故不生效；对《赡养赠与协议书》的解除没有事实及法律依据，请求法庭依法驳回原告的诉讼请求。

【案件焦点】

遗赠扶养协议解除的正确认定。

【法院裁判要旨】

山东省淄博市张店区人民法院经审理认为：原、被告签订《赡养赠与协议书》，系双方当事人的真实意思表示，且不违反法律法规的强制性规定，应为合法有效，双方均应依约履行。协议签订后，张某乙按照协议约定给付张某甲养老费，为张某甲支付水电费，为其购买食物、生活用品，对其进行照顾等，尽到了赡养义务。现张某甲以协议签订后张某乙、张某丙、王某某并未对其进行照顾抚养为由要求解除《赡养赠与协议书》，没有事实及法律依据，法院不予支持。原告要求解除《房屋继承协议书》，但原告主张该协议是由被告张某乙制作并让原告签名，被告张某乙主张该协议中“张某乙”签字捺印并非其本人所签及捺印，且原告未在该协议中签字，故该协议未成立生效。综上，原告未在该协议上签字，且被告亦不认可签字为其本人所签，说明原、被告对签订该协议并未达成合意，故该协议未成立生效，原告诉求解除该协议并无必要，本院不予支持。据此，依照《中华人民共和国民法典》第七条、第四百九十条、第五百零二条、第五百零九条，《中华人民共和国民事诉讼法》第六十七条之规定，判决：

驳回原告张某甲的诉讼请求。

一审宣判后，张某甲提起上诉，请求：(1）依法撤销一审（2022）鲁0303民初6056号民事判决，依法改判或发回重审；（2）本案所涉一审、二审诉讼费用由被上诉人承担。

山东省淄博市中级人民法院经审理认为：上诉人张某甲与三被上诉人于2000年2月23日在协商一致基础上自愿订立的《赡养赠与协议书》，系双方当事人的真实意思表示，并无违反法律、行政法规强制性规定及公序良俗的内容，应为有效。该协议虽名为《赡养赠与协议书》，但根据合同中确立的双方权利义务之内容，该协议具有遗赠扶养协议的性质。双方在履行该协议过程中产生的纠纷应为遗赠扶养协议纠纷，本案案由确定为遗赠扶养协议纠纷更为适当。

双方当事人在本案中争议的主要焦点为上诉人张某甲要求解除案涉《赡养赠与协议书》《房屋继承协议书》的主张应否予以支持的问题。

案涉《赡养赠与协议书》订立于 2000 年 2 月 23 日，该合同效力持续至《中华人民共和国民法典》施行之后，双方于此时因履行问题发生争议；案涉《房屋继承协议书》形成于 2019 年，上诉人亦提起本案诉讼主张解除，故根据《最高人民法院关于适用〈中华人民共和国民法典〉时间效力的若干规定》第一条之规定本案应适用民法典的规定对当事人涉及的争议进行审查处理。

首先，对于上诉人张某甲要求解除案涉《赡养赠与协议书》的问题。

遗赠扶养协议内容具有强烈的人身属性，扶养义务系以信赖为主要基础和纽带的特别的非金钱之债，本案中，现上诉人张某甲以被上诉人未按协议约定履行赡养义务为由要求解除案涉《赡养赠与协议书》，并明确表示不同意三被上诉人继续履行案涉《赡养赠与协议书》约定的赡养义务，也不接受三被上诉人的赡养义务，且于 2022 年 6 月 8 日已向某镇人民政府提出解除协议的诉求。因此，该赡养赠与协议书的主要内容事实上已不能履行，亦不适于强制履行，对上诉人张某甲要求解除案涉《赡养赠与协议书》的诉讼主张，依法应予以支持。但案涉《赡养赠与协议书》的解除，并不影响当事人根据《赡养赠与协议书》的约定和履行情况要求对方承担相应的违约或偿还供养费用的责任，对此当事人可依法另行主张权利。原审未对案涉《赡养赠与协议书》的性质作出认定并由此审查协议继续履行的可能性，对上诉人张某甲解除《赡养赠与协议书》的诉求未予支持不当，本院予以纠正。根据《中华人民共和国民法典》第五百六十五条的规定，本院确认案涉《赡养赠与协议书》于原审法院向三被上诉人送达起诉状副本之日亦即 2022 年 8 月 2 日解除。

其次，对于上诉人张某甲要求解除案涉《房屋继承协议书》的问题。当事人主张解除合同，需以合同成立并生效为基础，即当事人要求解除的合同须为发生法律效力的民事合同。本案中，上诉人张某甲未在案涉《房屋继承协议书》上签字，一审时，被上诉人亦抗辩主张该协议未成立、该协议中“张某乙”的签字捺印并非其本人所签及捺印，故可以认定双方对签订该协议并未达成合意，该协议未成立生效。一审法院对于上诉人张某甲的该项诉求未予支持正确，本院予以维持。另外，关于上诉人张某甲主张的现居住房屋的居住使用权问题，因其未在一审时提出，且与本案并非同一法律关系，故对其该项上诉主张，本案不予处理，当事人可依法另行处理。综上所述，上诉人张某甲的上诉请求部分成立，应予部分支持。据此，判决如下：

一、撤销山东省淄博市张店区人民法院（2022）鲁0303民初6056号民事判决；

二、确认上诉人张某甲与被上诉人张某乙、张某丙、王某某2000年2月23日签订的《赡养赠与协议书》于2022年8月2日解除；

三、驳回上诉人张某甲的其他诉讼请求。

【法官后语】

本案的争议焦点为遗赠扶养协议解除的正确认定问题。

遗赠扶养协议制度为没有法定赡养义务人或者法定赡养义务人因特殊情况无法实际履行赡养义务的老人保障自身老年生活实现老有所养提供了一个选择路径。司法实践中，因遗赠扶养协议履行过程中产生争议并诉至法院请求解除遗赠扶养协议的案例时有发生。本案即为如此，一审法院认为被告张某乙尽到了赡养义务，原告以被告未对其进行照顾扶养为由要求解除《赡养赠与协议书》，没有事实及法律依据。二审法院则认为上诉人张某甲以被上诉人未按协议约定履行赡养义务为由要求解除案涉《赡养赠与协议书》，并明确表示不同意三被上诉人继续履行案涉《赡养赠与协议书》约定的赡养义务，也不接受三被上诉人的赡养义务，该赡养赠与协议书的主要内容事实上已不能履行，亦不适于强制履行，因而对上诉人张某甲要求解除案涉《赡养赠与协议书》的诉讼主张依法予以支持。因而厘清遗赠扶养协议解除的相关事宜有利于司法实践中正确处理此类案件。

《中华人民共和国民法典》（以下简称《民法典》）第一千一百五十八条

规定，自然人可以与继承人以外的组织或者个人签订遗赠扶养协议。按照协议，该组织或者个人承担该自然人生养死葬的义务，享有受遗赠的权利。遗赠扶养协议是指遗赠人和扶养人为明确相互间遗赠和扶养的权利义务关系所订立的协议，是一项独立的继承法律制度。需要他人扶养并自愿将自己的合法财产全部或者部分遗赠给扶养人的为遗赠人，也称为被扶养人；对遗赠人尽扶养义务并接受遗赠的人为扶养人。《民法典》第五百八十条规定，当事人一方不履行非金钱债务或者履行非金钱债务不符合约定的，对方可以请求履行，但是有下列情形之一的除外：(1) 法律上或者事实上不能履行；(2) 债务的标的不适于强制履行或者履行费用过高；(3) 债权人在合理期限内未请求履行。有前款规定的除外情形之一，致使不能实现合同目的的，人民法院或者仲裁机构可以根据当事人的请求终止合同权利义务关系，但是不影响违约责任的承担。遗赠扶养协议内容具有强烈的人身属性，其订立以扶养人和被扶养人特别的信任关系为基础，扶养义务系以信赖为主要基础和纽带的特别的非金钱之债，不仅需要扶养人一方出资，更需要对被扶养人一方付出情感上的关爱、精神上的抚慰，需双方形成信任关系，由扶养人照顾被扶养人的饮食起居等各项生活事宜，该义务的履行亦需要被扶养一方在信赖基础上的接受与配合。在被扶养人一方明确表示不同意扶养人继续履行遗赠扶养协议约定的赡养义务，也不接受扶养人的赡养义务情形下，该遗赠扶养协议的主要内容事实上已不能履行，亦不适于强制履行，因而依法应予解除。需要注意的是，遗赠扶养协议解除，并不影响当事人根据遗赠扶养协议的约定和履行情况要求对方承担相应的违约或偿还供养费用的责任。《民法典》第五百六十五条规定，当事人一方依法主张解除合同的，应当通知对方。合同自通知到达对方时解除；通知载明债务人在一定期限内不履行债务则合同自动解除，债务人在该期限内未履行债务的，合同自通知载明的期限届满时解除。对方对解除合同有异议的，任何一方当事人均可以请求人民法院或者仲裁机构确认解除行为的效力。当事人一方未通知对方，直接以提起诉讼或者申请仲裁的方式依法主张解除合同，人民法院或者仲裁机构确认该主张的，合同自起诉状副本或者仲裁申请书副本送达对方时解除。据此，案涉《赡养赠与协议书》于一审法院向三被告送达起诉状副本之日即2022年8月2日解除。

本案中，上诉人张某甲以被上诉人未按协议约定履行赡养义务为由要求解除案涉《赡养赠与协议书》，并明确表示不同意三被上诉人继续履行案涉《赡养赠与协议书》约定的赡养义务，也不接受三被上诉人的赡养义务，且于2022年6月8日已向某镇人民政府提出解除协议的诉求。因此，该赡养赠与协议书的主要内容事实上已不能履行，亦不适于强制履行，对上诉人张某甲要求解除案涉《赡养赠与协议书》的诉讼主张，依法应予以支持。但案涉《赡养赠与协议书》的解除，并不影响当事人根据《赡养赠与协议书》的约定和履行情况要求对方承担相应的违约或偿还供养费用的责任，对此当事人可依法另行主张权利。

编写人：山东省淄博市张店区人民法院　刘晓辉

山东省淄博市中级人民法院　荣明潇

（五）遗产管理纠纷

51

民法典中民政部门之遗产管理人角色的定位、难题及出路

——赵某甲诉某区民政局遗产管理案

【案件基本信息】

1. 裁判书字号

北京市朝阳区人民法院（2021）京0105民初39323号民事判决书

2. 案由：遗产管理纠纷

3. 当事人

原告：赵某甲

被告：某区民政局

【基本案情】

被继承人赵某乙于1988年12月23日出生，于2019年3月18日死亡。赵某乙未婚无子女，无兄弟姐妹，其父于2009年4月11日死亡，其母于2004年1月26日死亡，其祖父于2008年5月20日死亡，其祖母于1989年4月11日死亡，其外祖父于2004年1月9日死亡，其外祖母于1998年11月29日死亡。赵某乙与某房地产开发公司签订了《商品房买卖合同》，总价款446066元。2017年9月28日，该房屋登记至赵某乙名下。赵某乙向某银行北京分行申请贷款310000元，截至2021年10月27日，已还93期，剩余267期。某区民政局则主张，某区民政局自然成为赵某乙的遗产管理人没有异议，但赵某甲在赵某乙死亡后，并未将赵某乙死亡的情况告知居委会，也未告知某区民政局，亦未通过特别程序指定某区民政局为赵某乙的遗产管理人，所以赵某甲直接提起本案诉讼存在程序瑕疵。赵某甲称，赵某乙自幼体弱多病，赵某乙在其父母相继死亡后一直与赵某甲共同生活，由赵某甲照顾赵某乙的生活起居、陪伴赵某乙就医；为赵某乙日后成家考虑，赵某甲出资购买了涉案房屋并持续偿还贷款。为证明上述主张，赵某甲提交的主要证据有：《居民情况证明信》、赵某乙就诊病历资料等。赵某甲主张，赵某乙生前与其共同生活多年，赵某乙生前曾向多位亲属表达由赵某甲继承涉案房屋的意愿。为证明上述主张，赵某甲申请证人王某某出庭作证。王某某还称，赵某甲为赵某乙日后成家出资购买了涉案房屋。另查，赵某乙生前未立遗嘱。赵某甲主张由其继承涉案房屋的全部份额，并同意自行偿还涉案房屋剩余贷款。

【案件焦点】

民政部门作为遗产管理人的确定方式及确定程序。

【法院裁判要旨】

北京市朝阳区人民法院经审理认为：本案中，被继承人赵某乙没有法定继承人，生前居住在北京市朝阳区，根据上述规定，某区民政局为赵某乙的遗产管理人。某区民政局对其自然成为赵某乙的遗产管理人没有异议，但主张赵某甲在赵某乙死亡后未向居委会、某区民政局报告，亦未通过特别程序指定遗产管理人，在此情形下，赵某甲直接将某区民政局诉至法院存在程序瑕疵。对此，本院认为，赵某甲、某区民政局对某区民政局为赵某乙的遗产管理人并无争议。而且，指定遗产管理人旨在解决对遗产管理人的确定存在的争议，而非分割遗产、管理遗产的法定前置程序，利害关系人亦无报告被继承人死亡的法定义务，故本院对某区民政局的上述抗辩意见不予采信。赵某甲为依法分割赵某乙的涉案遗产而起诉某区民政局符合法律规定。对被继承人生前的扶养，通常见于日常琐事、生活起居等，包括经济上的支持、情感上的陪伴，一般情况下，被继承人的亲属、与被继承人关系密切的人会更了解相关事实。赵某乙生前就医留存的联系人是赵某甲，也可以看出赵某乙生前对赵某甲较为信任和依赖，证人证言与此亦可相互印证。故本院采信证人的证言，结合赵某乙的就医资料等，认定赵某甲是继承人以外的对赵某乙扶养较多的人。赵某甲可分得涉案房屋份额的认定，应结合以下因素综合考量：扶养周期及方式。根据证人证言及赵某乙的就医资料可知，赵某乙身患疾病，自其父母死亡后一直与赵某甲共同生活，其生活起居、就医诊疗等均由赵某甲照顾、陪护、支付相应费用，扶养关系一直持续至赵某乙因病死亡。被继承人生前意愿。王某某等赵某乙的多位亲属均称赵某乙死亡前一晚，曾表示“要把位于香河的房屋转给赵某甲”。从查明情况看，赵某甲为赵某乙成家考虑，为赵某乙购买涉案房屋，首付款、贷款等系由赵某甲支付、偿还，赵某甲亦同意自行偿还涉案房屋剩余贷款。综上，赵某甲系赵某乙之姑姑，在无法定扶养义务的情形下，出于亲情和关怀对赵某乙进行了事实上的扶养，并在购买涉案房屋方面为赵某乙提供经济资助。这种扶养不是法律上必须履行的义务，而是道德层面的自愿扶助，赵某甲对赵某乙的扶养行为应当予以鼓励和肯定，结合分给扶养人的遗产数额应与其对被继承人所尽扶养义务相一致的原则，赵某甲分得涉案房屋的全部份额具有正当性和合理性。北京市朝阳区人民法院判决如下：

登记在被继承人赵某乙名下的房屋的全部份额由原告赵某甲继承。

案件宣判后，判决已生效。

【法官后语】

一、民政部门之遗产管理人的确定方式

民政部门虽然负有担任遗产管理人的职责，但是通过何种程序确定该项身份，目前也缺乏操作细则。实践中，主要有“非诉讼方式”和“诉讼方式”两种情况。

所谓非诉讼方式，是指部分地方的民政部门主动承担或者依照利害关系人的申请承担了遗产管理人角色，具体表现如下。

其一，自然人去世后无继承人或继承人均放弃继承，当地居委会主动通知民政部门，建议其担任遗产管理人。其二，自然人去世后无继承人或继承人均放弃继承，相关利害关系人如受遗赠人、债权人向民政部门提出申请，要求其担任遗产管理人。部分地方民政部门受理后，一般会发出“遗产管理人受理公告”，确定一定时间的异议期限，异议期限届满，无人提出异议，民政部门再发出“遗产管理人担任公告”，确定担任遗产管理人。

所谓诉讼方式，是指自然人去世后无继承人或继承人均放弃继承时，利害关系人特别是债权人提起民事诉讼，将民政局诉至法院，要求将其指定为遗产管理人，随后以此为基础提起清偿债务的相关诉讼。①

综上可知，实践中，民政部门担任遗产管理人的确定方式，主要有民政部门主动履职、利害关系人向民政部门申请、利害关系人向法院申请指定三种方式，但是这三种方式之前是什么关系，是可同时并行还是存在前置程序，目前尚缺乏统一的规则，就此问题将在下文论及。

---

① 参见（2022）豫 0581 民特 4 号民事判决书，载中国裁判文书网，2025 年 3 月 21 日访问。

二、民政局之遗产管理人的确定程序

1. 遗产管理人确定的非诉讼程序与诉讼程序的关系。当下的实践中，利害关系人可以向法院申请指定遗产管理人，也可以直接向民政部门申请担任遗产管理人。那么，上述非诉讼程序与诉讼程序之间是何种关系？目前，尚缺乏明确规定，笔者认为该问题的回应，需要着重考察两个方面。

第一，遗产管理人的制度目的。如前文所述，《中华人民共和国民法典》引入遗产管理人的目的，是在保护被继承人遗产的同时，更高效、妥当地处理被继承人的债权债务。故此，在诸多程序的选择关系中，更方便、更有利于利害关系人主张权利应当是基本原则。

第二，与《中华人民共和国民法典》相类似制度的处理方式。《中华人民共和国民法典》当中关于监护人的制度，也涉及了法院指定程序与其他程序之间的关系，依照该法第三十一条第一款，对监护人的确定有争议的，可以由被监护人住所地的居民委员会、村民委员会或者民政部门指定，也可以直接向法院申请指定。可见，对于监护人的确定存在“争议”，是向法院申请指定的前提。鉴于监护人的确定与遗产管理人的确定颇有相似性，故在程序选择层面，也可互相借鉴。

综上，笔者认为，利害关系人申请法院指定民政部门担任遗产管理人的前提，是存在争议的。换言之，如果民政部门对此没有争议，则无申请法院指定的必要。恰如本案中，某区民政局对于其作为赵某乙的遗产管理人并无争议，争议的只是是否需要经历前置程序的指定。故此，在确定民政部门担任遗产管理人过程中，非诉讼程序与诉讼程序应当是如下关系：利害关系人应首先申请民政部门担任遗产管理人，被拒绝后凭借拒绝的证明材料向法院起诉，申请法院指定。若未向民政部门申请，直接向法院起诉申请指定民政部门担任遗产管理人的，一般应以无法证明争议存在为由裁定不予受理或驳回起诉。

2. 遗产管理人的确定程序是否为民政部门承担债务清偿责任的前置程序。遗产管理人的确定有时并非当事人的最终目的，其后续还将以遗产管理人为被告起诉债务清偿。由此，也产生了另一个问题，即遗产管理人的确定程序与遗产管理人履职之间是什么关系？换言之，如果债权人要求民政部门清偿债务时，是否需要以指定或确定遗产管理人程序为前提，先提起遗产管理纠纷，[①]还是可以直接提起被继承人债务清偿之诉。司法实践中，存在一定分歧。

一种观点认为，如果债权人提起被继承人债务清偿之诉，需要先经过指定民政部门为遗产管理人的程序，未经指定程序，直接以被继承人债务清偿纠纷为由起诉民政局承担责任的，判决驳回相关诉讼请求。另一种观点认为，如认定债权人须先行向法院申请指定遗产管理人，势必会影响债权实现的效率，由原告先行申请法院指定遗产管理人并无必要。

笔者认为，该问题的解决需要从当下实践和未来完善两个角度考虑。

从当下实践的角度来看，需要区分民政部门的具体态度。如果民政部门对遗产管理人身份无异议，仅对债权数额等实体问题发表意见，则意味着当事人对于遗产管理人身份并无异议，其诉讼结构与继承人担任遗产管理人的情形也无本质区别，此时再要求债权人另行单独提起遗产管理人确定或指定程序，确无必要，直接审理债务清偿纠纷即可。如果民政部门对遗产管理人身份提出异议，则意味着遗产管理人的确定存在争议，依照《中华人民共和国民法典》第一千一百四十六条的规定，自然应当另行启动申请法院指定管理人的诉讼，债务清偿纠纷之诉可中止审理。

从未来完善的角度来看，需要系统考察遗产管理人履职的具体规则。如前文所述，对于遗产管理人如何履职、如何清偿债务，理论界已从债权申报公告、清偿顺序、分配方案异议等方面进行了很多探讨，域外也存在诸多的立法例，[②]

---

① 关于遗产管理纠纷和被继承人债务清偿纠纷之诉，两者存在不少差异。《民事案件案由规定》中，继承纠纷项下存在遗产管理纠纷、被继承人债务清偿纠纷等四级案由。对于遗产管理人纠纷，最高人民法院释义资料显示：涉及遗产管理纠纷的案件主要包括，遗产管理人的选任纠纷、遗产管理人损害赔偿纠纷、遗产管理人履行义务纠纷、遗产管理人报酬纠纷、其他遗产管理过程中产生的纠纷；被继承人债务清偿纠纷，原告为该债务的债权人，如果遗产未分配，应当以遗产管理人为被告。参见杨万明主编：《最高人民法院新民事案件案由规定理解与适用》，人民法院出版社2021年版，第135~138页。

② 例如，《法国民法典》中规定了遗产管理人的公示催告义务，第八百一十条规定了未在法定期间申报债权的债权人应承担的后果。《德国民法典》中也有类似规定。

都可为我国现有遗产管理人制度的完善提供借鉴。如果在未来的制度完善中，细化了遗产管理人的公示催告义务、债权申报程序等内容，则意味着遗产管理人履职将如同公司解散、破产清算一样，自有一套独特、完整的程序。在此前提下，民政部门的履职自然也会纳入该制度体系当中，需要依照详细的法定程序对外清偿债务，债权人的起诉要件也会发生很大的变化，比如，如果以后的司法解释明确遗产管理人必须在特定媒体发出债权人申报债权公告，则意味着本文所探讨的情形中，债权人应当在法定期限内向民政部门申报债权，而不是直接起诉民政部门要求清偿。

编写人：北京市高级人民法院　宋毅　史智军

（六）其他

52

夫妻一方死亡后，在世一方处分原夫妻共同财产的合同部分有效

——孟某2诉孟某1等确认合同无效案

【案件基本信息】

1. 裁判书字号

北京市第三中级人民法院（2023）京03民终14754号民事判决书

2. 案由：确认合同无效纠纷

3. 当事人

原告（被上诉人）：孟某2

被告（上诉人）：孟某1

被告（被上诉人）：孟某3、孟某4

【基本案情】

孟某5与李某系夫妻关系，二人生育一子三女，即孟某2、孟某3、孟某1和孟某4。

2001年4月，李某购买涉案房屋并登记在自己名下。2003年9月，孟某5去世。2018年5月，李某与孟某1签订《赠与合同》，将涉案房屋无偿赠与孟某1，并将涉案房屋过户至孟某1名下。2019年12月，李某去世。2022年2月，孟某1将涉案房屋出售给案外人，并将涉案房屋过户至案外人名下。

【案件焦点】

案涉《赠与合同》是否有效。

【法院裁判要旨】

北京市朝阳区人民法院经审理认为：赠与合同是赠与人将自己的财产无偿赠与受赠人，受赠人表示接受赠与的合同。本案中，李某与孟某1签订《赠与合同》，将涉案房屋赠与孟某1，但涉案房屋系在李某与孟某5夫妻关系存续期间购买，应属于夫妻共同财产，而非李某个人财产。根据法律规定，有下列情形之一的，合同无效……（二）恶意串通，损害国家、集体或者第三人利益……孟某5去世后，涉案房屋未进行遗产分割与继承，应由李某与孟某5全部继承人共同共有。李某与孟某1在明知上述情形的情况下，未征得继承人之一的孟某2的同意，通过签订《赠与合同》的方式将涉案房屋转移登记至孟某1名下，难以认定李某与孟某1的上述行为系善意，该赠与行为亦损害了共同共有人孟某2的利益。因此，李某与孟某1之间签订的《赠与合同》应属无效。

北京市朝阳区人民法院依照《中华人民共和国合同法》第五十二条、第一百八十五条，《最高人民法院关于适用〈中华人民共和国民法典〉时间效力的若干规定》第一条的规定，判决：

确认李某与孟某1于2018年5月9日签订的《赠与合同》无效。

一审宣判后，孟某1提起上诉。

北京市第三中级人民法院经审理认为：夫妻在婚姻关系存续期间所得的共同所有的财产，除有约定的外，如果分割遗产，应当先将共同所有的财产的一半分出为配偶所有，其余的为被继承人的遗产。遗产在家庭共有财产之中的，遗产分割时，应当先分出他人的财产。赠与合同是赠与人将自己的财产无偿赠与受赠人，受赠人表示接受赠与的合同。有下列情形之一的，合同无效……恶意串通，损害国家、集体或者第三人利益……民事法律行为部分无效，不影响其他部分效力的，其他部分仍然有效。

根据查明的事实，涉案房产原系孟某5与李某夫妻共同财产，除有约定外，遗产分割时，应当先将共同所有的财产的一半分出为李某所有，其余的为孟某5的遗产，李某对自己的财产有权处分。孟某5去世后，遗产分割前，李某与孟某1签订《赠与合同》，李某将涉案房产中自己的财产部分给予受赠人孟某1，对于该部分财产的处分既不存在恶意串通，亦不损害孟某2、孟某4、孟某3的利益，不具备合同无效的法定理由。但李某在《赠与合同》中，未经其他继承人同意，擅自将涉案房产中属于孟某5的遗产部分进行处分，对于该部分财产的处分难以认定李某与孟某1系善意，该赠与行为亦损害了其他共同共有人的利益，应为无效。因此，一审法院认定《赠与合同》整体无效，属于法律适用不当，二审法院依法予以纠正。

北京市第三中级人民法院依照《中华人民共和国民法总则》第一百五十六条，《中华人民共和国继承法》第二十六条，《中华人民共和国合同法》第四十四条、第五十二条、第一百八十五条，《最高人民法院关于适用〈中华人民共和国民法典〉时间效力的若干规定》第一条，《中华人民共和国民事诉讼法》第一百七十七条第一款第二项之规定，判决：

一、撤销北京市朝阳区人民法院（2022）京0105民初38660号民事判决；

二、确认李某与孟某1于2018年5月9日签订的《赠与合同》中涉及孟某

5的遗产部分无效；

三、驳回孟某2的其他诉讼请求。

【法官后语】

在夫妻双方未选择其他财产制的情形下，夫妻对共同财产形成共同共有。夫妻一方去世后，在世一方处分原夫妻共同财产的合同是否有效，应当从财产权属和处分行为两个方面加以考虑。

夫妻共同财产是基于法律的规定，因夫妻关系的存在而产生的。婚姻关系存续期间，如无另行约定，夫妻双方对共同财产形成共同共有。《中华人民共和国民法典》（以下简称《民法典》）第二百九十九条规定："共同共有人对共有的不动产或者动产共同享有所有权。"根据共同共有的一般原理，在婚姻关系存续期间，夫妻共同财产是一个不可分割的整体，夫妻对全部共同财产共同享有权利、承担义务，对共同财产不区分个人份额。只有在夫妻关系终止时，才可以对共同财产进行分割，确定各自份额。《民法典》第一千一百五十三条第一款规定："夫妻共同所有的财产，除有约定的外，遗产分割时，应当先将共同所有的财产的一半分出为配偶所有，其余的为被继承人的遗产。"因此，夫妻一方去世后，夫妻关系终止，基于夫妻关系形成的共有基础丧失，此时夫妻共同财产中的一半析出为在世一方的个人财产，另一半则成为去世一方的遗产。在遗产分割前，遗产为各继承人共同共有。

夫妻一方去世后，在世一方对原夫妻共同财产进行处分，因此时共同财产的一半为在世一方个人所有，故在世一方对个人财产的处分为有权处分。去世一方的遗产在分割前，为各继承人共同共有。在世一方对遗产部分的处分，若未征得其他共有人同意、追认或事后取得处分权，系在没有处分权的情况下擅自处分他人财产，为无权处分。《最高人民法院关于适用〈中华人民共和国民法典〉合同编通则若干问题的解释》第十九条规定："以转让或者设定财产权利为目的订立的合同，当事人或者真正权利人仅以让与人在订立合同时对标的物没有所有权或者处分权为由主张合同无效的，人民法院不予支持；因未取得真正权利人事后同意或者让与人事后未取得处分权导致合同不能履行，受让人主张解除合同并请求让与人承担违反合同的赔偿责任的，人民法院依法予以支持。前款规定的合同被认定有效，且让与人已经将财产交付或者移转登记至受让人，真正权利人请求认定财产权利未发生变动或者请求返还财产的，人民法院应予支持。但是，受让人依据民法典第三百一十一条等规定善意取得财产权利的除外。”可见，是否享有所有权或者处分权对合同效力并不产生影响，只是在履行上可能遇到障碍。因此，无权处分的合同并不当然无效。如果同时存在恶意串通，损害国家、集体或者第三人利益的情形，则依法应为无效。而受让人是否能够实际取得标的物的财产权利，则取决于其受让行为是否能够适用善意取得制度。

本案中，涉案房屋原为李某与孟某5的夫妻共同财产。孟某5去世后，涉案房屋中的一半析出为李某的个人财产，另一半为孟某5的遗产。在孟某5的继承人就其遗产进行分割之前，孟某5的遗产为其继承人即李某、孟某1、孟某2、孟某3、孟某4共同共有。在此情形下，李某与孟某1签订《赠与合同》，将涉案房屋赠与孟某1。李某将涉案房屋中个人所有的部分赠与孟某1，不存在合同无效的法定事由，系对个人财产的有权处分，应为有效。李某明知涉案房屋中有孟某5的遗产份额，未经孟某5的其他继承人同意，擅自处分涉案房屋中属于孟某5的遗产部分，难以认定李某及孟某1系善意，且损害了其他继承人的利益，应为无效。民事法律行为部分无效，不影响其他部分效力的，其他部分仍然有效。因此，《赠与合同》中涉及孟某5的遗产部分无效，其余部分有效。一审法院认定《赠与合同》整体无效，适用法律不当，二审法院依法予以纠正。

编写人：北京市第三中级人民法院　张羽　仵霞

53

离婚协议所涉子女继承内容应予遵守执行

——张某1诉张某2等继承案

【案件基本信息】

1. 裁判书字号

北京市第三中级人民法院（2023）京03民终10383号民事判决书

2. 案由：继承纠纷

3. 当事人

原告（被上诉人）：张某1

被告（上诉人）：张某2、张某3

被告：李某

【基本案情】

被继承人张某4与张某5原为夫妻关系，后于2012年7月25日登记离婚，二人婚内生育一女即张某1。张某4与张某2于2012年7月28日登记结婚，后于2013年1月31日生育一子张某3。张某4于2017年4月4日死亡，其父张某6于2015年死亡。李某为张某4之母。

2004年8月4日，张某4（作为买受人）与某房地产开发公司（作为出卖人）签订《商品房买卖合同》，约定出卖人将涉案房屋出售给张某4，建筑面积为129.28平方米，总金额为41万元。出卖人应当在2006年10月31日前将房屋交付买受人使用。合同另行约定了违约责任、产权登记、保修责任等。经询，双方认可涉案房屋已交付，但尚未办理产权登记手续。

2012年7月25日，张某4（作为男方）与张某5（作为女方）签订《离婚协议书》，主要内容为：男方与女方于1991年1月认识，于1992年1月18日在北京市登记结婚，婚后于1993年4月6日生育一女儿，名张某1。因感情不和致使夫妻感情破裂，已无和好可能，现经夫妻双方自愿协商达成一致意见，订立离婚协议如下："一、男女双方自愿离婚，双方子女张某1现已成人，无须抚养。二、夫妻共同财产的处理：(1) 存款：双方名下无银行存款。(2) 房屋：夫妻双方协议离婚，约定共同所有的涉案房屋所有权女方占70%，男方占30%，男方、女方如要买卖此房产所有权，均需由男方、女方及双方所生育女儿张某1三人一致同意方可出售、出租，否则此房产权变更任何手续无效。此房产居住者只能是男方、女方及女儿张某1。男方、女方如再婚不能以任何理由带再婚配偶及再婚子女在此房产居住，如男方、女方去世后，房产所有权归现婚内女儿张某1一人继承所有，任何人不得以任何理由享有此房产所有权。此房屋内家具、家电及一切家居用品归女方、女儿所有。(3) 其他财产：婚前双方各自的财产归各自所有，男女双方各自的私人生活用品及首饰归各自所有。"《离婚协议书》还就债务处置、隐瞒或转移夫妻共同财产的责任、离婚后的住房安排等进行了约定。

另查，涉案车辆登记在张某4名下，初次登记日期为2012年7月16日。张某1主张该车辆由张某4与张某5在夫妻关系存续期间共同购买。

本案中，张某1根据上述《离婚协议书》约定内容及有关事实，诉至法院请求继承涉案房屋30%的权利，并继承涉案车辆50%的份额。李某同意张某1的意见；但张某2、张某3对此不予认可，要求按照法定继承处理张某4的涉案遗产。

【案件焦点】

张某1能否根据张某4与张某5签订的《离婚协议书》约定，继承涉案房屋30%的权利。

【法院裁判要旨】

北京市朝阳区人民法院经审理认为：涉案《离婚协议书》中关于财产分割

的条款或者当事人因离婚就财产分割达成的协议，对男女双方均具有法律约束力。本案中，张某4与张某5登记离婚时签署的《离婚协议书》是双方自愿、真实的意思表示，对双方均具有法律约束力。《离婚协议书》中，夫妻双方在考虑各种因素的基础上，对解除婚姻关系、处分共同财产、子女抚养、共同债务清偿、离婚损害赔偿等形成一个概括的“一揽子”解决方案，各项内容互为前提，互为结果，构成一个整体。关于“涉案房屋所有权女方占70%，男方占30%……如男方、女方去世后，房产所有权归现婚内女儿张某1一人继承所有”的约定，依附于双方婚姻关系的解除以及其他财产分配的约定。张某4在《离婚协议书》中对涉案房屋中其所享有的权利份额在其去世后由其女儿张某1继承的约定，是通过其与张某5双方协商确定的，张某5也正是基于上述约定作出同意解除婚姻关系并分割其他夫妻共同财产的意思表示，故张某4在《离婚协议书》中作出的上述约定不属于单方民事行为。现张某1诉请要求取得涉案房屋相关权利，于法有据，法院予以支持。

关于涉案车辆，鉴于车辆购买于张某4与张某5夫妻关系存续期间，可能涉及案外人利益，故本案中不予处理，当事人可另行主张权利。北京市朝阳区人民法院判决如下：

一、涉案房屋30%的权利由张某1享有；

二、驳回张某1的其他诉讼请求；

三、驳回张某2、张某3的其他诉讼请求。

一审宣判后，张某2、张某3提起上诉。

北京市第三中级人民法院经审理认为：《离婚协议书》中关于财产分割的条款或者当事人因离婚就财产分割达成的协议，对男女双方均具有法律约束力。本案中，张某4与张某5登记离婚时签署的《离婚协议书》是双方自愿、真实的意思表示，对双方均具有法律约束力。《离婚协议书》中，夫妻双方在考虑各种因素的基础上，对解除婚姻关系、处分共同财产、子女抚养、共同债务清偿、离婚损害赔偿等形成一个概括的“一揽子”解决方案，各项内容互为前提、互为结果，构成一个整体。关于涉案房屋“所有权女方占70%，男方占

30%……如男方、女方去世后，此房产所有权归现婚内女儿张某1一人继承所有”的约定，依附于双方婚姻关系的解除以及其他财产分配的约定。张某4在《离婚协议书》中对涉案房屋中其所享有的权利份额在其去世后由其女儿张某1继承的约定，是通过其与张某5双方协商确定的，张某5也正是基于上述约定作出同意解除婚姻关系并分割其他夫妻共同财产的意思表示。张某2、张某3所提《离婚协议书》上述约定不具有遗嘱性质和效力、本案不应适用遗嘱继承而应适用法定继承等相关上诉意见，本院不予采纳。一审法院依据《离婚协议书》约定内容，判令将涉案房屋30%份额的权利由张某1享有，并无不当，本院予以维持。

北京市第三中级人民法院依照《中华人民共和国民事诉讼法》第一百七十七条第一款第一项规定，作出如下判决：

驳回上诉，维持原判。

【法官后语】

在离婚过程中，双方争议的重点常在于夫妻共同财产的分割处置。离婚协议通常系夫妻双方对解除婚姻关系、处分共同财产、子女抚养、共同债务清偿、离婚损害赔偿等概括形成的“一揽子”方案，各项内容互为前提、互为结果，构成一个整体。在离婚时，如就部分财产分割事宜相持不下，双方很可能会将一部分共同财产利益以交付、托管或者过户等方式转由双方婚生子女享有，进而达成离婚协议，如此既化解了双方感情纠葛所衍生的财产矛盾，也符合家庭财富代代相传的朴素观念，也在一定程度上补偿了子女因父母离婚而受损的生存发展利益。

本案总体上也应归类于这种情况，但特殊之处在于，涉案离婚协议并未约定将房屋直接交由婚生女所有，而是约定婚生女享有二人身故后的继承权利。该协议有关条款形似双务合同，但实际上是在处理双方身后的遗产，而非设定双方可即时互相履行的财产给付义务，该法律行为虽已成立，但似乎附期限生效，即与遗嘱的性质类似；但是，如将该条款视为遗嘱，似不符合继承法律制度上的任何一种遗嘱的形式要件。因此，在男方去世后，再婚妻子、孩子否认上述协议有关内容的效力，引发了其与男方原婚生女之间的继承纠纷。

要厘清这一问题、理解此类案件的裁判规则，必须明确这样一个基本理念，即法律行为的性质是具体的而非抽象的。换言之，法律关系本质上是当事人之间具体社会关系在法律上的概括归纳，判断法律关系性质的事实依据是具体当事人的行为目的、方式、效果。人的行为往往具有复合性、复杂性。在不同当事人之间，将一个行为解释为多个不同性质的法律行为，符合法理、逻辑与常识。例如，对赌协议，对协议双方来讲，属于安排商业合作各阶段事务的合同；但对目标公司而言，则可能属于股东、出资人开展投融资活动的决议。

据此，对涉案离婚协议的房产继承条款，应作如下解读。

一、在协议双方之间，应视为一种特殊的合同

1. 关于行为归类。根据该条款的内容，双方作为平等的民事主体，为完成财产清算、实现离婚目的，协商一致将夫妻共同财产的相关权益予以处分，该条款作为离婚协议的财产部分，受到有关合同法律规范的调整。双方订立该条款的行为应视为合同行为。

2. 关于行为效力。根据法律规定，依法成立的合同，自成立时生效，对当事人具有法律约束力。合同具有相对性，协议双方依法订立上述条款，并据以实现离婚目的，该条款依法约束双方、合法有效①。非因法定事由，未经任何一方同意，不得撤销、变更、解除。

二、在协议双方与有关继承人之间，应视为一种特殊的遗嘱

1. 关于行为归类。虽然订立上述条款的初衷在于约束双方财产处置权，但根据约定的具体内容、情境，随着时间推进，必然对他人（继承人）产生外溢效应。协议双方作为一种利益共同体，对其身后遗产继承而非生前财产处置作出安排，即对双方全体继承人作出了共同的遗嘱意思表示。

2. 关于行为效力。继承从被继承人死亡时开始，遗嘱自继承开始时生效。

---

① 此解读与原《最高人民法院关于适用〈中华人民共和国婚姻法〉若干问题的解释（二）》第八条，以及由该条修改调整而来的《最高人民法院关于适用〈中华人民共和国民法典〉婚姻家庭编的解释（一）》第六十九条第二款的内容和精神相契合。

尽管上述条款看似不符合任何一种法定遗嘱形式要件，但可以参照公证遗嘱予以认定，理由如下：第一，该条款系双方真实意思表示且不存在违反法律强制性规定的情形；第二，该条款作为离婚协议的一部分，经有权机关（民政部门）审核备案；第三，在不违背且有利于贯彻公平、诚信、公序良俗等原则的情形下，民事领域允许法律规范的类推适用。

综上所述，夫妻二人通过离婚协议达成合意，同时牵涉到继承利益及其他权利义务安排，既属于当事人真实意思表示，也不违反法律、行政法规的强制性规定及公序良俗，符合人民群众的一般道德观念及心理预期，也遵循了公平、诚信的民法原则及社会主义核心价值观的要求，应予遵守并适时执行。但应当注意的是，审理中，如有证据显示协议双方通过“假离婚”的虚假协议牟利，或者离婚后共同处置涉案财产、变更协议、另立遗嘱，或者双方生前财产灭失的，则应认定这类通过离婚协议设立的“共同遗嘱”分别属于无效、被撤回、无法执行等情形。

编写人：北京市第三中级人民法院　玄明虎　张立

ISBN 978-7-5216-5035-8

图书在版编目（CIP）数据

中国法院2025年度案例. 婚姻家庭与继承纠纷 / 国家法官学院，最高人民法院司法案例研究院编. -- 北京：中国法治出版社，2025. 4. -- ISBN 978-7-5216-5035-8

Ⅰ. D920.5

中国国家版本馆CIP数据核字第2025LJ5889号

策划编辑：李小草　韩璐玮　白天园

责任编辑：白天园　　封面设计：李　宁

中国法院2025年度案例. 婚姻家庭与继承纠纷

ZHONGGUO FAYUAN 2025 NIANDU ANLI. HUNYIN JIATING YU JICHENG JIUFEN

编者/国家法官学院，最高人民法院司法案例研究院

经销/新华书店

印刷/三河市紫恒印装有限公司

开本/730毫米×1030毫米　16开　　印张/19.5　字数/228千

版次/2025年4月第1版　　2025年4月第1次印刷

中国法治出版社出版

书号ISBN 978-7-5216-5035-8　　定价：79.00元

北京市西城区西便门西里甲16号西便门办公区

邮政编码：100053　　传真：010-63141600

网址：http：//www.zgfzs.com　　**编辑部电话：010-63141792**

市场营销部电话：010-63141612　　**印务部电话：010-63141606**

（如有印装质量问题，请与本社印务部联系。）